반값 경매 정석

전문가 3인의 환상적 실전 경매 삼중주!

반값
경매
정석 定 石

김혜경, 이여정, 이진환 지음

매일경제신문사

최근 경매에 도전하는 사람들이 늘고 있다.

한 경매정보업체의 통계에 의하면, 서울중앙지방법원의 유효 입찰자가 2008년 12월과 2009년 1월 사이에 3배 증가했다고 한다.

경기 침체에 따라 빚어지는 놀라운 현상이다.

부동산경기가 상승할 때는 일반매매 거래가 활성화되기 때문에 경매 시장은 불황이다. 그러나 불황일 때에는 우량 물건이 넘어오기도 하고 물량이 넘쳐나 반값의 기회도 생긴다. 금융기관의 대출상환 압력에 따라 경매물건이 늘어나는 것이다. 역설적이게도 경기가 불황일 때 경매 시장은 활황이 되는 것이다.

2009년은 IMF 이후 10년 만에 돌아온, 고수익을 올릴 수 있는 경매의 최적기라고 말하는 것은 과언이 아니다.

경매는 건전한 재테크의 수단이 아니라는 부정적인 인식을 갖고 있는 사람들이 많다. 경매는 남의 부동산을 강제로 뺏는 제도라고 생각하기 때문이다. 그러나 그것은 경매를 제대로 이해하지 못한 데서 비롯된 생각이다.

경매는 경매를 청구한 권리자의 채권을 법원이 대신 현금화시켜 채무자가 빌려간 돈을 갚는 제도이다.

다시 말해 경매란 법이 인정한 범위 내에서 공정하고 투명한 절차를 거쳐 이루어지는 또다른 부동산 거래시장이며 재테크의 한 수단이다.

　경매에는 많은 이점이 있다.

　첫째, 낙찰과 동시에 투자이익을 산출할 수 있다.

　둘째, 토지거래허가 없이 매입할 수 있고 취득에 따른 규제나 제한도 덜 받는다.

　셋째, 부동산 실거래가 신고가 아닌 낙찰금액으로 세금을 매기므로 취득 시 세금이 일반매매보다 싸다.

　넷째, 한번 유찰될 때마다 20~30%씩 가격이 저감되고 시세 대비 낙찰가로 투자 이익률을 확인할 수 있다.

　다섯째, 저가로 부동산을 취득하여 고수익을 창출할 수 있다.

　여섯째, 경매정보는 열린 정보라서 누구든지 우량 정보를 만날 수가 있다. 또한 경매가 대중화되면서 경매를 배울 수 있는 곳이 곳곳에 산재해 있어 참여하기가 쉽다. 부동산에 대한 법률적 소양과 전문적인 공부를 한다면 경매를 통해 부동산으로 성공할 수 있다.

　또한 경매를 제대로 알아야 진행 물건의 당사자도 유사시에 자기 재산을 지킬 수가 있다.

채무자는 채권액이 예상 낙찰가보다 현저히 적으면 채권을 변제하고 경매 취하를 통해 부동산을 다시 되찾을 수 있다.

세입자나 채권자의 입장에서는 법원에 상계신청을 하면 근저당권을 활용하여 부동산을 매입할 수 있다. 낙찰 받은 세입자나 근저당권자는 배당받을 돈을 낙찰금 일부로 대체하면 된다.

반대로 경매는 위험한 요소도 많다.

불황에는 유찰이 반복되면서 감정가의 수십%씩 경매 기준가격이 하향 조정된다. 그러나 싸다고 뜨거운 감자를 덥석 물었다가는, 배보다 배꼽이 더 큰 낭패를 당할 수 있다.

낙찰을 받은 후 예상치 못한 명도나 하자로 인해 복병을 만나 추가비용이 발생하기도 한다. 경매의 환상만 보고 달려든다면 자칫 투자금을 날리는 불운을 겪게 될지도 모른다.

경매란, 당하는 입장에서는 인간이 만든 재해일 수도 있다.

그러나 경매는 아는 만큼 보이고 보이는 만큼 수익을 창출할 수 있다.

이 책은 경매로 고수익을 올리자는 취지에서 쓰였다. 초보의 입문기에서부터 고수의 노하우까지 저자들을 달리하여 파트별로 묶었다.

Part1은 김혜경의 경매입문기이다.

경매사들의 사연들과 초보자들이 짚고 넘어가야 할 경매정보들로 엮었다.

Part2는 프로 경매쟁이 이여정의 경매 매뉴얼이다. 초보에서 고수까지 경매 성공과 실패 사례, 에피소드, 경매성공 전략들로 엮었다.

Part3은 경매의 고수인 경매꾼 이진환의 비밀노트이다.

경매고수들조차 모르는 특수물건 성공 노하우와 사례들을 실었다. 경매로 100억을 벌게 된 대한민국 최고의 경매꾼 이진환 고수의 천만 불짜리 노하우를 풀어놓았다.

경매 현장에서 벌어지는 삶의 진한 에피소드들을 날것 그대로 옮겨 놓았다.

경매란 누구나 쉽게 접근할 수 있는 분야이다. 그렇지만 누구나 돈을 버는 것은 아니다.

일반매매는 해당 물건이 투자가치가 있는지를 알면 된다. 물건을 보는 안목과 분석능력만 있으면 투자에 성공할 수 있다.

그러나 경매에서 성공하려면 물건분석은 기본이고 법적인 권리분석을 할 수 있어야 한다. 여기에 하나 더 명도를 해야 한다. 명도는 경매의 마무리이자 수익창출의 성공과 실패의 열쇠가 되기도 한다. 살고 있는 사람을 설득시켜 내보내는 일이 초보자에게는 버겁기 마련이다. 그러나 노련한 고수는 유연한 명도에서 진가를 발휘한다.

궁극적으로, 이 책은 경매로 어떻게 돈을 버는가에 초점이 맞춰져 있다.

세 명의 공동 저자가 경험한 이야기들을 구술로 받아 대표필자(김혜경)가 정리했다.

공동 저자 이여정 경매사와 이진환 경매 고수의 생생한 구술이 없었다면 집필은 불가능했을 것이다. 경매 고수에게 비밀스러운 노하우를 들은 건 필자에게 행운이었으므로 두 분께 감사드린다. 또한 경매 명도현장에서 잔뼈가 굵은 이정기 경매사로부터 생생한 실전사례를 듣는 것도 크나큰 공부가 되었다.

끝으로 출간에 도움을 주신 지인들과 매경출판 관계자에게 깊은 감사를 드린다.

대표필자 김혜경

차 례

| 머리말 | ⋯ 5

---

part 01 ## 보통아줌마의 경매 입문기 ★ 김혜경 ⋯ 15

Chapter 01 집에 목숨 걸고, 땅밖에 몰랐던 보통아줌마 경매를 시작하다 ⋯ 17

보통아줌마 경매 입문기 · 18

동료 부동산 컨설턴트의 경매 입문기를 듣다 · 28

Chapter 02 초보자가 짚고 넘어가야 할 경매정보 ⋯ 37

경매, 이것이 궁금해요 · 38

바로 지금이 10년 만에 돌아온 반값 경매의 적기라는데 · 43

민간경매, 속성경매란 어떤 것인가 · 46

무늬만 반값인 경매의 함정에 빠지지 말자 · 48

---

part 02 ## 대한민국 쟁이들의 경매 매뉴얼 ★ 프로 경매쟁이 이여정 ⋯ 53

Chapter 01 넘어가거나 혹은 낙찰 받거나, 부동산 경매의 법칙 ⋯ 55

집이 넘어가면서 알게 된 경매, 인생의 전환점이 되다 · 56

경매보증보험의 함정 · 70

Chapter 02 초보자들이 꼭 알아야 할 성공경매 7가지 전략 … 75

입찰 전에 이것만은 알고 가자 · 76

경매 사이트 지혜롭게 활용하는 법 · 84

권리분석 잘하는 법 · 89

현장답사 잘하는 법 · 93

물건분석 잘하는 법 · 98

적정 경매 입찰가 산정하는 법 · 102

명도 잘하는 법 · 105

Chapter 03 경매 성공과 실패 사례 모음 … 113

사회 초년생, 월세 돈으로 내 집 마련한 사연 · 114

용돈으로 노후연금용 수익부동산 낙찰 받다 · 116

알콩달콩 예비부부의 경매 낙찰 사연 · 120

시세 절반 값에 전원주택을 낙찰 받다 · 122

건물 멸실과 운명을 같이하는 저당권 · 127

낙찰 받고 억울하면 매각불허가로 구제 받아라 · 131

Chapter 04 경매현장에서 경험한 웃지 못 할 생생한 에피소드 … 135

입찰 때 에피소드 · 136

세입자에게 믿는 도끼에 발등 찍혔다 · 137

두 차례 경매에 붙여진 주택의 에피소드 · 139

난동을 부리는 고수 점유자들에 의한 명도 에피소드 · 141

유령 점유자의 명도 에피소드 · 144

part 03 경매 고수의 비밀노트 ★ 이진환 ··· 147

Chapter 01 경매를 작품으로 승화시키는 특수물건의 전문가 ··· 149

빈손으로 시작해 경매로 100억 벌다 · 150

천만 불짜리 작품을 만들기까지 승부수를 두다 · 154

분명히 공매로 낙찰 받았는데 땅이 하늘로 솟았나 · 166

Chapter 02 특수물건 전문가 이진환의 물건별 사례 비밀노트 ··· 169

특수물건, 특수한 법률적 문제를 해결하라 · 170

짭짤한 고수익의 매력, 유치권 · 175

법정지상권, 합의할지 소송으로 갈지 마무리가 중요 · 185

분묘기지권도 해결 가능하면 큰 수익 창출 · 194

예고등기, 원고 패소할 내용을 찾아라 · 198

지분매각, 공유물분할을 활용하라 · 203

토지별도등기는 인수조건을 확인한다 · 221

Chapter 03 발상과 전략으로 승부하는 천만 불짜리 노하우 ··· 225

제시외 물건 · 226

선순위 가등기 · 233

대지권 미등기와 미등기 건축물 · 240

선순위 가압류 · 243

선순위 임차인 · 249

선순위 전세권 · 252

후순위 가처분 · 260

Chapter 04 고수익 특수용도 물건의 비밀전략 ··· 263

특수용도 부동산의 투자전략 · 264

모텔 · 268

주유소 · 277

상가 건물 · 279

공장 · 285

사우나 · 300

Chapter 05 고수가 말하는 특수물건 성공의 노하우 ··· 303

고수는 틈새시장을 공략한다 · 304

역발상 투자법이 고수의 성공 노하우다 · 307

승자의 저주, 경매의 허와 실 · 311

농지, 산지 제대로 경매 낙찰 받기 · 315

경매파생상품(NPL)이란 무엇인가 · 318

보통아줌마의 경매 입문기

김혜경

part 01 →

part 02 ↗

part 03 ↑

집에 목숨 걸고,
땅 밖에 몰랐던 보통아줌마
경매를 시작하다

Chapter **01**

보통아줌마 경매 입문기

보통 아줌마가 재테크에 눈을 뜨게 된 사연

내 나이 현재 마흔 둘, 나는 서른이 넘도록 저축만 할 줄 알았지 재테크에는 문외한이었던 보통아줌마였다.

10년 전 아파트 청약이 처음 당첨된 달에 내친김에 한 달 만에 분양권 세 종류에 투자했다. 청약통장으로 하나, 미분양 아파트 하나, 그리고 권리금을 주고 조합 아파트 분양권을 매입했다. 분양권은 권리금을 받고 되팔아 이문을 챙겼다. 분양권 전매가 가능했던 시절이어서 아무 제약 없이 합법적으로 이루어진 일이었다.

그 사이에 아파트도 한 채 매입하여 이사했다. 그동안 분양권을 팔고 아파트를 매입하는 과정에서 아주 맘에 드는 부동산 중개업자를 알게 되었다. 나는 그들을 보면서 부동산 일을 해보고 싶다는 생각이 들어서 무작정 찾아갔다. 그 사무실에서도 함께 일할 수 있도록 나를 받아주었다. 중개 경험은 없었지만 열심히 일하겠다는 열정은 있었다. 일요일도 출근했지만 일 배우는 재미에 빠져 힘든 줄도 몰랐다.

다행히 내가 새로 이사한 아파트 단지 내의 부동산이었기에 주부로서 시간을 효율적으로 쓸 수가 있었다. 중개를 의뢰하는 손님이 없으면 나는 잠재 고객 리스트를 찾아 일일이 전화를 해서 사무실로 나오도록 설득하여 계약을 성사시켰다. 이상하게도 사장님과 실장이 외출을 하여 나 혼자 사무실에 있을 때면 전화통이 불이 났다. 고객이 들어와도 두 세 팀 몰려들어서, 사무실 사람들은 영업이 잘되게 하려면 김혜경 씨 혼자 사무실을 지키게 해야겠다는 농담을 할 정도였다.

그렇게 아파트와 상가 중개 일이 몸에 익숙해지자 좀 더 덩어리가 큰 물건에 손대고 싶은 생각이 들었다. 빌딩이나 토지를 중개하려면 좀 더 신중한 접근이 필요하다고 판단했다. 찾아보니까 아파트에서 빌딩, 토지, 주유소 등의 다양한 물건 중개와 토지 개발까지 하는 부동산중개법인이 있었다. 나는 그곳으로 옮겼다.

원래 나는 타고난 길치라서 한두 번 간 길은 잘 찾아가지 못한다. 토지 컨설턴트로서는 최대 약점이다. 나는 고객에게 땅을 보여주기 전에 몇 번에 걸쳐 혼자서 운전하며 답사를 해 두어야 했다. 성사가 이뤄지기 전까지 수도 없이 땅을 보러 다녀야 한다. 그러다 보니 지출이 만만찮았고 육체적으로도 상당히 힘들었다. 게다가 고객을 유치하려면 컨설턴트 각자의 부담으로 신문이나 지역정보지에 광고까지 해야 하니 비용이 많이 들었다.

어쩌다 신문광고를 보고 고객에게서 만나자는 연락이 오면 열 일 제쳐 두고 약속시간까지 사무실에서 죽치고 앉아 있게 마련이었다. 고객이 나타나지 않아 전화를 하면 아무렇지도 않은 듯 다른 약속이 생겨서, 혹은 비가 와서 등등의 이유를 대며 펑크를 내기 일쑤였다.

나는 고객 유치가 보장되지 않는 신문광고비에 계속 투자할 수는 없었다. 그렇지만 한편으로는 내게 부동산 컨설턴트라는 직업이 생겼다는 게 뿌듯했다. 이미 한 계통에서 벌이를 하고 있는 이상 나도 엄연한 직업인이라는 자부심이 생겼다.

그동안 내가 걸어온 길이 어느 누군가에는 도움이 될 수도 있겠다는 생각에서 책을 내고자 마음먹었다. 책을 낸다면 고객에게 나에 대한 정보를 정확하게 소개하게 될 테고 그렇게 되면 고객 또한 일방적으로 약속을 펑크 내는 일은 없을 것이라고 생각했다. 이 계통에 내로라하는 전문가들도 책을 안 내는데 김혜경이 뭐 그리 대단하다고 하는 동료들의 비웃음을 무시했다. 내가 최고의 전문가가 아닌 건 나도 잘 안다. 그러나 나처럼 초보 투자자들이나 중개 일을 하면서 막막한 사람들에게 조금이나마 도움이 되었으면 하는 바람으로 출간했다.

《보통 아줌마의 아주 특별한 부동산 투자》는 장기간 공을 들이고 힘겹게 집필했지만 많이 미숙했다. 그래도 출간 후 한 달 내내 신문, 잡지와 텔레비전에서 관심을 기울여 주었다. 이 책이 마무리 될 즈음에, 토지 컨설턴트로 일하니 토지만을 집중적으로 집필해보라는 제안을 받고 토지 책을 집필했다. 보통 아줌마 책에 대한 미흡함에 아쉬움도 있었기에 흔쾌히 집필을 시작했다. 토지 책은 처음부터 컨셉을 잡고 시작했기에 비교적 짧은 시간 내에 완성할 수 있었다.

그렇게 탄생한 《집 없어도 땅은 사라》는 출간이 된 즉시 베스트셀러가 되었고 새로운 인생이 펼쳐졌다. 출판사에서는 2탄을 집필해 달라고 했지만, 출간된 후 컨설팅 일과 강의로 나는 몸살이 날 정도로 바빴다. 1년 후 2탄이 출간되었고 그 후 1년에 한 권씩 출간하겠다는 스스로의 약속을 지키며 꾸준히 집필을 하고 강의를 했다.

경기 불황으로 부동산 시장의 거래는 전멸이다 싶게 끊어졌다. 나는 어쩔 수 없이 다른 일거리를 찾아야 했다. 부동산 중개업이란 일이 매일 다양한 사람들을 만나야 했는데 의외로 그 일이 내 적성에 맞지 않았다. 적성에 맞지 않는 일이 있다는 교훈을 소득으로 얻고 그 일에서 물러났다.

그리고 다시 보통아줌마로 돌아와서

나는 다시 보통아줌마로 돌아온 기분이었다. 집필만 하면서 부동산에서 손 뗀 지 얼마 안 되는 데도 이렇다 할 수입이 끊기니까 불안했다. 그러나 그보다는 일이 하고 싶어서 조바심이 났다. 송충이는 솔잎을 먹어야 한다고, 그동안 해왔던 부동산 일과 연계해서 할 수 있는 일을 찾다 보니 경매에 관심을 갖게 되었다.

우선 공부를 하기 위해 경매 책을 사서 읽었다. 일하고 싶다는 강한 욕구와 희망이 움텄다. 인터넷을 뒤져 경매로 성공한 사람들의 이야기를 들었다. 경매장으로 나가 보았다. 활기가 느껴졌다. 경매현장의 생생한 분위기를 녹음을 하고 분석을 했다. 용기를 내어 응찰을 해보기도 했다.

이여정 씨를 만난 건 우연한 소개를 통해서였다. 경매사로 일하고 있는 이여정 씨의 경험담을 들으면서 나도 할 수 있겠다는 자신감을 얻었다. 그리고 이여정 씨를 통해서 경매계의 고수 이진환 사장도 알게 되었다.

고수들의 금쪽같은 경험을 듣는 것은 나에게는 크나큰 행운이다. 그들의 보석 같은 경험담을 꼼꼼히 기록하면서 차근차근 배워 나가고 있다. 이여정 공인중개사와 이진환 사장의 도움을 받고 있으니 나도 언젠가는 경매 전문가로 거듭나리라 믿는다.

생애 첫 경매 응찰 일기

그동안은 가상 응찰을 통해 간접 경험을 쌓았지만 막상 실제 응찰을 하려니 겁이 났다. 좀 더 세심하게 분석하며 발품을 많이 팔고 나서 지역에 대해 평소 잘 아는, 집에서 멀지 않은 아파트를 선택했다. 물건분석은 어렵지 않았다. 먼저 부동산을 통해 시세 조사를 했고 도움을 청했다. 부동산에서는 해당 물건의 바로 윗집이 매매 물건으로 나왔다고 대신 그 집을 보여 주겠다고 했다. 부동산 실장과 동행하여 집을 보러 갔는데 운이 좋게도 바로 해당 물건의 집에 아이들만 있는 걸 알게 되었다. 위아래 층의 아이들끼리 서로 친구라서 우리는 어렵지 않게 해당 물건의 집을 살펴볼 수 있었다. 집도 깨끗하고 소유자가 거주하는 집이었다. 나는 응찰을 하기로 마음을 굳혔다.

나는 공부한 대로 입찰 전날 만반의 준비를 해 두었다. 최저매각가의 10%인 보증금을 수표 한 장으로 준비했다. 똑같은 금액이 나올까 봐 응찰가격을 미리 생각해 백 원 단위 자투리 금액까지 써내었다. 초보자이니 경매현장에서 분위기를 봐서 응찰가를 결정하기에는 촉박하고 우왕좌왕한 것 같아 소신 있게 입찰가를 생각해 보증금을 미리 준비했다. 도장과 주민등록증을 챙기는 것도 잊지 않았다.

모든 준비를 완료하고 나니 입찰한다는 것이 실감이 났다. 입찰 전날은 잠을 제대로 이루지 못했다. 공연히 떨리고 불안한 마음은 입찰 당일까지도 이어졌다. 나는 마음을 다잡고 경매장으로 향했다. 도착하니 9시 40분이었다. 전국 법원경매는 통상 10시에 시작하는데 10시부터는 경매와 관련된 안내사항과 경매 서류열람, 입찰표 투입 등으로 경매 준비과정을 시작한다. 입찰 마감 시간을 보통 11시 10분에서 30분까지 한다. 그래서 최소한 10시 50분까지는 입찰법정에 들어가야 입찰표를 작성하고 입찰에 참여할 수 있다.

경매 법원에는 입구부터 경매책자를 판매하는 아줌마들이 보였다. 경락잔금을 대출받으라며 명함을 돌리는 사람들에게 명함도 무더기로 받았다. 법정에 들어가기 전에 나는 우선 입찰법정의 게시판을 확인했다. 내가 입찰할 아파트가 변경이나 연기 또는 취하가 되었는지 확인하기 위해서였다. 게시판에 내가 입찰하려는 아파트의 사건번호가 없으니 진행에는 이상이 없었다.

법원에 들어가 앉았다. 잠시 후 법원집행관들이 서류를 정리하면서 안내방송을 시작했다. 경매개시를 알리는 버저 음이 '삐!' 하고 울렸고 사람들은 입찰봉투를 받으러 법대 앞으로 나갔다. 나는 서류를 받고 한 번 더 법대 앞에 놓인 경매 서류를 살펴보았다. 입찰봉투를 받아서 잠시 법원 출구로 나갔다. 화장실을 가면서 혹시나 해당 물건에 대한 정보를 얻어 들을 수 있을까 귀를 기울였지만 아무 소리도 듣지 못했다. 설사 뭐라고 떠든다 해도 긴장한 탓에 아무 소리도 들리지 않았을 수도 있었다. 나는 마음을 가다듬고 입찰표를 작성하는 곳으로 갔다. 입찰봉투 안에 입찰표와 보증금을 넣는 봉투가 있었다. 입찰표를 작성하고 보증금을 넣고 입찰봉투를 투입하기 위해 줄을 섰다.

집행관에게 입찰봉투와 도장, 주민등록증을 제시하였다. 그러자 집행관은

스탬프로 찍은 입찰봉투의 맨 윗부분을 절취선을 잘라 내게 주었다. 잘라 준 부위는 입찰자용 수위증이고 경매 진행과정 중에 보관하고 있다가 매수신청보증금을 반환받을 때 제출해야 한다. 만약 분실하면 매수신청보증금을 반환받지 못할 수도 있으니 주의하라는 주의사항이 있다.

11시 20분이 되어 버저 음이 '삐!' 하고 울리며 입찰마감을 알렸다. 사건번호 순으로 경매가 진행이 되었다. 진행하다가 잠시 후 집행관은 '강영숙 씨'를 몇 번이나 호명했다. 그러나 강영숙이라는 사람은 계속 법대 앞으로 나오지 않았다. 사람들은 두리번거렸지만 끝내 나오지 않았고 다시 경매를 진행하였다. 그러다 다시 강영숙 씨를 호명하더니 집행관은 "강영숙 씨 안 계십니까? 강영숙 씨는 보증금을 넣지 않았습니다" 하자 사람들이, "그러니까 대답을 안 했구면" 하고 웅성거렸다.

나는 강영숙 씨가 가상체험을 하려 보증금을 넣지 않았을 것이라고 추측을 해보았다. 경매가 계속 진행되다가 집행관이 다시 한 사람을 호명했다. "이연희 씨!". 어리둥절하며 법대에 나간 아줌마에게 집행관은 "이연희 씨가 응찰한 사건번호는 연기되었습니다" 라고 말했다. 요란하게 옷을 차려 입은 이연희라는 여자는 입찰보증금을 찾아가며 마치 쥐구멍을 찾는 듯 창피해 했다.

드디어 내가 입찰한 사건번호 순서가 되었다. 사건번호를 불러 법대 앞으로 나가니 응찰자가 7명이었다. 집행관이 입찰봉투를 개봉하고 제일 많이 입찰가를 쓴 1등을 호명했다. 나는 아깝게 2등을 했다. 낙찰자는 중년 부인으로 날아갈 듯한 발걸음으로 법대 옆으로 가서 영수증에 도장을 찍더니 보란 듯이 영수증을 들고는 사뿐사뿐 법정 밖으로 나갔다. 나는 입찰봉투 맨 윗부분을 잘랐던 입찰자용 수위증을 제시하고 입찰봉투 속에 넣었던 보증금 봉투를 받고 조금은 허탈

한 기분으로 법정을 나왔다. 그대로 봉한 보증금 봉투 속의 보증금 수표를 확인하면서 입금하기 위해 은행으로 향했다.

경매 집행 과정의 불과 두 시간이 스무 시간처럼 길고 긴장된 시간이었지만 경매 입찰의 첫 도전을 한 내 자신이 자랑스러웠다. 앞으로 수차례 입찰 경험을 통해 성공과 실패를 맛볼 것이고 언젠가는 나의 빌딩을 낙찰 받을 수 있으리라.

경매장에서 초보들이 당하는 사기 사건들

경매에 입찰하기도 전에 사기를 당하는 사건들이 왕왕 있다.

경매 응찰을 혼자 할 자신이 없는 한 초보자가 경매 컨설턴트에게 낙찰을 의뢰했다. 경매 컨설턴트는 초보자에게 서류를 갖추고 입찰보증금 2,000만 원을 자신의 통장으로 입금하라고 했고 초보자는 이에 따랐다. 경매가 진행되는가 싶더니 경매가 취소되었고 초보자는 보증금 2,000만 원을 받지 못했다. 컨설턴트는 곧 좋은 물건을 입찰할 것이라면서 보증금을 맡아 두겠다고 했다. 차일피일 보증금을 돌려주는 것을 미루는 컨설턴트에게 계속 받지 못하다가 최근에는 연락까지 끊겼다.

이 경우, 컨설턴트가 물건을 분석해 주고 입찰표를 작성하는 것까지는 도와주어도 직접 법원에 보증금을 제출했어야 했다. 즉, 컨설턴트의 가이드를 받으며 입찰을 하더라도, 컨설턴트의 통장에 입찰보증금을 입금하는 일은 하지 않아야 한다.

부동산 사이트로 인한 사기 사례도 있다.

일부 부동산 사이트에 법원 경매가 최저 금액을 올려서 문의가 오는 고객에게 현저히 낮은 최저 가격으로 낙찰 받아 줄 수 있다고 장담한다. 그리고 미리 입찰 전에 착수금을 입금하라고 하고 틀림없이 낙찰을 받을 테니 성사 후에 나머지 금액을 사례하라고 한다. 그러나 일단 최저가로 낙찰 받겠다는 경매 금액은 미끼였고 착수금도 돌려받지 못하는 사례들이 있으니 주의를 요한다는 전문가들의 조언이다.

경매학원을 통해 투자했다가 사기를 당한 사례도 있다.

경매학원은 우후죽순 날로 늘어나고 있는 실정이다. 경매학원 수강생들은 말할 것도 없이 경매 투자의 초보자들이다. 경매 학원에서는 무분별하게 경매 투자를 부추기는 경매 실전의 장이 되고 있다. 수강생들의 투자금은 대부분 소액이다. 그러다 보니 투자금 만큼 지분을 갖고 공동 투자에 참여하게 된다.

한 학원은 사우나를 반값에 낙찰 받을 수 있다는 소스를 학원생들에게 흘렸다. 학원장을 절대적으로 신뢰하는 수강생들은 자발적으로 투자 자금을 모았고 학원에서는 이 투자금으로 사우나에 투자하면서 소유권은 학원장 명의로 했다. 공동투자를 하면서 '투자 수익 목표 연 100%, 최소 투자 수익금 연 10% 보장' 등의 내용이 담긴 약정서를 원장으로부터 받았다. 그러나 학원장은 투자자금 운용을 투명하게 하지도 않았고 마음대로 대출까지 받아 썼다. 결국 원장의 비리를 알고 수강생들은 원장을 고소했다. 고소는 했지만 투자금을 회수하지 못한 수강생들은 애만 태울 뿐이다.

전문가들은 대박신화에 대한 기대감으로 들떠 있을 때가 바로 초보 시절이라고 조언한다.

얼마 전 부동산 경매 투자 명목으로 75억 원을 가로챈 40대 여인이 사기로 구속된 사건이 있었다. 이 여인은 부동산 경매 투자 사업에 투자하면 매월 200~400%의 배당금을 준다고 속였다. 2008년 2월 25일부터 12월 19일까지 서울을 비롯해 천안, 아산 지역을 무대로 21명으로부터 총 75억 원 상당을 가로챘다. 이 여인은 은행 지점장과 친분이 있어 부동산 경매로 단기간에 98억 원을 벌었다고 광고하면서 부동산 경매 투자자 행세를 해 투자자들을 끌어 모았다고 한다.

동료 부동산 컨설턴트의 경매 입문기를 듣다

어머니의 땅을 되찾기 위해 경매를 시작하다

서 사장이 사업자금을 마련하기 위해 어머니에게 손을 내민 건 지금으로부터 20여 년 전인 1987년의 일이었다. 그때 나이 서른 살, 한창 젊은 나이의 서 사장은 그럴 듯한 가게를 오픈하고 싶었다.

문구점에 완구와 선물 코너 그리고 음악사까지 갖춘 토털 선물가게를 구상하고는 어머니께 도움을 청했다. 어머니는 갖고 있던 땅 600평을 내주었다. 사업을 하고 싶은 열망에 사로잡힌 서 사장은 그 땅을 팔았다. 서 사장은 사업을 해서 반드시 그 땅을 도로 매입해 어머니께 돌려드리겠다고 속으로 다짐했다. 땅값으로 당시 900만 원을 받았다. 서 사장이 구상한 가게를 오픈하는 데 삼분의 이에 해당하는 자금이었다. 안전하게 축소하느냐 아니면 대출을 받아 원하던 그림대로 가게를 오픈하느냐 기로에 섰다. 투자를 하기로 마음을 굳히고 부족한 금액을 대출까지 받아 원하던 대로 선물가게를 차렸다.

　　장사는 잘되었다. 각 아이템마다 고객 이용시간이 달라 가게는 특별히 붐비지도 않았으며 매상도 균등하게 올라 영업하는 재미가 났다. 그대로만 된다면 어머니가 내준 땅을 다시 사드리는 건 시간문제라고 생각하니 피곤한 줄도 몰랐다. 그때쯤 그 주변에 개발호재로 땅값이 들썩이기 시작했다. 1년 밤낮으로 일해 어머니의 땅을 사려고 했더니 그 사이 땅값이 열 배로 올라 버렸다. 서 사장이 아무리 열심히 일해도 땅값을 따라잡기에는 역부족이었다.

　　1년 만에 열 배로 땅값이 오른 별나라 세상이 궁금해진 서 사장은 부동산 투자에 관심을 갖게 되었다. 부동산 투자를 해야겠다는 결심은 했으나 무엇을 어떻게 손을 대야 할지 감도 잡을 수 없었다. 무경험, 무지식인 서 사장은 일단 부동산 법전부터 독학하기 시작했다.

　　어머니께 사 드리려고 했던 땅은 다시 사지 못했지만 문구점 사업에서 벌어들인 자금으로 우선 조그마한 땅을 하나 샀다. 앞으로 돈을 버는 족족 그렇게 할 생각이었다. 그러기 위해 부동산 사무실에 드나들며 귀동냥을 하게 되었다.

　　부동산에 대해 좀 더 체계적인 이론 공부를 하고 싶어서 대학의 전문가 과정에 등록하였다. 그렇게 공부한 이론은 실전에 과감하게 시도할 수 있는 밑받침이 되어 주었다. 땅을 사서 매립을 하여 두 배가 넘는 가격으로 되팔기도 했고 반대로 땅을 파서 평지를 만들어 되팔기도 했다. 아무도 관심을 안 갖는 농림지역 땅을 8만 원에 사서 50만 원까지 크게 땅값이 오른 대박도 터뜨렸다. 신도시가 농림지역에 개발되는 것을 보고 신도시 예정지 인근의 농림지역을 일찌감치 사 둔 것이 큰 수익을 준 것이다.

경매를 시도하기 위해 집행관에게 수시로 식사를 대접하면서 이것저것 닥치는 대로 물어보았고 드디어 경매를 하게 되었다.

서 사장이 경매에 입문한 처녀작은 세 명이 공동으로 투자하여 평당 40만 원에 낙찰 받은 300평이었다. 서 사장은 그 땅을 1년이 조금 안 되어 평당 100만 원에 팔았다. 크게 이익을 보았다고 생각했다. 그런데 그 땅의 공시지가가 당시 160만 원이었다. 처음 경매에 참가했기 때문에 제대로 파악하지 못한 것이었다. 1년 안에 땅을 팔면 실거래가격으로 신고를 해야 하고 1년이 지나면 공시지가로 신고를 해도 되는 것을 몰랐다.

땅을 판 후 어영부영 세월이 흘렀고 서 사장의 재산에 1억 원 정도의 압류가 들어왔다. 그 당시에는 1년 안에 팔 경우에 실거래가의 40%의 양도세를 부과했다. 세금 신고를 하지 않았으므로 40만 원에 낙찰 받고 공시지가 160만 원에 판 것으로 세금계산이 되었다. 즉 40만 원에 300평인 1억 2,000만 원에 사서 160만 원에 300평인 4억 8,000만 원에 판 것으로 된 것이다. 혹독한 세금이었다.

서 사장은 뭔가 방법이 있을지도 모른다는 생각이 들었다. 절감할 수 있는 방법을 강구했고, 마침 그해가 공시지가가 조정이 되는 해라는 걸 알게 되었다. 시청, 구청, 감정평가사, 세무사에 공시지가 조정 이의신청을 하고 다시 공시지가평가를 끈질기게 요청했다. 조사 결과 그 당시 인근 땅 공시지가가 40만 원 선이 적정선이었다. 그 땅의 공시지가가 터무니없이 높게 측정되었음이 확인이 되었고 결국 공시지가가 다시 40만 원으로 조정되었다. 서 사장은 7~8개월의 공시지가 이의소송 끝에 승소하여 결국 세금을 하나도 내지 않게 되었다.

호랑이 굴에 들어가도 정신만 차리면 살아날 수 있다. 처음 경매로 낙찰 받은 땅인 만큼 잘 몰라 신고를 제대로 하지 못해 큰 낭패를 당할 뻔했지만 그렇다고 무조건 세금을 다 낸다는 건 억울한 일이다. 고생스럽게 풀어나갔지만 공시지가 이의신청 과정을 통해 경매와 세금을 제대로 학습하는 계기가 되었다.

서 사장이 경매로 낙찰 받은 땅을 소유권이전까지 받은 상태에서 되팔려고 할 때였다. 그런데 서 사장에게 농지를 산 새 소유자에게 농지취득자격증명이 나오지 않아 매도를 할 수 없는 상황이 되었다. 알아보니 서 사장에게는 나왔던 농지취득자격증명이 새 매수인이 등기이전을 할 때는 사도로 인정되어 농지취득자격증명이 나오지 않는 것이었다.

시골 땅 중에는 지목은 농지이나 이렇게 현황이 사도인 땅들이 지금도 많다. 공무원이 원칙대로 처리한다면 현황상 사도일 때는 농지취득자격증명이 나오지 않는다. 그러나 지역적인 현 상황을 아는 공무원들 중에는 관습도로는 농지취득자격증명을 발급해 주는 경우가 많다. 서 사장에게는 발급이 되었던 농지취득자격증명이 새 매수인에게는 발급이 안 되어 땅을 팔 수가 없게 되자 사도를 다시 농지로 만들기로 했다. 사도를 파헤치고 흙을 메워 농지를 만들었다.

그러자 그동안 사도를 이용했던 주민들이 민원을 제기했다. 그 사도는 교회의 주차장이므로 교인들만의 통로로 이용한 땅이었다. 그 땅을 매수하고자 하는 매수인은 이참에 서 사장이 사도를 농지로 만드는 것을 간절히 바라고 있었다. 결국 서 사장은 사도를 농지로 만들어 농지취득자격증명을 발급받았고 매수인에게 두 배의 이익을 보고 다시 되팔 수 있었다.

그 후 매수인은 그 땅이 교회에서는 없어서는 안 되는 땅임을 잘 알았고 그것을 활용하여 땅을 비싸게 팔 수 있었다. 매수인은 교회와 합의 끝에 서 사장에게 샀던 땅값보다 다섯 배를 더 비싸게 교회에 팔았다.

서 사장은 180평의 토지를 9,000만 원에 낙찰 받았다.

경매로 나왔던 그 땅은 가압류권자가 480명이나 되는 땅이었다. 즉 가압류를 풀기 위해서는 480건을 해결해야 한다는 뜻이다. 유찰도 5~6번이나 되었을 정도로 복잡한 물건이었기에 낙찰가가 반값도 되지 않았다. 서 사장도 처음에는 관심을 두지 않았다.

그런데 자세히 권리분석을 해보니 가압류권자는 480명이지만 사건은 하나였음이 파악되었다. 즉, 사건 하나를 해결하면 곧 480명도 해결이 된다는 뜻이다. 더군다나 선순위 근저당권자인 은행이 경매를 신청한 것이다. 가압류권자 480명의 사건을 알아보니 그 땅의 바로 앞의 아파트가 부도나면서 아파트 분양자들이 가압류를 걸어 놓은 것이다.

아파트 건설은 완료되었고 아파트 부도로 인한 분양피해자들은 그 땅의 소유자가 아파트 건설사이니 가압류를 걸어 놓고 주차장으로 쓰기를 촉구했다. 그러나 가압류권자가 그 땅을 개인적으로 소유할 수도 없었다. 그렇다고 누구 하나 경매를 진행할 수도 없었으니 주민들은 아파트 주차장으로 쓰고 있었다. 그런 차에 선순위 근저당권자인 은행에서 경매를 걸었던 것이다. 서 사장은 상황을 파악하고 해결방법을 알았으니 유유히 낙찰을 받았고 가압류권자들은 한 푼도 받지 못했다.

큰 리스크가 따르고 권리분석이 복잡한 땅일수록 해결이 잘되면 오히려 큰 수익을 가져다준다. 서 사장은 낙찰 받은 그 땅에 2층 다가구용 상가건물을 지어 지금까지도 임대수입을 올리고 있다. 땅값이 낙찰 때보다 세 배 정도 올랐지만 임대료가 안정적이어서 팔지 않고 보유하고 있는 것이다. 1층은 카센터, 미용실, 마트, 2층은 다가구들로 10년 동안 공실 없이 임대료가 안정적으로 들어오는 효자 임대수입 부동산이다.

그런데 몇 해 전까지만 해도 임대료를 2부로 받았지만 이제는 1부, 1.5부로 받는다. 그것은 사회적인 현상이니 어쩔 수 없다. 그 결과 임대를 놓았던 초창기 때는 연 9,000만 원의 임대료를 받았지만 현재는 임대료 퍼센트 자체가 내려 연 5,000만 원을 받고 있다. 그 외에도 서 사장은 돈이 모이는 족족 땅을 사 모아 지금은 땅 부자 소릴 듣고 있다.

"나는 어머니의 땅을 되찾아 드리겠다는 일념으로 경매와 부동산에 투자했지요. 그런 의미에서 어머니의 땅은 내게 정신적으로도 진정한 종자돈 구실을 한 겁니다."

서 사장은 그렇게 말했다. 지금은 작고하셨지만 어머니의 명의로 된 땅은 아직 그대로 있다.

내 집이 경매처분이 되어

"내 집이 경매 처분되어 하루아침에 길거리에 나앉게 생겼을 때는 눈이 뒤집혀지더군요. 그러나 인생사 새옹지마라고 그것이 계기가 되어 경매에 눈이 뜨였지 뭡니까."

경매로 재기하여 부자가 된 고창석 씨는 과거 자신의 집이 경매로 넘어가는 쓰라린 경험을 했다. 따라서 고창석 씨는 명도(집 비우기)를 당하는 임차인과 소유자들의 마음을 누구보다도 잘 안다. 고창석 씨는 낙찰을 받고 먼저 세입자들을 만나 그들의 마음을 헤아리다 보니 큰 잡음과 비용을 들이지 않고도 원만히 해결했던 것이 경매로 성공할 수 있는 비법이 되었다.

　평범한 회사원이었던 고창석 씨는 회사의 구조조정으로 회사에서 밀려나고 말았다. 그는 퇴직금과 저축한 돈을 모아 전직 경험을 살려 무역업에 손을 대었다. 그런데 친구인 동업자에게 사기를 당해 사업도 망하고 집까지 경매로 넘어가게 되었다. 위기는 곧 기회라더니, 그런 와중에 그는 경매를 통해 부동산을 저렴하게 매입할 수도 있다는 것을 감 잡게 되었다. 그러나 이론적으로는 확실히 알겠는데 그에게는 종자돈이 없었다. 그는 포기하지 않았다. 아내에게도 자기의 느낌을 이야기하고는 도움을 요청했다. 길에 나앉았지만 살 집을 마련할 수도 있다는 희망을 전해 들은 아내도 기꺼이 일을 해보겠다고 팔을 걷어붙였다. 아내는 음식점에서 허드렛일을 했고, 고창석 씨는 낮에는 음식점에서 일하고 밤에는 대리운전을 했다. 그러면서 고창석 씨는 경매학원 주말반에서 경매 공부를 하면서 저평가된 물건을 찾는 방법과 권리분석 하는 눈을 키웠다.

　살던 집은 이미 남의 손에 넘어갔고 식구들은 친척집으로 뿔뿔이 흩어졌지만 다행히 빚이 없었다. 고창석 씨와 그의 아내도 각각 친척집에 얹혀살면서 월급을 모았다. 고창석 씨는 방이 딸린 가게를 염두에 두면서 경매 현장을 찾아다녔다. 그렇게 일 년 여를 고생한 끝에 음식점을 할 만한 가게를 낙찰 받았다.

　음식점을 개업하여 아내가 맡은 후 고창석 씨는 대리운전을 접고 본격적으로 경매에 뛰어들었다. 우선 아파트를 주 종목으로 살폈다. 시세조사를 꼼꼼히 했고 주변 발전도나 값이 오를 가능성 등을 체크해 아파트를 낙찰 받았다. 2회 유찰되어 있는 아파트를 확인해보니 예고등기가 원인이 되어 아무도 낙찰을 받지 않았던 것이다. 고창석 씨는 예고등기의 원인을 파악해보았다. 소유자를 만나고는 풀 수 있는 상황이라는 걸 알게 되었다.

상식적으로는 예고등기가 있으면 모두 외면하지만 경매의 고수는 원인을 파악해서 해결할 수 있는 문제라고 판단되면 과감하게 입찰에 응한다. 고창석 씨는 예상대로 혼자서 응찰하여 시세가 3억이었는데 2억에 낙찰 받았다. 소유자가 지인과 짜고 소유권 다툼이 있는 것처럼 꾸며 등기부등본에 예고등기가 기재됐던 것이다. 낙찰 받고 운이 따라 아파트는 금세 값이 올라 4억이 나갔다. 투자금도 입찰보증금과 소액의 경비만 들었고 경락잔금 대출을 받았다. 자신감이 붙은 고창석 씨는 다세대도 경매를 받아 더욱 큰 차익을 얻었다.

재미를 붙인 고창석 씨는 이번엔 땅 쪽에 관심을 쏟았다. 국도 2차로에 접해 있는 목 좋은 땅이 첫 경매에서 유찰되었다. 소유주가 만든 축사 창고 등은 법정지상권이 있어 현 주인이 버티기로 나서면 낙찰자라도 속수무책일 수밖에 없었다. 밭과 대지, 농가주택으로 이뤄진 땅 소유자와 만나기 위해 고창석 씨는 농사 일까지 도왔다. 이에 마음이 열린 땅 소유자는 상황을 이야기해 줬다. 생각보다는 문제 해결이 간단할 것 같았다. 고창석 씨의 인간적인 면에 끌렸는지 땅 소유자는 가을 수확 때까지만 명도를 미뤄 주면 순순히 물러나겠다고 약속을 했다. 고창석 씨는 그 지역의 이장과 원로들을 두루 만나며 현황을 파악한 끝에 땅 시세가 평당 30만 원을 호가해 투자가치가 있다고 판단했다. 그래서 과감하게 낙찰을 받았다. 6,500만 원에 낙찰 받은 이 땅은 이후 매립을 하고 도로를 만들고 주변 개발호재 여건까지 받쳐 주어 2억 6,000만 원의 가치로 재탄생했다.

고창석 씨는 경매 투자원칙은 열정과 근면이라고 말한다. 부지런히 발품을 팔면서 저평가된 물건을 찾아 철저하게 권리분석을 하고 임차인이나 지역 주민들에게 정보도 수집하고 원만히 해결하는 것이 핵심이다.

part 01 →

part 02 ↗

part 03 ↑

Part **01**

초보자가
짚고 넘어가야 할
경매정보

•
•
•
•
•

Chapter **02**

경매, 이것이 꼭 궁금해요

부동산 경매 절차

매각공고 : 매각기일 14일 전 법원게시판, 신문, 인터넷 법원 경매사이트에 공고를 한다.

서류열람 : 경매법원에서 매각물건 명세서, 임대차조사서, 감정서 등을 열람한다.

물건확인 : 토지나 건물 등기부등본, 토지대장 등 공부 서류를 살펴 소유권과 지목, 공시지가 등을 확인한다.

현장답사 : 입지조건이나 시세와 세입자의 현황조사를 한다.

입찰참가 : 응찰가의 10%인 입찰보증금과 주민등록증, 도장을 지참하고 입찰표를 작성하여 입찰한다.

낙찰자결정 : 매각기일 7일 이내에 매각허가 결정 선고를 한다.

잔금납부 : 매가허가결정 확정일로부터 한 달 이내에 납부를 한다.

소유권이전 : 각종 저당권이나 가압류 등은 순위 관계없이 말소가 된다.

입찰이 무효가 되는 경우

채무자나 전 낙찰자가 응찰하는 경우, 입찰가가 최저 입찰가보다 낮은 경우, 입찰표에 입찰가격을 정정한 경우, 대리입찰과 공동입찰을 했는데 인감증명서를 미제출한 경우, 하나의 경매 사건에 입찰자가 중복되는 경우, 개별 입찰 시 입찰표 1매에 여러 개의 사건번호를 기재한 경우 등이다.

경매가 낙찰되었을 때 낙찰대금으로부터 배당을 받는 순위

(1) 소액 주택임차보증금채권과 최종 3개월분 임금채권

(2) 국세 중에서 당해세 및 가산금채권

(3) 당해세 이외의 조세로서 그 법정기일이나 납부기한이 저당권. 전세권의 설정등기보다 앞선 조세채권

(4) 국세, 지방세의 법정기일 또는 납부기한 후에 설정된 저당권, 전세권에 의하여 담보된 채권

(5) 최종 3개월분의 임금 등 채권을 제외한 근로관계로 인한 채권

(6) 당해세 이외의 조세로서 그 법정기일이나 납부기한이 저당권. 전세권의 설정등기보다 후인 조세채권

(7) 일반채권자의 채권

경매와 공매의 차이점

경매는 민사집행법이 적용되며 법원이 담당하고 있다. 개인이나 법인이 빚을 갚지 못할 때 국가가 담보 처분을 중개해 채무관계를 정리해 주는 것으로 현장 입찰이 원칙이다. 권리분석은 낙찰자가 직접 해야 한다. 유찰될 때마다 가격이 떨어지는 비율(저감률)은 1회 차부터 20~30%씩이다. 대금납부는 매각허가결정 확정일로부터 1개월 이내이다. 이해관계자가 매각 결과에 대해 항고할 수 있다. 매수자 명의 변경이 불가능하기 때문에 대금 납부를 할 수 없으면 낙찰을 포기해야 한다. 낙찰 받은 후 잔금을 납부하기까지는 취소 등이 가능하다. 낙찰대금을 모두 납부해야 물건을 점유할 수 있고 잔금을 납부하지 않을 경우 보증금은 채권자에게 돌아간다. 경매로 입금된 대금은 배당금에 포함되고 전 소유자나 세입자가 비워 주지 않을 경우에는 인도명령을 통하면 된다.

공매는 국세징수법을 적용하고 자산관리공사가 담당하고 있다. 밀린 세금을 받기 위해 국가가 행정처분하는 것이고 입찰방식은 전자자산처분시스템인 온비드(www.onbid.co.kr)를 이용한다. 공매는 압류 물건을 제외하면 자산관리공사가 권리분석을 책임진다. 이해관계자가 매각결과에 대해 항고할 수 없다. 저감률은 2회 차부터 1회 차 매각예정가의 10%씩 체감하여 50%까지 진행하며 최초 공매가 대비 절반 아래로는 값을 내릴 수 없다.

대금납부는 1,000만 원 미만 금액은 매각 결정일부터 7일 이내, 1,000만 원 이상 금액은 60일 이내에 납부하면 되고 1개월부터 최대 5년 간 분할 납부도 할 수 있다. 계약이행 중 대금을 선납하면 이자도 감면받는다. 할부 구입 시 매수자가 납부할 능력이 되지 않으면 명의 변경도 가능하고 대금을 3분의 1 이상 납부하면 점유할 수도 있다. 낙찰 후 매각결정허가서를 받으면 잔금을 내기 전이라도 공매의 취소가 불가능하다. 공매는 인도명령이 없고 전 소유자나 세입자가 비워주지 않으면 명도소송을 하여야 한다.

공매의 함정

공매의 모든 절차가 온라인 상에서 이루어지기 때문에 복잡하게 느껴질 수 있다. 또한 물건에 대한 정보가 제한적이다.

입찰자 스스로 공부 서류를 발급하고 임차인의 조사나 현황조사를 해야 한다. 압류재산의 경우에는 세금체납을 이유로 공매에 붙여지는 것이기 때문에 체납세액이 적으면 공매 기간 중에도 세액을 납부하고 공매가 취하될 가능성이 많다. 명도책임은 수탁재산인 경우 매도인이 부담을 하는 것이고, 유입자산은 자산관리공사가 책임을 진다. 그러나 압류재산은 명도책임이 매수인인 낙찰자한테 있으니 유의해야 한다. 특히 유입재산이나 수탁재산이라도 명도에 과도한 비용이 들어가면 그 책임이 매수인에게 부가된다. 또한 공법상의 규제나 현황과 공부 상의 차이에 대한 위험부담도 매수인의 몫이다. 공매라도 압류재산은 권리관계나 임대차관계 분석에 대한 책임이 매수인에게 있어 철저한 권리분석이 필요하다.

선순위 가처분이나 가등기가 있어도 경매는 진행되지만 공매는 이런 권리관계가 최우선순위로 등기가 되어 있으면 공매를 위임한 기관과 협의하여 공매를 중지한다. 그러나 가처분과 가등기보다 앞선 저당권이 있으면 공매는 진행된다.

세금의 법정기일과 근저당권의 설정기일, 임차인의 확정일자가 동일한 경우는 무조건 국세기본법에 의거해 세금이 낙찰금에서 우선적으로 배당받는다. 그래서 임차인이 배당을 받을 거라 여겨 낙찰을 받았는데 세금이 배당으로 다 제해져 임차인이 배당을 받지 못하는 경우가 종종 생긴다.

부동산이 공매와 경매가 동시에 진행되는 경우에는 먼저 낙찰되고 잔금을 치르는 순서가 우선한다. 입찰날짜를 알아보고 같은 날 낙찰될 때는 먼저 잔금을 지급한 순서로 진행한다. 또 경매와 공매가 동시 진행될 때 경매개시결정기일 이후에 전입했다면 공매에서도 이를 인정하지 않는다.

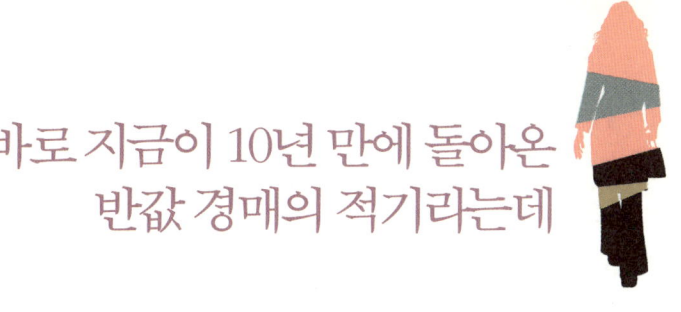

바로 지금이 10년 만에 돌아온 반값 경매의 적기라는데

10년 전, IMF 당시에 부동산 가격이 폭락하면서 경매로 부동산을 사들인 사람들은 그 후에 가격 상승으로 큰 수익을 거두었다. 2009년도 현재를 사람들은 IMF 이후 10년 만에 돌아온 고수익을 올릴 수 있는 경매의 최적기라고 한다. 부동산 경기가 상승할 때는 일반매매 거래가 활성화되기 때문에 오히려 경매에 우량물건이 넘어오지도 않고 반값의 기회도 없다.

경매정보업체인 지지옥션에 따르면 서울중앙지방법원의 유효 입찰자를 조사한 결과 2008년 12월과 2009년 1월 사이에 경매 참가율이 3배가 증가했다.

2009년 1월, 한 주간의 서울 5개 법원(중앙, 동부, 서부, 남부, 북부)에서 진행한 경매의 평균 낙찰률은 40.6%였다. 낙찰률이 40%가 넘으면 경매시장이 과열되고 있음을 뜻한다. 실제로 이때의 입찰경쟁률이 100대 1까지 간 적이 있었다.

일반적으로 부동산 시장의 가격이 먼저 상승하고 경매 시장의 가격이 뒤따르는 양상이지만 2009년 현재에는 반응이 거꾸로 나타나는 상황이다. 즉, 부동산 시장의 가격이 회복되기도 전에 경매 시장이 먼저 활황이 되고 있는 것이다. 부동산 불황이 깊을수록 경매 시장은 활기를 띠고 고수익의 최적기이자 기회가 된다.

경기침체로 은행권의 가계, 중소기업 연체율이 증가하면서 빚이 많은 부동산들이 경매 시장으로 몰리고 있다. 즉 금융기관의 대출상환 압력에 따라 경매 물건은 늘어나고 불황이 장기화될수록 우량 물건까지 쏟아진다. 주택, 상가, 토지뿐만이 아니라 주유소, 공장, 모텔 등 특수용도의 물건까지 다양한 물건들이 나와 경매 시장은 활황세를 보인다.

경매는 부동산 경기가 좋을 때는 90% 선에서 낙찰되던 물건들이 불황으로 물량이 늘고 입찰자가 줄면 60~80%로 낙찰가가 낮아지며 투자이득이 높아지게 된다.

경매 투자가 가지고 있는 장점들을 알아본다.

저가로 부동산을 취득하여 고수익을 창출할 수 있으며, 낙찰과 동시에 투자 이익을 산출할 수 있다. 한번 유찰될 때마다 20~30%씩 가격이 저감되고 시세 대비 낙찰가로 투자 이익률을 확인할 수 있다.

부동산 규제로부터 자유롭고 경매는 공정하고 투명한 절차를 거쳐 이루어지는 부동산 거래시장이다. 토지거래허가 없이 매입할 수 있는 것처럼 취득에 따른 규제나 제한도 덜 받는다. 일반매매처럼 부동산 실거래가 신고가 아닌 낙찰금액으로 세금을 매겨 취득세금이 일반매매보다 싸다.

경매정보는 무엇보다 열린 정보라서 누구든지 우량 정보를 만날 수가 있다. 서민도 부를 창출할 수 있는 평등한 기회의 장이다. 부동산에 대한 법률적 소양과 전문적인 공부를 한다면 경매로 인해 성공할 수 있다.

그러나 누구나 성공하는 것은 아니다. 법률공부와 현장경험과 전문가의 도움으로 경매를 성공으로 이끌어 나가야 한다. 경매가 대중화되면서 경매를 배울 수 있는 곳은 곳곳에 산재해 있어 배우기가 쉽다. 그러나 경매 전문가가 되고 아무 탈 없이 고수익을 올리는 것은 그리 쉽지 않다.

불황에는 유찰이 반복되면서 감정가의 20%씩 경매 기준가격이 하향 조정되고 있으니 최저가의 기대치까지 반영된다. 그러나 싸다고 뜨거운 감자를 덥석 물었다가는 배보다 배꼽이 더 큰 낭패를 당할 수 있다. 통계에 의하면 최저 경매가가 감정가 대비 51%인 매물에 입찰자가 가장 많이 몰리는 현상이 나타난다.

경매에서 실패하는 요인은 낙찰을 받은 후 예상치 못한 하자로 인해 추가비용이 발행하게 되는 때이다. 수익을 낼 수 있다면 추가비용의 출혈을 감수하고서라도 잔금을 치러야겠지만 그렇지 않을 경우에는 입찰보증금을 날리는 낭패를 겪을 수 있다.

입찰보증금만 날리는 경매의 대표적인 실패 원인은 다음과 같은 두 가지 경우가 있다.

첫째, 권리분석의 착오나 경매 물건의 하자로 인해 경락잔금 대출을 받을 수 없을 때 발생된다.

둘째, 급상승한 시기에 감정한 물건으로 감정가에 거품이 끼어 있는 시세보다 높은 물건을 낙찰 받았을 경우다. 그래서 감정가를 맹신하지 말고 시세를 정확히 조사하는 것이 실패를 줄이는 해법이다.

민간 경매, 속성 경매란 어떤 것인가

　　주택시장 붕괴로 집값 하락이 지속되면서 애물단지로 전락한 아파트를 급매하려는 집주인들을 위한 이른바 '속성경매' 가 2009년 처음으로 열렸다. 대출 이자부담 등으로 신속하게 부동산을 처분해야 하는 사람들이 늘어나면서 민간 경매 이용자가 확대되고 있다.

　　속성 경매는 법원 경매에서 드는 추가비용과 시간을 절약하기 위해 감정평가 없이 집주인이 직접 최저가를 제시하는 방식으로 이뤄지는 민간 경매 방식이다. 민간 경매는 법원이 아닌 부동산 경매정보업체가 주관하는 것으로, 부동산 소유자가 전문 업체에 물건을 위탁해 경쟁 매매로 매각하는 방식이다. 민간 경매를 통해 전속중개계약, 감정평가, 매각 미성사 시 100% 비용환불이 가능하다. 민간 속성 경매는 민간 경매에서 부동산 가격을 감정하는 과정을 생략하고 최저가를 시세보다 높게 제시한 아파트는 걸러낸다.

　　속성경매의 특징 상 물건을 빨리 처분하기 위해 최저 낙찰가액을 감정가의

민간경매 진행절차

| 물건 접수
인터넷 · 전화 · 서면 ·
방문 접수 | → | 심사
분쟁 소지나 하자가
있으면 접수 거부 | → | 전속중개계약 및 예약금 납부
거래물건 5억 원 미만 30만 원
거래물건 5억 원 이상 50만 원 |

감정평가 및 자료 등록
감정평가, 법원경매수준 자료 등록

낙찰
(유찰되면 수의계약
기간을 거친 뒤
예납금 환불)

공개입찰
1~3차 진행

경매 전 수의계약 가능
매도자의 희망매도가에
사려는 사람이 있을 경우

매물공고
지지옥션 정보지 · 인터넷 ·
일간신문 등

출처: 지지옥션

절반으로 낮춘 물건도 등장한다. 민간경매와 함께 매도자가 최저 경매가를 제시해 매매 기간을 줄이는 '아파트 속성 경매'도 함께 진행된다. 속성 경매는 감정가 대신 매도자가 먼저 희망가격을 제시하는 것으로 진행한다. 시세보다 높게 최저가를 제시한 물건은 지지옥션에서 먼저 걸러 냈기 때문에 매수자 입장에서는 속성 경매를 통해 저렴하게 구입할 수 있다. 물건을 부동산에 내놓아도 거래가 안 되고 시간을 다퉈 물건을 처분하려는 사람들이 늘어날수록 속성 경매 물건은 더욱 늘어날 것이다.

무늬만 반값인 경매의 함정에 빠지지 말자

감정가와 감정평가서에 함정이 있다

경매정보 상 지번과 실제 부동산의 소재를 착각하고 다른 부동산에 입찰하는 사례가 발생하기도 한다. 감정평가서의 사진만으로 해당 물건의 정확한 상태를 파악하기 어렵다. 특히나 감정평가서와 경매정보지의 사진은 물건의 실제 모습보다 더 상태가 좋게 나오기 때문에 현장 점검이 필수다. 지적도는 땅 모양만 알 수 있고 실제 땅의 현황을 알 수 없으니 현장조사가 더욱 중요하다.

감정가는 공신력 있는 평가회사에서 산정했지만 무조건 감정가를 맹신하면 안 된다. 금융기관에서 대출을 위한 감정가는 보수적이라서 시세보다 낮춘 감정가로 생각하면 되지만 경매의 감정가는 시세보다 고평가를 하는 경우가 많다. 법원 감정가가 높은 경우가 낮은 때보다 채권자와 채무자 모두에게 유리하기 때문이다. 법원 감정가는 시세의 약 110% 내외에서 결정되는데 개발재료가 발표

되면서 천정부지로 가격이 치솟을 때는 감정가가 저평가되어 있는 것으로, 불황일 때는 고평가되어 있는 것처럼 보일 수 있다.

감정평가 후 입찰에 붙여지는 시점은 유찰까지 더해지면 가격 평가 시점과 현재 시점의 가격 차이가 날 확률이 높다. 그래서 응찰가격을 감정가만 믿지 말고 시세파악 후 감정가보다는 20~30% 싸게 받아야 수익성 있다. 고평가하는 법원 감정가의 특성과 감정시점과 매각시점의 상당한 시차 발생을 감안해서 정확한 시세를 조사하고 입찰을 한다.

실제 감정가의 함정에 빠진 예를 본다.

동작구 신대방동의 오피스텔이 경매에서 2억 5,000만 원에 낙찰되었다. 감정가는 3억 7,000만 원이었고 낙찰가는 68% 수준이었다. 분양가는 3억 6,000만 원이었으니 분양가보다도 낮은 반값에 가까운 물건이었다. 감정가보다 훨씬 낮은 가격으로 반값에 낙찰 받았다고 좋아했지만 그것은 실상을 모르고 하는 짓이었다. 불경기로 인해 중개업소에 급매로 나온 물건들 가격이 자꾸 내려갔다. 이 물건들이 2억 7,000만 원에 나와 있으니 경매로 받은 물건은 오히려 명도 비용 등 추가비용이 발생하니 급매보다도 비싸게 낙찰 받은 것이었다. 이것이 바로 감정가 산정 시점이 만드는 착시현상이다.

이 오피스텔의 감정 시점은 한 해 전이었다. 시세가 많이 떨어지기 전의 감정가이니 현재 시세에 비해 감정가가 턱없이 높을 수밖에 없었다. 즉, 반값 경매의 함정은 낙찰가가 감정가보다 낮기 때문에 저렴하게 반값에 낙찰 받았다고 착각하는 것이다.

시세 조사를 하면서 한 군데의 중개업소의 말만 곧이듣고 시세로 믿어 낙찰 받아도 낭패를 당할 수 있다. 인터넷 사이트를 먼저 확인하고 몇 군데의 중개업소를 방문해서 비교를 해야 한다. 발품을 많이 판다면 결코 손해 보는 일은 없다.

눈에 보이지 않는 서류의 함정에 빠지지 말아라

매각 서류에는 오기(誤記)나 오류(誤謬), 누락의 실수가 있다. 매각서류와 각종 공부상의 이중 검색을 생활화하는 것이 좋다. 또한 서류를 통해서 파악이 되는 것도 있지만 법정지상권이나 분묘기지권, 유치권 등 서류를 통해서 파악이 안 되는 인수해야 하는 권리 등이 있다. 서류에서만 인수조건의 큰 비용만 확인할 것이 아니라 서류상 없는 낙찰자가 부담하는 미납관리비 금액도 파악해야 한다. 생각보다 미납관리비 비용이 만만치 않은 경우도 있다.

유찰이 많고 변경, 연기가 잦은 물건에 함정이 있다

유찰이 많다는 것은 우선 하자가 있다는 것이다. 하자전담 유찰 물건만을 취급하는 고수라도 유찰이 많은 물건에는 발견 못한 복병을 만날까 신중한 편이다. 또한 변경이나 연기가 잦은 물건은 주의가 필요하다. 수익성 부동산의 경우에는 경매 진행 중에도 채무자가 법원에 경매 진행을 늦춰 달라고 하거나 이자를 일부 갚은 후 연기 신청을 해 놓고 낙찰 직전 채무를 갚으면 경매는 취소된다. 특히 채권자의 채권청구금액이 적으면 취하 가능성이 매우 높다.

개발호재 지역이라고 해서 '묻지마 경매'는 위험하다

우선 뉴타운, 재개발, 택지지구 등의 개발지의 소형 경매 매물은 취하 가능성이 높다. 특히나 경매서류와 실제 개발예정지와 차이가 나는 물건도 많고 예측 불허한 복병을 만날 수도 있다. 도시계획이 변경되거나 개발계획들의 취소도 빈발하다. 개발지의 물건은 호재 하나만 바라보고 '묻지마 투자'를 하지 말고 지역 시, 군청에서 확인을 하고 현지부동산이나 개발업자를 만나면 개발의 진행 여부를 알 수 있다.

세입자에게는 언제나 함정이 도사리고 있다

경매물건에서 세입자가 대위변제하는 경우는 복병이라고 보는 게 좋다. 후순위 세입자가 1순위 근저당금액이 적을 경우 그 금액을 갚아버리면 자동적으로 대항력 있는 세입자로 바뀌게 된다. 여러 차례 유찰이 된다는 건 권리관계가 복잡한 경우도 있지만 세입자 대위변제 가능성도 염두에 두어야 한다. 또한 말소기준권리보다 앞선 선순위 세입자라도 배당 여부는 최초 담보물권 확정일자를 기준으로 권리분석하고 일부 배당, 일부 전세금액을 인수할 권리에 주의해야 한다.

대한민국 쟁이들의
경매 매뉴얼

프로 경매쟁이 이여정

part 01 →

part 02 ↗

part 03 ↑

넘어가거나 혹은 낙찰 받거나, 부동산 경매의 법칙

∙
∙
∙
∙
∙

Chapter **01**

집이 넘어가면서 알게 된 경매,
인생의 전환점이 되다

"나는 토털 프로페셔널 이여정이다"

　　내가 부동산업계에 몸담은 지 벌써 10년이다. 하지만 지금까지도 처음 고객을 만날 때면 외모에서 풍기는 이미지가 전혀 부동산업계에 종사할 것 같지 않다는 소리를 자주 듣는다. 그러나 나는 '토털 에셋 매니저'(total asset manager)를 꿈꾸는 현재 38세의 부동산 토털 프로페셔널 이여정이다.

　　나의 소녀 시절의 꿈은 멋진 유니폼을 입고 폼 나게 세계를 다니는 항공승무원이었다. 하지만 넉넉하지 않은 가정 형편 상 졸업 후 바로 생계를 위한 일자리를 선택해야만 했다. 나는 취직을 했고 직장인이 되었다. 내가 한 달 꼬박 일해서 얻는 소득은 겨우 백만 원 남짓의 봉급이었다. 집안 상황 때문에 시작한 직장생활이었지만 꿈 많던 소녀시절의 포부는 내 안에 숨어 있었다.

　　'아, 좀 더 여유 있고 좀 더 멋지게 살 수는 없을까?'

내게 현실은 미래에 대한 돌파구를 찾아야만 한다는 갈증의 연속이었다.

그렇게 지루한 시간을 이어가던 어느 날, 아는 지인에게서 공인중개사 시험에 한번 응시해보라는 권유를 받게 되었다. 내게 공인중개사 시험은 썩 내키지 않은 권유였다. 당시만 해도 공인중개사 하면 책상 하나, 소파 하나에 바둑과 장기로 시간을 지키는 동네 할아버지들의 공간과 직업으로만 알았으니까. 일종의 고정관념이었다.

시간이 지나면서 내 고정관념의 틀이 벗겨졌다. 공인중개사 자격증이라는 것이 언젠간 써먹을 수도 있겠다는 생각과 뭔가에 몰두하면 일단은 지루한 나의 현실을 잠시 벗어날 수 있겠다는 생각이 들었다. 나는 스스로에게 공인중개사 자격증을 취득하는 데 의의를 두면서 시험을 준비하기로 마음을 먹었다.

공인중개사 시험은 법을 공부하는 어려운 관문이었다. 동네에 이사 올 사람에게 집을 소개해 주고 서로 도장 찍고, 돈 건네고, 계약서 한 장씩 나눠주는 일 정도로만 생각했었는데 그게 아니었다. 민법, 공법, 사법, 세법, 지적법, 등기법 등 시험과목만으로도 나를 당황스럽게 하기 충분했고 결코 만만하지 않은 시험이었다.

그렇지만 부동산에 관해 조금씩 더 알아갈수록 잘만 하면 내 인생을 바꿀 수 있는 새로운 전환점이 될 수도 있다는 생각이 들었다. 젊은 시절에 이루어야 할 목표가 생겼다는 점이 좋았다.

시험을 한 달여쯤 남기고 나는 다니던 직장을 그만두는 과감한 선택을 했다. 그 길로 다니던 학원과 가까운 서울 신림동 고시촌에 자리를 잡을 정도로 나의 의지는 강했다. 그도 그럴 수밖에 없는 것이 직장까지 그만 둔 상황에서 시험을 준비하던 나였다. 또한 당시 공인중개사 시험은 2년에 한 번밖에 치를 수 없는 시험이었기에 나에겐 반드시 단 한 번에 취득을 해야 한다는 절실함이 강했다.

한창 막바지에 올라 시험을 준비하던 나에게 뜻밖의 비보가 전해졌다. 부모님이 계시는 시골집이 경매로 넘어가게 됐다는 전화를 받은 것이다. 어머니의 전화 한 통은 당시 사회초년생인 나에게 큰 충격을 주었다. 그 집은 부모님이 평생 성실하게 일하신 땀으로 이뤄낸 우리 가족의 보금자리였다. 전화를 끊고 한참동안 아무런 생각도 나지 않았다. 망치로 머리를 얻어맞은 듯 멍한 느낌 속에서 '경매'라는 한 단어가 내 머릿속에 오롯이 떠올랐다. 티브이 드라마 속에서나 들어 본 그 용어가 불안감을 조성했다.

나는 그길로 서둘러 집으로 갔다. 집으로 가는 그 시간 동안 나는 아버지에 대한 원망과 내 삶에 대해 속상함으로 가슴이 꽉 막혀 숨조차 제대로 쉴 수 없었다. 그것이 내 인생에서 처음 경매와 만나는 순간이었다.

집 되찾아 준다던 컨설턴트에게 2,000만 원 날려

평소 거절을 잘 못하시던 아버지가 절친한 친구 분에게 보증을 섰고, 그 친구 분이 채무를 변제하지 못해 우리 집이 하루아침에 경매로 넘어가게 된 것이었다. 아버지는 아무런 말씀도 없이, 미안함에 얼굴을 들지 못하고 계셨다. 그런 아버지의 모습에 나는 왜 그렇게 함부로 보증을 섰냐는 짜증의 말도 꺼낼 수 없었다. 집이 넘어간다는 생각에 넉넉하진 않아도 우리식구 모두가 함께 웃고 기대어 지내던 추억마저 사라질 것 같았다.

장녀인 나는 더욱 침착하고 강해야만 했다. 먼저 어떻게든 집을 다시 찾아야 한다는 생각만 했다. 하지만 막상 내가 할 수 있는 일은 정말로 아무것도 없었다. 나는 누군가의 도움이 필요했고 아는 사람을 통해 찾아 물어가며 도움을 청해 결국 건너 건너로 경매 컨설턴트라는 사람을 소개받았다. 당시 지푸라기라도 잡아야 하는 상황에서 경매 컨설턴트라는 타이틀은 일단 나에게 신뢰감을 주었고, 그 사람을 만난 것만으로도 나는 집을 다시 되찾은 것 같은 기분이었다.

나는 상세하게 내용을 이야기하고 헤어지는 자리에선 몇 번이나 진심어린 부탁의 인사를 했다. 그리고 며칠 후, 다시 만난 경매 컨설턴트에게서 나는 희망적인 소식을 들었다. 현금 3,000만 원을 마련할 수 있다면 경매에 붙여진 집을 낙찰 받을 수 있다고 했다. 낙찰금액은 6,000만 원이지만 일단 현금 3,000만 원을 준비하고 나머지 3,000만 원은 대출을 통해 채울 수 있도록 도와주겠다는 것이었다.

나는 먼저 부모님께 걱정하지 말라고 안심시키고 그동안 모아 두었던 몇 개의 통장을 꺼내 들었다. 부모님께 다시 집을 찾기 위해서 3,000만 원의 현금이 필요하다고 말씀드리고 함께 마련할 수도 있었겠지만 힘없이 처진 부모님의 어깨를 보며 왠지 나 혼자서 해결해보고 싶은 생각이 들었다.

무슨 용기와 배짱이었는지 집을 다시 살릴 수 있다는 생각이 내 마음 속에 더 크게 자리 잡았다. 경매로 다시 집을 되찾을 수만 있다면 그 동안 억척스럽게 애쓰며 모아 온 통장의 돈에 나는 조금의 미련조차도 없었다. 경매에 대한 지식이 전혀 없었던 나에게 경매 컨설턴트는 한 가닥 희망이었고 정말 고마운 사람이었다. 그를 통해 간간이 전해지는 희소식에 불안한 희망을 키우는 시간을 보내야만했다.

한편, 3월에 있을 공인중개사 시험을 다음번으로 미루려는 상황에 내게 참으로 다행스러운 소식이 전해졌다. 그동안 2년에 한 번씩 3월에 치러지던 공인중개사 시험이 2000년도부터는 1년에 한 번씩 매월 9월에 시행된다는 것이었다. 경매로 집이 넘어 가게 된 당시 나의 상황으로는 시험공부를 할 수 없어 2년을 기다려야 했지만 1년만 참아도 되게 되었으니 참으로 다행스런 일이 아닐 수 없었다. 어찌됐든 집이 넘어가게 된 그 상황에서 누가 다른 일에 몰두할 수 있을까? 천운으로 나는 공인중개사 시험공부를 잠시 접고 집을 되찾는 일에만 몰두할 수 있었다.

그런데 충격적인 복병을 만났다. 경매의 절차와 과정도 모르고 집을 다시 찾아야만 한다는 의욕과 주변의 도움을 주는 사람만이 전부였던 나에게 또 다른 사건이 일어난 것이다. 상담을 해 주던 경매 컨설턴트가 현재 경매를 진행하는 물건 중에 좋은 투자 매물이 있으니 자신에게 2,000만 원을 투자하라는 것이었다. 어차피 우리 집의 경매는 2개월 후에 진행될 것이고, 공인중개사 시험을 준비한다면 이번 기회에 경매과정도 배우고 한 달 뒤에 투자 이익도 챙기라는 제안이었다.

사실 처음에는 선뜻 내키지 않았다. 하지만 내가 3,000만 원이 있는 것을 뻔히 알고 있었고 우리 집을 되찾아 줄 수 있는 유일한 희망인 그 사람의 부탁을 나는 차마 거절할 수가 없었다. 나는 투자이익은 상관없고 2개월 후에 진행되는 우리 집만은 꼭 지켜 달라는 몇 번의 부탁과 약속으로 2,000만 원을 건네주었다. 그러나 돈을 건네주던 날 이후로 경매 컨설턴트와는 연락이 두절되었다.

그렇게 거짓말처럼 사라진 경매 컨설턴트로 인해 나는 처음 경매로 집이 넘어가게 생겼다는 소식보다 더 큰 충격으로 망연자실했다. 결국 우리 집은 경매로 넘어가 우리 다섯 식구는 이사를 해야만 했다. 무지하고 순진해 사람에게 당하기만 했던 아버지를 원망했었는데 그 전철을 똑같이 밟아 사기를 당한 나 자신을 도저히 용서할 수 없었다. 사람과 세상에 대한 쓰라린 아픔과 원망의 기억을 만들어 준 경매에 대한 첫 기억이다. 그 당시 나는 너무나도 큰 세상에 혼자서 던져진 기분이었다.

'모르면 당하는 세상. 알아야 한다. 일단 알아야 한다'

공인중개사로 부동산에 입문

원망과 좌절의 시간이 무의미하게 흘러갔다. 나는 다시 정신을 수습해 공인중개사 시험을 준비했고 1, 2차 시험을 동시에 합격했다. 채 1년이 되지 않은 기간 동안 너무나 많은 일들을 겪었다.

공인중개사 자격증을 받아 든 나는 이제부터 새로운 세상으로 나가기 위한 준비를 마친 기분이 들었다. 잘해보리라 각오를 다지며 힘찬 발걸음을 내디뎠다.

처음으로 부동산 실무를 배우기 위해 내가 선택한 곳은 인천에 있는 부동산 컨설팅회사였다. 직원이 100명도 넘는 대규모의 부동산 컨설팅회사였다. 당시 스물아홉의 젊은 여자가 부동산 일을 한다는 것에 대해 시선이나 반응이 낯설고 회의적이었지만 나는 개의치 않고 동료와 고객에게 진심으로 대했다.

작은 내용 하나도 놓치지 않기 위해 꼼꼼하게 메모해 가며 나만의 실무 경험을 통한 부동산 실전 테크닉을 만들어 갔다. 이론적인 부동산업무와 실무경험은 참 많은 차이가 있었다. 사실 지금의 일에 내가 진정한 매력을 느끼게 된 것은 다양한 부동산의 실무를 만나면서부터였다. 집을 저렴하게 사서 수리를 하여 다시 되파는 기본적인 과정이었지만 그 일의 과정을 하나하나씩 그려 보면 마치 과학자가 설계도를 만들어 새로운 발명품을 탄생시키는 그러한 즐거움이 있었다.

2년여의 시간 동안 나는 정말로 새로운 세상을 만나게 되었고, 처음 어색했던 동료와의 관계도 잘 만들어 갔다. 모나지 않게 고객과 동료들 간의 대인관계가 좋았고 신뢰를 쌓아 나갔다. 고객에 대한 나의 진심은 그렇게 신뢰로 돌아와 공인중개사 이여정을 찾는 단골 고객까지도 생겨났다.

일을 하면 할수록 부동산 실무는 너무나 폭 넓고 다양하다는 것을 실감했다. 나는 전문가로 거듭나기 위해서 노력했고 실무와 좀 더 깊은 전문적인 지식에 목말랐다.

고민 끝에 나는 컨설팅 회사를 그만 두고 한 단계 발전하기 위해 직접 중개업소를 오픈해 홀로서기를 시도했다. 인천의 간석동에 작은 나만의 사무실을 오픈했다. 그리고 실무를 접하면서 느끼게 된 부족한 점을 채우기 위해 SCU(서울사이버대학교) 부동산학과에 입학을 했다.

대학교의 학과과정과 사무실 운영을 동시에 병행하는 것이 결코 쉬운 선택은 아니었다. 하지만 처음의 걱정과는 달리 간석동의 사무실은 늘 고객과 업무로 분주했고, 나는 세미나와 각종 행사를 주관할 정도로 학교생활에도 충실했다. 내 인생에서 꿈이 아닌 현실에 들어와 가장 열심히 하루하루를 살았던 시간들이 시작된 것이다. 출근도 퇴근도 주말도 없는 시간이었지만 나는 조금도 힘든 줄 몰랐고 조금씩 더 큰 세상에 내 현실의 꿈을 키워가고 있었다.

나의 첫 공인중개사 사무실인 인천 간석동은 다세대주택 밀집 지역이었다. 그 곳은 정부의 보조금 지원으로 만들어진 다세대주택 단지로 좁은 면적에 많은 세대가 함께 살다 보니 집을 찾기가 보통 어려운 것이 아니었다. 번지수와 세대

간의 연계성이 없어 복잡해 번지수만으로는 집을 찾기가 어려운 구조였다. 초행길에 집을 찾는 일반인이나 경찰서와 집배원 등 관공서 직원들조차도 수시로 나의 사무실을 찾았다. 나는 주소만 달랑 적은 빌라의 번지수를 가지고 온 사람들에게 미로 속의 집을 찾아 주곤 했다.

그건 너무 비효율적인 방식이었다. 나는 골목의 구조와 빌라의 이름을 정리하기로 했다. 하루하루 지역을 정해 놓고 걸어 다니면서 직접 그림을 그렸다. 내 방식의 집 찾기 지도를 완성했다. 내 방식의 지역도는 집을 효율적으로 찾아 주면서도 동시에 지역을 좀 더 세심하게 알게 해 주었다. 지역도를 만드는 과정에서 동네 사람들과도 더욱 친분을 두텁게 만들 수 있는 계기가 되었다. 동네 단골도 많이 만들게 되어 두루두루 일석이조였다.

나는 이여정표 특수 지도를 파출소와 주변의 배달업 종사자 등 그 곳의 구조를 필요로 하는 사람들에게도 나누어 주었다. 그렇게 나의 작은 사무실에서 큰 변화가 일어났고 나만의 세계를 만들어 가게 되었다.

그곳의 주요 업무는 보증금 100만 원 내외의 작은 월세거래에서부터 10억 정도의 매매계약까지 주로 일반적인 중개 업무였다. 본래 부동산 중개업의 주된 업무는 주택이나 토지의 매매이다. 그러나 부동산업에 종사하면서 점차 내가 관심을 가졌던 부분은 단순 중개를 넘어 고객의 부동산 및 자산을 총괄 관리하는 토털 에셋 매니지먼트였다.

나는 좀 더 체계적이고 미래지향적인 토털 에셋 매니저로서의 길을 준비하기 위해 인하대학교 행정대학원 부동산학과에 입학했다. 지금까지 내가 알고 있던 모든 부동산에 관한 지식과 실무 경험을 바탕으로 더욱 더 전문적인 시각을 넓힐 수 있는 시간들이었다. 부동산을 통한 자산운용의 다양한 방법을 배울 수 있는 기회였다. 또한 학연을 통해 만난 많은 사람들과 정보와 지식을 공유하는 것은 나에게 크나큰 즐거움을 주었다. 다양한 분야의 인맥을 형성하게 되어 세상 보는 안목을 확장시켜 주었고 가치관의 지평을 넓혀 주었다. 그곳에서 나는 미래 토털 에셋 매니저로서의 더 큰 내 모습을 그릴 수 있게 되었다.

경매는 내 인생의 터닝 포인트

내가 경매사가 된 것은 한 고객 때문이었다. 한 고객이 다급하게 나를 찾아왔다. 그 고객은 내가 사무실을 오픈하고 처음으로 전세계약을 체결한 첫 고객이었으므로 우리는 서로 약간은 특별하게 생각하는 면이 있었다. 고객은, 집주인의 사업 실패로 3년 간 살아온 전세집이 경매로 넘어가게 되었다는 것이었다.

나는 순간 잊고 있었던 경매로 넘어간 우리 집의 아픈 과거가 생각이 났다. 물론 부동산 업무를 공부해 오면서 경매에 대한 기본적인 지식은 알고 있었고, 누구보다도 그 마음을 잘 알기에 꼭 도와주고 싶다는 생각이 들었다.

총각이 첫 고객으로 우리 부동산을 찾아 계약을 하게 된 과거는 이렇다. 총각이었던 그 당시 그 고객은 결혼을 앞두고 있었다. 그러니까 그 고객은 그 당시 신혼집을 구했던 것이다. 내게 찾아왔을 때 벌써 여러 곳을 다녔는지 젖은 손수건으로 땀을 훔쳐 가며 두꺼운 안경을 계속해서 추켜올리는 모습이 인상에 남았었다. 그 고객에게 보여 준 집은 넓은 방과 거실이 있는, 제법 깨끗한 다세대주택이었다. 장기융자가 있었기에 비슷한 크기의 다른 집에 비해 전세금액을 조금 낮은 2,000만 원에 내놓은 상황이었다. 고객은 집이 맘에 든다고 했다. 내가 융자에 대해 설명했지만 고객은 조금의 망설임도 없이 계약을 원했다. 그렇게 그 집에서 전세로 3년을 아무 탈 없이 살아왔던 것이다.

그런데 그 전세집이 제조업을 하던 집주인의 사업이 어려워져 경매로 넘어가게 되었다. 당시 그 고객은 재계약을 통해 3년째 2,000만 원의 전세금으로 살고 있었다. 그 집이 경매로 넘어간다면 전세 보증금의 일부인 800만 원 정도를 손해 보게 되는 상황이었다.

소액임대차 보호법 관련- 최우선변제 금액표

시행일	지역구분	우선변제대상 (보증금 기준)	최우선변제액
2002. 11. 01	1지역(과밀억제권역)	4,000만 원 이하	1,600만 원
	2지역(인천 제외 광역시)	3,500만 원 이하	1,400만 원
	3지역(기타)	3,000만 원 이하	1,200만 원
2008. 08. 21	1지역(과밀억제권역)	6,000만 원 이하	2,000만 원
	2지역(인천 제외 광역시)	5,000만 원 이하	1,700만 원
	3지역(기타)	4,000만 원 이하	1,400만 원

tip **최우선변제권의 성립요건**

1) 보증금이 임대차보호법에서 정한 소액보증금에 해당돼야 한다.
2) 경매신청 기입등기 전에 대항요건을 갖추고 배당요구종기일까지 유지해야 한다.
3) 배당요구를 해야 한다. 따라서 배당요구종기일 내에 배당을 신청해야만 최우선변제 일정액을 배당받을 수 있다.

당시 그 물건의 말소기준권리에 따라 1,200만 원만 보장받고 나머지 800만 원을 손해 보는 것이었다. 그 고객 개인에게는 전세금의 거의 절반을 날릴 수도 있는 절박한 상황이었다.

　나는 그 고객에게 법적인 책임은 없었지만 최대한 손해를 보지 않고 원금을 건지도록 도와주기로 했다. 먼저 그 물건의 시세를 정확하게 파악해보았다. 그 고객이 차라리 그 집을 낙찰 받는 것이 이득이라고 판단되었다. 고객은 제발 원금만 손해 보지 않게 해 달라며 내 판단에 따르겠다고 했다. 나는 사비로 경비를 쓰며 마치 내 집을 낙찰 받듯 사력을 다했다.

　그 고객은 현 세입자였기에 명도 비용도 들지 않았다. 전세금 상계처리로 입찰 최소비용인 보증금 10%만으로 그 집을 낙찰 받을 수 있었다. 그러니까 결과적으로 고객은 내 집을 마련하게 된 것이다. 게다가 어느 정도의 시세 차익도 생겼다. 전화위복이 된 것이었다.

　그렇게 내 인생에 쓴 맛을 보여준 기억 속의 경매는 다시 내 인생의 새로운 터닝 포인트가 되었다. 나는 첫 경매 낙찰의 성공으로 자신감을 얻었다.

　이제 경매는 내게 집을 잃고, 집을 싸게 구입할 수 있는 단순 경매 논리에 멈추지 않는다. 경매는 나에게 자산 운용의 방법으로 자리 잡고 있다. 경매라는 새로운 자산 운용의 방법을 통해 수익과 가치를 올릴 수 있는 대상으로 발전한 것이다.

경매는 51%의 싸움

　경매의 원칙은 단순하다. 아무리 많은 사람이 입찰해도 낙찰자는 단 한사람이다. 누군가 나에게 농담 식으로 경매 낙찰의 확률을 물어본 적이 있다. 나는 그 사람에게 되물었다.

"만일 10명이 경매에 입찰했다면 낙찰 확률은 얼마일까요? 그리고 만일 두 명이 입찰했다면요?"

그리고 그 사람은 내게 말했다.

"낙찰확률 10% 그리고 50%!"

과연 그럴까? 나는 내 생각을 말해 주었다.

"내 생각엔 51%인 것 같아요."

경매는 51% 승률을 위해 싸우는 법칙이 존재한다.

모든 낙찰에 2등이 없는 원칙, 낙찰되거나 낙찰되지 못하거나 오직 단 한 사람만의 낙찰자만이 존재한다.

앞서 말했듯이 투자의 기본 목표는 수익을 올리기 위한 것이다. 무조건 높은 금액을 쓴다고 해서 또는 무조건 낮은 금액을 쓴다고 해서 경매를 잘하는 것은 아니다. 경매는 자산 운용의 방법 중 시기에 가장 적합하면서 높은 수익을 올릴 수 있는 투자방법이다. 하지만 장미의 아름다움을 갖기 위해서는 날카로운 가시를 감수해야 하듯이 멋지고 아름다운 투자방법인 경매 또한 잘 쓰면 약이 되지만 잘못 쓰면 독이 될 수도 있는 양면성을 가지고 있다.

경매의 성공에는 중요한 원칙이 있다. 바로 정확한 정보의 확보와 상황별 대처 노하우이다. 세상에 똑같은 경매 물건은 단 한 건도 없다. 매 입찰 시마다 물건의 종류가 다르고 혹 같은 물건이라도 시간대가 다르기 때문이다. 따라서 먼저 경매물건의 시세 등에 관한 정확한 정보 확보와 각각의 물건별 나타나는 특징과 장·단점을 잘 파악해서 상황별로 대처하는 것이 중요하다. 그래서 필요한 것이 바로 시뮬레이션 경매 학습이다.

나 또한 본격적으로 경매를 시작하기 전에 몇 개월 동안은 법원에 가서 직접 입찰을 하지 않고 시뮬레이션으로 가상 입찰을 했다. 그때마다 물건별, 상황별로 정리하여 종합적인 분석능력을 키웠다. 그런 다음 입찰을 시작할 때는 내가 잘 알고 있는 지역의 물건을 대상으로 경매에 참여했다.

그만큼 경매란 철저한 사전준비와 확신, 그리고 낙찰 후의 계획까지도 치밀하게 준비되어야만 하는 것이다. 조금 어렵고 까다롭다고 느낄 수도 있지만 이러한 나만의 경매철학은 나를 믿고 투자한 고객에게 신뢰와 수익을 만들 수 있도록 해 준다.

나는 현재 나만의 노하우에 의한 직접 투자를 통해 기대보다 높은 수익을 얻어 내고 있다. 그리고 이제는 입찰 대리를 통해 경매 낙찰을 받아 주기도 한다.

요즈음은 경매가 대중화되고 있다. 유명인의 소장품이 일반인에게 경매에 붙여지기도 하고, 작은 그림 하나가 뉴욕의 경매시장에서 몇 십억 원의 금액에 낙찰되어 가치를 높이기도 한다. 하지만 우리가 이야기하고 있는 경매는 부동산에 관련된 법원경매이다.

부동산 경매를 단기간에 높은 수익을 내는 투자의 대상으로 보는 시각에도 분명 기본이 있다. 부동산의 현실에 대한 정확한 정보 없이 도전하는 부동산 경매는 투자가 아니다. 막연하고 무모한 투기에 불과하다고 해도 과언이 아니다. 경매에 대한 올바른 생각을 통한 접근이 좋은 결과를 만들어 내는 것은 당연한 일이다. 체계적인 투자계획과 정확한 시세파악 그리고 현명하고 지혜로운 판단으로 경매에 임하는 일이 무엇보다도 요구된다. 확신, 확신 또 확신을 가지고 경매에 임하는 자세가 필요하다.

경매로 집을 날렸던 부모님에게 지금은 경매를 통한 수익으로 더 크고 넓은 집을 마련해드렸다. 신인 가수와 골프 선수인 두 동생들에게 든든한 버팀목이 되어 뒷바라지도 해 주고 있다. 경매가 이제는 내 삶에 들어와 내 인생을 바꾸었다. 지금도 달라지지 않은 것이 있다면 그것은 바로 나의 삶은 내가 개척하고 만들어 가겠다는 미래에 대한 꿈과 현실에 임하는 열정이다.

경매보증보험의 함정

2004년 10월 1일부터 입찰보증금제도가 시행되면서 보증보험증권을 통해 입찰에 참여하는 사람들이 많이 늘어났다. 보증보험증권이란 현재 서울보증보험에서 그동안 현금으로 내던 입찰보증금을 보증보험증권으로 대체할 수 있도록 하는 상품이다.

예를 들면 최저 매각가격이 1억 원이면 입찰보증금 10%인 1,000만 원을 입찰 당일에 준비를 해야 하지만, 경매보증보험을 이용하면 입찰 전까지 보증보험회사를 통해 0.5%인 5만 원(1000만 원×0.5%)만 있으면 보증보험증권을 교부받아 입찰에 참가할 수 있게 된 것이다.

문제가 되는 것은 보증보험증권을 가지고 입찰에 참여 후 낙찰을 받고 잔금을 납부하지 않는 경우이다. 또 그것을 역이용한 피해사례가 빈번히 발생하기도 한다.

일반인들이 가지고 있는 경매보증보험에 대한 가장 큰 잘못된 인식 중에 하나는 바로 낙찰 후, 잔금을 납부하지 않아도 낙찰자는 납부한 보증보험료 금액만 소멸되면 그만이라는 착각이다. 즉, 입찰보증금에 대한 손실에 관해서는 보증보험회사에 책임이 있다는 것으로 오해하고 있는 것이다.

그런데 실상은 낙찰자가 재매각기일 3일 전까지 잔금을 납부하지 않으면 보증보험회사는 일단 법원에 보증금을 지불하고 보험계약자 또는 연대 보증인에게 구상권 행사를 한다는 점을 반드시 숙지해야 한다. 즉, 보증보험을 이용했다면 계약자는 반드시 보증보험증권 발행금액을 갚아야 한다는 점이다. 쉽게 말하면 보증금 없이 보증보험회사의 보험증권을 통해 입찰에 참여할 수 있는 방법일 뿐, 낙찰 후에 잔금을 지불하지 못할 경우 여러 가지 불리한 일들을 겪게 되는 것이다.

예를 들어 보증금에 대한 연체이자와 법정비용 등이 추가로 발생하며, 보험금 지급일로부터 3개월 이후에는 전국은행연합회에 연체정보까지 통보한다. 잔금을 납부하지 않으면 실질적으로 채무에 대한 책임이 보험회사가 아니라 보험계약자 또는 연대보증인에게 있음을 명심해야 한다. 또한 보증보험증권을 가지고 입찰에 참여하여 낙찰 받은 뒤 법원에 잔금 납부를 하지 않으면 현금으로 법원에 입찰했을 때 단순히 보증금만 날리는 상황보다 더 큰 불이익이 발생하게 된다. 만약 입찰보증금이 부채로 남게 되면 본인도 모르는 사이에 신용 상에 문제가 발생할 수 있다는 사실을 명심해야 할 것이다.

실제로 낙찰금액이 예상보다 높아 낙찰된 물건을 포기하는 사례가 늘어나면서 보증증권 사고율도 높아지고 있다. 보험사들의 증권 교부 조건이 까다로워지고 과거에 비해 보증보험의 이용률이 낮아진 것은 그러한 이유 때문이다.

입찰보증금을 대체하는 보험회사의 지급보증서는 소멸성 보험이기 때문에 입찰에 참여했다가 떨어졌어도 보험료는 되돌려 받을 수 없기에 경매 입찰 시 신중을 기해야 한다. 보증보험 제도는 잘만 활용하면 부동산 경매 입찰의 좋은 방법이지만, 그 속에 무지와 오해에서 올 수 있는 함정이 있다는 점 또한 반드시 유의해야 할 것이다.

보증보험 제도를 잘 활용하여 낙찰을 받았지만, 여러 가지 상황으로 낙찰불허가로 처리한 사례가 있어 소개한다.

경매를 시작하고 한참 일이 많을 때였다. 한 물건의 경매 하루 전 날 동료 직원이 경매 의뢰인을 내게 소개해 주었다. 의뢰인은 법정지상권이 성립되는 건물과 토지 일부를 가지고 있는 소유주였다. 그 당시 의뢰인은 전체 물건이 본래 자신의 토지와 건물이었다며, 이번에 일부 진행되는 물건을 꼭 낙찰을 받을 수 있도록 부탁했다. 동료 직원의 간곡한 부탁도 있었기에 나는 경매 진행을 돕기로 했다.

먼저 문제가 됐던 점이 바로 보증금이었다. 의뢰인에겐 입찰에 참가할 보증금이 없었다. 하지만 의뢰인은 현재 그 물건의 일부 소유주였기에 낙찰에 대한 의지가 강했다. 그때 내가 의뢰인에게 제안한 것이 바로 보증금 없이도 입찰이 가능한 보증보험 제도였다.

당시 보증보험 제도를 활용해 낙찰을 받는 것은 일반적인 거래여서 별 문제 없이 경매가 진행되리라 생각했다. 하지만 두 번째 문제는 바로 물건의 높은 가격이었다. 당시 보증보험회사의 담당자는 의뢰인이 낙찰 받으려는 물건의 보증금이 1억 원이 넘으므로 보증보험 본사 승인을 받아야 한다고 했다. 또한 금액이 너무 크기 때문에 의뢰인의 신용만으로는 지급할 수 없으니 보증인이 있어야 한다는 것이었다.

당시 입찰할 물건의 최저가가 13억 원이므로 입찰 보증금은 10%인 1억 3,000만 원이었다. 일반적인 상황이라면 1억 3,000만 원 아파트의 경우는 0.5%, 주택은 1%의 금액을 보증회사에 지급하면서 증권을 교부받고, 그 증권으로 낙찰을 받는다. 그 보증금액은 잔금 납부 시에 함께 지불하면 되지만 1억 원이 넘는 높은 금액 때문에 보증인이 필요했던 것이다. 보증보험증권 교부는 경매 전날까지 이루어져야 하기에 시간에 쫓겼고, 의뢰인을 잘 안다는 동료 직원의 보증으로 경매에 참여할 수 있었다.

결국 경매 하루 전에 보증보험증권을 교부받아 경매에 참여, 의뢰인은 그 물건을 낙찰 받게 되었다. 하지만 기쁨은 잠시였다. 바로 잔금에 문제가 생긴 것이다. 의뢰인과 동료 직원은 일단 물건을 낙찰 받은 후, 나머지 잔금 등은 은행 대출을 이용할 생각이었다. 대출을 의뢰한 은행에서 필요한 만큼의 대출이 되지 않아 잔금 처리에 문제가 발생한 것이다. 낙찰 받은 후에 잔금을 은행대출로 처리하려는 계획이 잘못된 것이었다.

의뢰인과 동료는 중요한 실수를 했다. 경매 입찰 전 물건에 대한 은행 대출 가능 금액을 확인해보지 않고 일반적인 대출 가능 금액으로 50~60%의 기준점만 생각했던 것이다. 잔금 처리를 현금으로 하려고 해도 의뢰인에게 여유 돈이 없었고, 결국 그 물건은 낙찰불허가로 마무리되었다. 보증보험을 활용한 입찰 방식에도 낙찰 후 세심한 계획이 준비되어야 한다는 점을 가르쳐 준 좋은 사례였다.

part 01 →

part 02 ↗

part 03 ↑

초보자들이 꼭 알아야 할
성공경매 7가지전략

Chapter 02

입찰 전에 이것만은 알고 가자

경매 시작에서 마무리까지의 가장 바람직한 절차는 우선 경매 법 이론과 투자지식을 습득하는 것이다. 경매 현장에 가서 가상 경험을 해본다. 경매진행 여부를 파악하고 입찰서류 기재하는 것도 미리 연습해본다. 입찰가액 단위는 정확하게 기재해야 한다. 경매기록도 꼼꼼하게 확인한다.

가상 경험이 끝나면 다음과 같은 실전 경험에 임한다.

입찰장에 갈 때는 입찰할 물건의 경매 사건번호와 물건번호를 미리 메모해둔다.

입찰 당일 지각 사태가 발생되지 않도록 여유롭게 시간을 잡아 입찰장에 간다.

입찰 당일 서류는 신분증과 도장, 입찰보증금 10%(재경매 20%)를 준비해간다.

보증금은 수표 한 장으로 준비하는 것이 좋다. 현금은 세기가 불편하고 수표는 이서를 일일이 해야 하기 때문에 소액수표는 번거로움이 따른다.

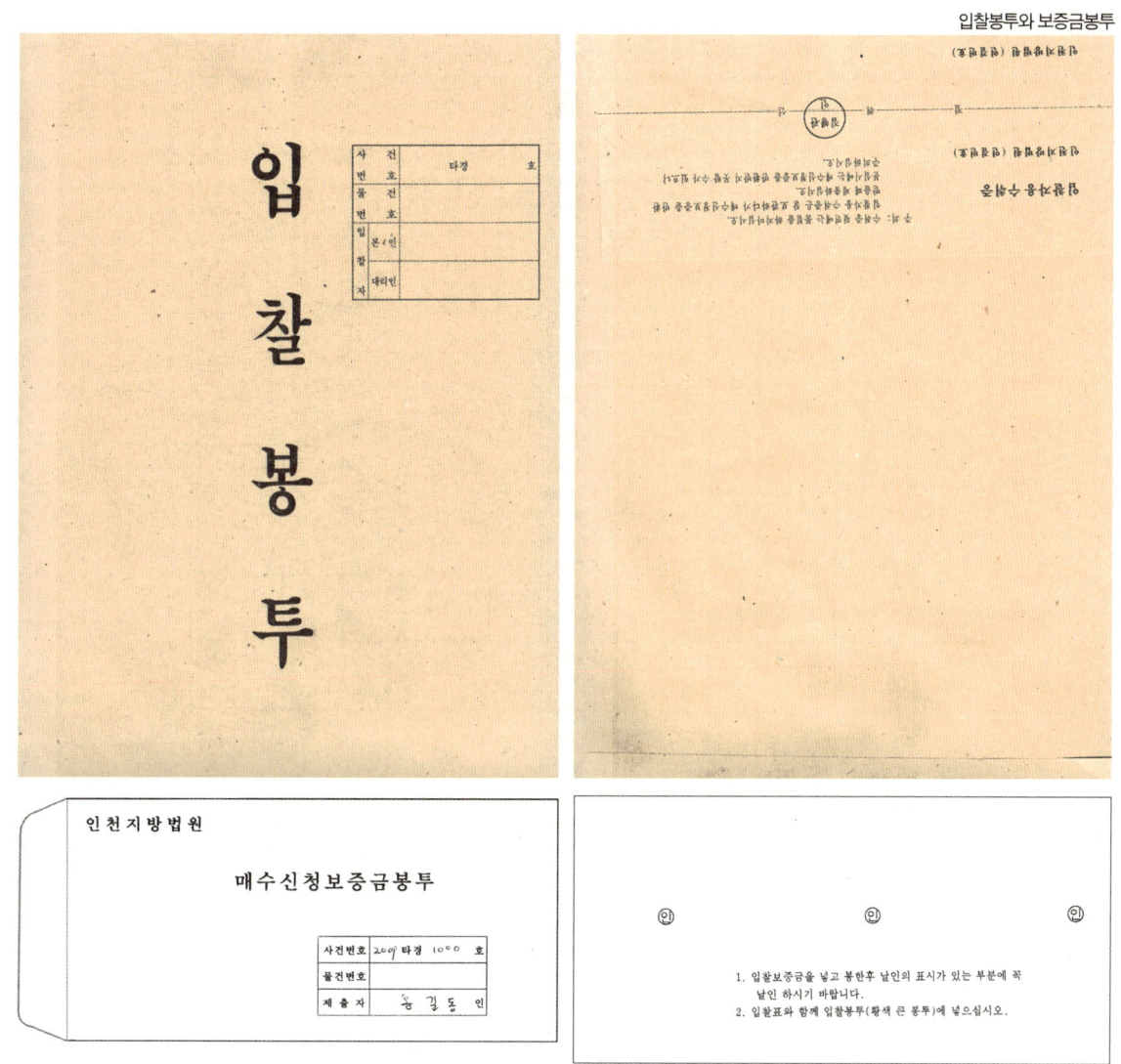

입찰장에 도착해 가장 먼저 확인할 사항은 경매 진행 여부이다. 해당 물건
의 진행 여부는 입찰장 입구의 게시판에 명시된다. 취소, 취하, 연기, 변경, 정지
가 되었다면 빨간색이나 밑줄로 표기되어 있거나 별도로 기재되어 있다. 해당

기 일 입 찰 표

인천지방법원 집행관 귀하   입찰기일 : 200 년 월 일

사건번호	2009 타경 1000 호	물건번호	※ 물건번호가 여러개 있는 경우에는 꼭 기재

입 찰 자	본인	성 명	홍길동 ㊞	전화번호	032-800-8000
		주민(사업자)등록번호	12011-2256678	법인등록번호	
		주 소	인천시 남구 학익동 법원로 22		
	대리인	성 명	임꺽정 ㊞	본인과의 관계	지인
		주민등록번호	28011-1234567	전화번호	032-800-8000
		주 소	인천시 남구 학익동 법원로 48		

입찰가격	천억	백억	십억	억	천만	백만	십만	만	천	백	십	일	원	보증금액	백억	십억	억	천만	백만	십만	만	천	백	십	일	원
				1	0	0	0	0	0	0	0	0						1	0	0	0	0	0	0	0	

보증의 제공방법	☑ 현금·자기앞수표 ☐ 보증서	보증을 반환 받았습니다. 입찰자 홍길동 대리인 임꺽정 ㊞

⊙ **주의사항**
 1. 입찰표는 물건마다 별도의 용지를 사용하십시오. 다만, 일괄입찰시에는 1매의 용지를 사용하십시오.
 2. 한 사건에서 입찰물건이 여러개 있고, 그 물건들이 개별적으로 입찰에 부쳐진 경우에는 사건번호외에 물건번호를 기재하십시오.
 3. 입찰자가 법인인 경우에는 본인의 성명란에 법인의 명칭과 대표자의 지위 및 성명을, 주민등록란에는 **입찰자가 개인인 경우에는 주민등록번호를**, 법인인 경우에는 **사업자등록번호를** 기재하고, 대표자의 자격을 증명하는 서면(법인의 등기부 등·초본)을 제출하여야 합니다.
 4. 주소는 주민등록상의 주소를, 법인은 등기부상의 본점소재지를 기재하시고, 신분확인상 필요하오니 주민등록증을 꼭 지참하십시오.
 5. **입찰가격은 수정할 수 없으므로, 수정을 요하는 때에는 새 용지를 사용하십시오.**
 6. 대리인이 입찰하는 때에는 입찰자란에 본인과 대리인의 인적사항 및 본인과의 관계 등을 모두 기재하는 외에 본인의 위임장과 인감증명을 제출하십시오.
 7. 위임장, 인감증명 및 자격증명서는 이 입찰표에 첨부하십시오.
 8. 일단 제출된 입찰표는 취소, 변경이나 교환이 불가능합니다.
 9. 공동으로 입찰하는 경우에는 공동입찰신고서를 입찰표와 함께 제출하되, 입찰표의 본인란에는 "별첨 공동입찰자목록 기재와 같음"이라고 기재한 다음,입찰표와 공동입찰신고서 사이에는 공동입찰자 전원이 간인 하십시오.
 10. 입찰자 본인 또는 대리인 누구나 보증을 반환 받을 수 있습니다.
 11. 보증의 제공방법(현금·자기앞수표 또는 보증서)중 하나를 선택하여 ☑표를 기재하십시오.

위 임 장

대	성 명	임꺽정		직 업	회사원
리	주민등록번호	28011 - 1234567.		전화번호	032-800-8000
인	주 소	인천시 남구 학익동 법원로 4홍			

위 사람을 대리인으로 정하고 다음 사항을 위임함.

- 다   음-

인천지방법원   2009   타경   1000   호부동산

경매사건에 관한 입찰행위 일체

본	성 명	대표이사 (주) 성우길동 (인)		직 업	
인	주민등록번호	123-45- 67890		전화번호	032-800-8000
1	주 소	인천시 남구 학익동 법원로 4홍			
본	성 명	홍길동 (인)		직 업	
인	주민등록번호	12011 - 2255678		전화번호	032-800-8000
2	주 소	인천시 남구 학익동 법원로 48			
본	성 명	(인)		직 업	
인	주민등록번호			전화번호	
3	주 소				

※ 본인의 인감증명서 첨부
※ 본인이 법인인 경우에는 주민등록번호란에 사업자등록번호를 기재

인천지방법원 귀중

물건이 앞의 경우에 해당된다면 경매가 진행되지 않는 것이다. 이러한 확인절차를 반드시 경매시작 전에 체크해야 한다. 실제로 허겁지겁 달려와서 주변 사람들에게 온갖 민폐를 다 끼치고 주시를 받은 후, 취소된 물건에 엉뚱하게 입찰해서 망신을 당하는 사람도 종종 있다.

입찰서류는 3장을 나눠 주는데 단 한 장이라도 잘못 쓰면 입찰 부적격 사유로 입찰에 참여할 수 없으니 실수를 하면 안 된다.

입찰표와 입찰봉투 그리고 매수신청보증봉투에 필요 기재사항을 빠뜨리면 안 된다. 또한 사건번호나 물건번호를 빠뜨리지 않고 기재하여야 한다. 입찰표를 작성한 후 입찰보증금은 흰색 보증금 봉투에 넣은 후 입찰표와 보증금봉투를 노란색 큰 입찰 봉투에 넣고 제출한다. 제출하면서 입찰 봉투 상단에 붙어 있는 수취증을 받는 것으로 입찰이 끝난다.

입찰가액의 글자가 틀리면 수정하지 말고 반드시 새 용지를 사용해야 한다. 위임을 받은 경우는 인감증명서1부와 인감도장, 위임장을 첨부해야 한다.

공동입찰을 할 경우는 공동입찰 신고서와 공동입찰자 목록에 기입하여 제출한다.

경매 법원은 감정평가서와 현황조사서를 토대로 매각물건명세서를 작성해 경매기일 1주일 전 일반인이 열람할 수 있도록 법원 민사집행과나 매각기일 경매법정에 비치한다. 매각기일 하루 전에 유치권이 신고되었는지, 특별매각조건들이 있는지 입찰 당일에 반드시 법원에서 경매기록을 재확인해야 한다.

가끔 서류 입력 후 권리변동의 내용이나 입력 착오, 지적변경 등으로 변동 사항이 있는 경우가 있다. 또한 경매기록부에서 매각물건명세서를 열람해 점유현황조사서와 임대차관계조사서에서 배당요구에 변동내용이 있는지도 확인한다.

①

공 동 입 찰 신 고 서

사 건 번 호　2009　타경　1234 호

물 건 번 호　＊ 물건번호가　2개 이상 있는 경우 해당 물건번호를　기재할것

공 동 입 찰 자　　　　별지 목록과 같음

위 사건에 관하여 공동입찰을 신고합니다.

200　.　　　.　　　.

신청인　홍길동　외 1 인 (별지목록 기재와 같음)

인천지방법원　　　　　집행관 귀하

※ 1. 공동입찰을 하는 때에는 입찰시 목록에 각자의 지분을 분명하게 표시하여야 합니다.
　 2. 별지 공동입찰자 목록과 사이에 공동입찰자 전원이 간인하십시오.

②

공 동 입 찰 자 목 록

번 호	성 명	주 소		지 분
		주민등록번호	전화번호	
1	홍길동 ㉑	인천광역시 남구 학익동 22-1		1/2
		120000-2000000	032-800 8000	
2	임꺽정 ㉑	인천광역시 남구 학익동 278-2		1/2
		280101-1245679	032-800-2000	
	㉑			
	㉑			
	㉑			
	㉑			
	㉑			
	㉑			
	㉑			
	㉑			
	㉑			
	㉑			

82

· 보증금을 넣지 않았거나 보증금이 부족하면 무효 처리가 된다.

　특히 보증금 액수가 100원 단위나 10원 단위까지 쓸 경우는 동전이 빠지지 않도록 해야 하는데 단돈 10원이 부족해도 무효 처리된다. 그래서 현금보다는 수표로 준비한다. 만원 단위까지는 동일 응찰가가 나올 수 있으므로 경쟁이 많을 때는 10원 단위까지로 응찰가를 써내는 것이 좋다.

· 연기나 변경된 사건을 입찰하여 집행관에게 불려 나가 보증금을 돌려받는다.

· 입찰가를 경매 최저 가격 이하로 써서 무효 처리된다.

· 입찰보증금의 숫자 기입을 잘못한다. 보증금의 숫자 0을 하나 더 쓰는 경우도 종종 발생한다.

· 입찰표에 사건번호나 주민등록번호를 잘못 기입한다.

차순위 매수 신고

경매진행절차에서 매각(입찰)기일에 응찰해서 최고가 매수인이 대금납부기한까지 대금을 완납하지 못한 경우에는 차순위 매수 신고인에게 매각을 허가한다. 차순위 매수 신고인은 해당물건 발표 때 집행관이 차순위 매수 신고를 하라고 한다. 낙찰자가 매입을 포기할 경우 차순위자가 매입할 수 있다. 입찰금액이 최고가에서 매수보증금(10%)을 뺀 금액보다 많아야 차순위 매수 신고가 가능하다. 예를 들어 1억 원으로 최고가 매수 신고로 낙찰되었으면 1억에서 보증금 1,000만 원을 제외한 9,000만 원보다 높은 가격으로 응찰한 자가 차순위 매수 신고 자격을 갖게 되는 것이다. 차순위 매수 신고는 집행관이 해당물건 경매종결을 알리기 전까지 해야 한다.

매수인이 대금지급기한일까지 매각대금을 납부하지 않으면 집행법원은 직권으로 재경매를 명한다. 단, 재매각을 명한 경우에도 매수인이 재매각기일 3일 전까지 대금과 그 지급기한이 지난 뒤부터 지급일까지의 대금에 대한 연 20%의 지연이자와 재경매 절차비용을 지급한 때에는 집행법원은 재매각결정을 취소하게 된다.

경매 사이트 지혜롭게 활용하는 법

대법원이 제공한 인터넷의 법원경매정보시스템의 회원 가입수가 2009년 1월로 10만 명에 달하였다. 하루에 14만 명의 이용자들이 법원경매정보시스템에 접속하여 물건 검색을 했고 회원 중에는 재테크에 관심이 많은 30~40대 회원이 72%를 차지했다. 유찰횟수가 높고 최저 매각가가 낮은 물건이 조회수가 높았는데 2008년에만 총 27만 7,465건이 입찰에 부쳐져 8만 2,510건이 매각되었다. 유료 경매 사이트보다는 자세한 정보를 얻을 수 없지만 전반적인 경매사건의 열람으로는 유용하게 활용할 수 있다.

경매정보 광장 메뉴에서 다양한 경매 상식을 접할 수 있다. 경매를 해보고 싶지만 막연히 어렵게 느껴져서 참여를 못했거나, 회원가입비에 부담을 갖고 있던 사람들에게는 무상으로 경매정보에 접근할 수 있는 희소식이 될 것이다.

법원경매정보시스템은 대법원의 취지대로 경매물건 매수의 진입장벽을 제거하여 모든 사람들에게 공평한 경매정보를 제공하는 기회가 된다. 법원경매정

사건번호	소재지	면적(㎡)	건물(토지) 등기부등본	임차관계 동사무소전입현황	감정평가액 최저경매가
경매정보지	·도시가스개별난방 ·부정형토지 ·북측8m도로이용 		강제 2008.11.06 정리금융공사 *청구액:9,019,731원 최종소유권이전 1996.10.10 (등기원안:매매1996.07.17) *1동 1층 103호 건물등기 (발급일자:2009.02.23)	◆인근지역낙찰사례◆ 2008-3932(2거래) 낙찰일 2009.03.27 용현동 79-14 대건빌라 B동 지층 1호 감정가 27,000,000 최저가 18,900,000 (통일감정 2008.01.25) 낙찰가 35,110,000 낙찰가율 130.04% 응찰자 12명	
2008-54534 임의경매 **대지** 채승병 성송죽 성송죽	인천 부평구 부평동 286-17 ● 감정평가 요약 ● ·부평공원서측인근 ·단독및공동주택,근린시설혼재 ·버스정류장인근 ·세장형평지 ·남측,동측서측도로접한각지위치 ·건축허가착공제한지역 ·준주거지역 	대지 30(9.07평) 입찰외 제시외상업용건물25 소재(감정가:7,500,000) 표준공시 : 1,130,000 감정지가 : 2,100,000 토지감정 : 63,000,000	근저 2003.06.13 양천신협 1990만 지상권 2003.06.13 양천신협 30년 근저 2007.10.25 채승병 3600만 근저 2008.02.20 채승병 1800만 근저 2008.05.02 채승병 900만 임의 2008.11.06 채승병 *청구액:9,000,000원 가압 2009.01.08 강종범 800만 최종소유권이전 2003.05.09 전소유자:이병임 (등기원안:매매2003.05.07) *286-17 토지등기 (발급일자:2009.03.24)	배당종기일 2009.01.12 	63,000,000 63,000,000 (100.00%) 해림감정 2008.11.20
2008-55322 임의경매 **아파트** 이재선 한철웅 한철웅외1	인천 서구 불로동 372 퀸스타운길훈(아) 303동 10층 1002호 ● 감정평가 요약 ● ·철근콘크리트벽돌조 슬래브(평) ·불로초등교서측인근 ·아파트단지,근린및교육시설혼재 ·버스정류장인근 ·도시가스개별난방 ·도시계획시설도로접함 ·3종일반주거지역	대지 40.34/23371(12.2평) 건물 84.99(25.71평) (이상 입찰지분 1/2 한철웅 지분) 보존등기일:1999.07.05 전체 20층 중 10층 토지감정 : 31,500,000 건물감정 : 73,500,000	근저 2005.03.14 신한은행 2400만 (김포불노) 근저 2005.10.26 신한은행 2400만 (김포불로) 근저 2007.12.20 이재선 1800만 가압 2008.08.12 이재선 900만 임의 2008.11.11 이재선 *청구액:14,880,000원 압류 2009.01.14 인천서구	배당종기일 2009.01.26 강명열 ◆동사무소전입현황◆ 강명열 전입 2008.06.20 *열람일자 2009.03.03 ◆관할동사무소◆ 검단2동사무소 서구 불로동 313-13 ☎ 032-560-4615	105,000,000 73,500,000 (70.00%) 동서감정 2008.11.14 2009.03.12 유찰

출처: 태인

보시스템은 원스톱 경매정보를 제공하고 입찰자는 무상으로 경매정보 수집을 하고 소요시간을 단축할 수 있다. 사람들의 경매 참가 증가는 매도가와 매도비율을 상승시킨다. 채권자들은 더 많은 채권금액을 회수할 수 있고 채무자는 더 많은 채무금액을 변제시키는 경매의 양성적인 발전을 가져온다. 또한 매수자는 원하는 물건을 저가로 매수할 수 있다.

경매정보를 얻을 수 있는 인터넷 사이트는 대법원 경매정보 사이트, 지지옥션, 태인 경매, 굿 옥션, 온비드, 스피드 옥션 등이 있다. 유료경매 사이트를 통해 다양하고 깊이 있는 정보를 미리 얻을 수 있는데 권리분석 해설과 초보자들도 알기 쉽도록 정보가 일목요연하게 정리되어 있다. 유료경매 사이트를 활용하면 경매물건의 등기부등본 다운 기능과 감정평가서, 점유관계조사서 같이 경매 투자를 위해 확인해야 할 권리분석과 최근 낙찰 사례까지 경매 투자에 관한 자료를 활용할 수 있다.

경매 사이트에 나오는 정보는 사건번호, 채권, 채무관계, 소재지, 종별, 면적, 임차관계, 최저가, 감정평가액, 등기부등본 상의 권리관계, 경매 결과 등을 확인할 수 있다.

고수는 사건번호만으로 수익 창출할 우량 물건인지 감지하기도 한다. 예를 들어 사건번호 2005타경 사건인데 경매시장에 나온 날짜가 2007년이고 감정 시점이 2005년이라면 감정가가 시세보다 낮게 잡혀 있어 수익을 얻을 수 있는 알짜 물건일 경우가 많다. 통상 경매의 감정가는 감정 시점의 평가 금액인데 여러 가지 사정으로 경매 물건이 변경, 연기되어 1~2년 묵힌 후 경매시장에 나오는 경우도 있다. 이럴 경우 경매 매각시점에 다시 시세를 반영하여 감정가를 매기지 않아 시세 차익을 거둘 수 있다.

감정 시세 차이만으로도 20% 정도의 수익을 거둘 수 있으므로 고수 중에는 실제로 경매 일자 해당년도가 아닌 몇 년 전의 경매 사건만을 노리는 사람도 있다. 2009년 3월에 경매가 진행된다면 일부러 앞 사건번호인 2005~2007년 타경을 잘 봐 두고 권리분석을 한 후 감정가와 시세 차이를 확인 후 입찰한다. 이런 경우 유찰과정까지 안 가고 첫 기일에 최저 매각가 수준으로 낙찰 받아 시세차익을 거둔다. 이것이 사건번호만으로 '감정 차 공격' 성공 노하우다.

뉴타운이나 재개발 투자 경매 물건을 위한 정보는 해당 구청과 서울시 주택국 홈페이지(housing.seoul.go.kr)에서 서울시의 기본계획에 대한 정보를 상세히 알 수 있다. 서울시 도시 및 주거환경정비기본계획, 주택재개발사업에 대한 계획, 재건축에 대한 절차, 아파트 분양정보까지 파악할 수 있다. 서울시 민원처리 온라인 공개시스템홈페이지(open.seoul.go.kr)에서는 재개발 구역지정사항, 추진위원회 결성, 조합설립, 사업계획신청, 사업시행인가 사항을 검색할 수 있다.

대법원 경매정보(www.courtauction.go.kr), 사설경매 사이트, 경매정보지, 신문매각공고, 주택국 홈페이지 등을 활용하여 경쟁이 치열한 경매시장에서 발 빠른 고급 정보를 입수하는 것은 경매성공의 시작이자 기본이다.

tip 초보자가 꼭 알아야 할 경매용어

유찰 해당 부동산에 응찰한 사람이 한 명도 없는 경우를 말한다. 법원은 유찰이 되면 경매 최저가를 20~30% 가량 낮춘다. 지역마다 다른데 서울은 20%, 인천은 30%, 충주는 25%씩 떨어뜨린다. 일부 지방법원은 1회 유찰 시에는 30%, 2회 유찰될 때부터는 20%씩 줄이기도 한다.

말소기준권리 법률상 용어가 아니고 등기부등본에 기입되는 권리만이 말소기준권리가 된다. 등기부에 기재되지 않는 유치권, 법정지상권, 임차권과 일반채권은 말소기준권리가 될 수 없다. 저당권, 근저당권, 담보가등기, 압류 및 가압류, 경매개시결정등기 등 6가지 중 접수일자가 가장 빠른 것이 말소기준권리가 된다. 매각이 되면 말소기준권리는 등기부 상에서 지워지며 말소기준권리 이후에 설정된 권리도 등기부에서 사라진다.

무잉여 경매신청 채권자가 한 푼도 배당을 못 받는 경우 경매절차를 취소할 수 있는데 이를 무잉여라고 한다. 무잉여에 해당할 경우 법원은 신청 채권자에게 통지를 하고 신청 채권자는 속행과 취소 중 하나를 선택할 수 있다.

대항력 임차인이 낙찰자에게 임대차 계약기간 동안 집을 비워 주지 않아도 되고 계약기간 종료 시 보증금 전액을 받을 수 있는 권리를 말한다. 임차인이 대항력을 행사하려면 점유와 전입신고를 마쳐야 한다. 또 말소기준권리보다 전입일이 빨라야 한다.

취소, 취하 취소는 경매원인 자체가 소멸됐거나 무잉여 등의 경우 법원이 직권으로 경매절차를 되돌리는 것을 말하며 취하는 채권자가 경매신청 자체를 거둬들이는 것을 말한다.
매수 신고가 있은 뒤 취소 및 취하할 경우에는 최고가 매수 신고인, 차순위 매수 신고인의 동의를 받아야 한다.

최우선변제 법률 규정에 의해 후순위라도 선순위 권리자보다 우선 배당해 주는 것을 말한다. 주택 및 상가 임대차보호법 상의 소액임차인의 보증금과 근로기준법에 의한 근로자 체불임금과 퇴직금 등이 해당된다.

차순위 매수 신고 입찰이 끝난 뒤 선순위 낙찰자와 차순위 낙찰자 간 입찰금액이 10% 이내이면 법원은 차순위자에게 매수 신고 여부를 묻는다. 차순위자가 이를 동의하면 입찰보증금은 법원에 예치된다. 이럴 경우 선순위 낙찰자가 잔금을 치르지 못하면 법원은 차순위자에게 낙찰을 결정한다.

인도명령 낙찰자는 잔금을 납부해 소유권이 자신에게 이전된 후 현재 해당 부동산에 살고 있는 사람에게 집을 비워 달라는 명령을 내려 줄 것을 법원에 신청할 수 있는 데 이를 인도명령이라 한다.

권리분석 잘하는 법

권리분석은 낙찰 후 인수해야 할 권리와 임차인의 대항력 등을 분석하는 것이다. 민법상에서 정하고 있는 물권과 관련된 내용을 분석함으로써 부동산의 소유와 점유, 임차권 등 법적인 주체를 파악하는 것이다. 분석할 서류는 감정평가서, 토지와 건물의 등기부등본 등이고 적용할 법률은 민법, 등기법, 농지법, 주택임대차보호법, 부동산 사법 등이다.

등기부등본상에 근저당 하나만 설정되어 있고 금액까지 작다면 경매 중간에 채무금액을 갚아 버리고 경매가 취소될 확률이 높다. 저당이나 압류가 복잡하게 얽혀 있는 경우, 꼬리표가 많게 마련이다. 이런 물건은 경매만이 해결하는 방법이라서 취소 가능성도 없고 저가로 취득할 수 있는 좋은 기회가 된다.

경매의 고수 중에는 이렇게 압류, 저당이 많은 것만 공략하는 사람도 있다. 가압류가 등기부등본에 복잡하게 얽혀 있지만 가압류 소멸시효가 3년이라는 것을 대다수가 인식하지 못하고 있다. 즉, 가압류 소멸시효 3년이 지나도록 소송을 하지 않고 권리행사를 하지 않으면 채무자는 가압류 취소 신청을 할 수 있다.

경매에 붙인 신청권자의 청구금액이 많은 것은 취소 가능성이 적고, 소유자가 거주하고 있는 물건은 비교적 수월하게 소유권을 이전받을 수 있는 물건이다. 세입자가 모두 배당을 받았다면 낙찰 받아도 되는 안전한 물건이다. 세입자가 경매신청권자일 경우는 매각대금에서 배당을 받고 집을 비워 준다. 세입자는 전세보증금을 돌려받지 못할 때 전세보증금 반환청구소송을 제기해 강제경매를 신청할 수 있다. 그런데 선순위 세입자가 경매를 통해 전액을 배당받지 못한다면 낙찰자가 전세금을 인수해야 하므로 유의해야 한다.

권리분석의 첫 번째 할 일은 낙찰 후 등기부등본의 모든 권리의 말소 여부 확인이다. 만약 낙찰 후에도 말소되지 않는 권리가 있다면 소유권을 이전받아도 완전한 재산권을 행사할 수 없다.

등기부등본 상 권리분석을 잘하려면 민법 상 법정 물권의 종류에 대해 기본적으로 알아야 한다. 초보인 경우는 권리분석을 혼자 마쳤어도 반드시 전문가에게 권리분석에 대한 확인을 받는 것이 실패의 위험이 낮다.

낙찰 후 변신 1 : 역세권 대지 면적 830평, 건축면적 1만 200평 규모의 지하5~지상 15층, 주차 176대 규모의 건폐율 72%, 용적률 875%의 멋지고 웅장한 복합 테마 쇼핑몰로 재탄생.

낙찰 후 변신 2 : 역세권의 랜드마크 건물로 멋진 건축디자인이 돋보이는 건물로 재탄생 B2~B5 주차장, B1~6F 푸드코트, 7F~8F 헬스클럽/사우나, 9F~13F 영화관, 14F~15F 스카이라운지 등.

권리분석은 말소기준권리를 찾아내는 것부터 시작한다. 말소기준권리는 낙찰 받고 나서 소유권이전등기를 할 때 모든 등기를 말소하는 기준이 되는 등기를 말한다. 말소기준권리 이후에 설정된 등기부상의 모든 등기는 소멸되는 것이다. 정확한 말소기준권리를 찾아내는 것은 권리분석의 60%를 마쳤다고 할 정도이다.

말소기준권리는 저당권 → 가압류 → 압류 → 담보가등기 → 경매개시결정등기 → 전세권 이렇게 여섯 가지인데 등기부등본 상 접수번호가 가장 빠른 권리를 말소기준권리로 보면 된다. 전세권은 특별한 경우에 한하여 말소기준권리가 되고 보통은 말소기준권리에 해당되지 않는다. 전세권의 설정범위가 아파트처럼 전유부분 '전부' 에 설정되었고 전세권자가 경매신청한 경우에는 전세권도 말소기준권리가 된다. 그러나 건물 일부에 설정된 전세권은 말소기준권리에 해당되지 않는다.

말소기준권리는 임차인의 보증금을 낙찰자가 인수하느냐 마느냐의 인수기준이 된다. 즉, 말소기준권리 설정일보다 임차인의 전입일자가 빠르면 낙찰자가 인수해야 하고, 말소기준권리 설정일보다 전입일자가 늦으면 보증금이 얼마든 낙찰자가 인수하지 않는 것이다.

말소기준권리는 낙찰 후 등기부등본 상에 제반 관리들의 소멸과 인수의 기준이 된다. 낙찰이 되고 소멸되는 경우가 있고 낙찰자가 인수해야 하는 경우가 있는데 말소기준권리 이후에 설정된 등기는 배당유무와 관계없이 소멸한다.

낙찰에도 소멸되지 않는 등기가 있다.

첫째, 말소기준권리보다 설정일자가 빨라 낙찰자가 인수하는 경우이다.

바로 말소기준권리보다 빠른 경우인데 지상권, 지역권, 전세권, 가등기, 가처분, 환매등기 등이 있다. 이중 전세권은 인수가 원칙이나 전세권자가 배당요구 종기일까지 배당요구를 하면 존속기간과 관계없이 소멸한다.

둘째, 순위에 관계없이 낙찰자가 인수하는 경우이다. 유치권, 법정지상권, 예고등기는 후순위라도 낙찰자가 인수해야 한다. 유치권과 법정지상권은 등기부등본에 기재되지 않는 등기이다.

셋째, 세입자의 대항력과 우선변제권, 배당을 확인한다. 세입자의 전입일자가 말소기준권리 설정일보다 늦으면 대항력이 없다. 세입자의 대항력은 전입일 익일 0시를 기준으로 한다. 대항력이 있는 세입자는 보증금의 전부나 일부를 배당받지 못하면 낙찰자가 떠안아야 하니 세입자의 배당 여부와 낙찰자 인수금액을 점검한다.

현장답사 잘하는 법

응찰 전에 현장답사를 하는 이유는 물건의 투자가치와 물건 점유자의 현황을 파악하기 위해서이다. 현장답사에서, 서류상의 물건과 현황상의 물건을 비교할 수 있다. 가짜 유치권과 가장 임차인 등의 가장 권리주장을 파악할 수 있다. 또 하나 중요한 것은 원활한 명도를 위해 응찰 전에 점유자의 상황을 파악하는 것이다.

현재 물건지에 거주하는지의 여부를 확인하는 방법 중 하나는 도시가스 계량기 검침표를 확인해서 변동 여부를 살피는 것이다. 겨울에는 도시가스 검침표의 숫자 변동이 없으면 거주를 하지 않는 경우가 대부분이다. 물론 며칠 동안 밤에도 집에 불이 켜지지 않으면 거주하지 않을 확률이 높다. 인근 슈퍼나 이웃사람들에게 세입자에 대해 자연스레 정보를 확인한다. 우편물로 확인하는 방법이 가장 수월한 방법인데 실제 점유자가 누구인지 확인할 수 있고 각종 공과금 연체 등의 용지로 거주 여부도 확인할 수 있다. 우편물로 실제 점유자 확인하는 방법은 집행할 때 유용하고 가장 임차인이나 유치권 등 분석할 때도 유용한 증거가 된다.

　현장답사를 하기 전에 먼저 갖춰야 할 것이 지도이다. 만일 공략하는 지역의 5,000분의 1 지도가 있다면 인터넷 조회로 물건이 나왔을 때 현장에 가기 전에 개략적 위치와 주변 입지여건을 미리 살펴볼 수 있다. 시간과 비용을 절약할 뿐 아니라 행정구역의 경계와 교통여건, 도로상태, 관공서의 위치, 상권 등 기초적인 정보를 파악할 수 있어 물건을 정확하게 분석할 수 있다.

　현장답사를 통해 부동산에서 입찰 물건의 정보나 지역에 대한 정보를 얻기도 해야 하지만 유선을 통해서도 자세하게 물건에 대한 정보를 확인할 수 있다. 매도자와 매수자 양쪽의 입장이 되어 물건에 대한 정보를 몇 군데에 묻는다면 정확한 가격을 산출하는 데 도움이 된다. 해당 지역 부동산 중개업소의 전화번호를 쉽게 알 수 있는 방법은 공인중개사협회 홈페이지에 들어가 회원서비스를 클릭하여 중개사무소 검색을 하면 된다.

　현장을 가면 서류상으로 표기한 것과 다른 경우도 많다. 예를 들어 서류상으로는 지하 1~2층으로 표기되어 있는데 현황 상 1층인 경우도 흔히 볼 수 있다. 이런 경우는 알짜 물건이다. 물건이 경사지에 위치한 경우는 고저 차이로 대부분 매물이 주소와 현황이 다를 수 있다. 이럴 경우 현장답사로 인해 큰 수확을 얻을 수 있고, 반대로 낭패를 예방할 수도 있어 현장답사의 중요성을 톡톡히 실감할 수 있다.

　건물이 없는 토지를 제외한 경매물건은 공통적으로 현재 점유자가 채무자 및 소유자인지 세입자인지 유치권자인지를 파악하는 것이 중요하다. 초보자는 낙찰 후에 점유자와 명도 협의를 하지만 고수는 응찰 전에 현장답사를 하면서

낙찰 개요 1 : 역세권 주변 일반 상업지역 830여평의 건물신축중 토지만 경매진행됨(흉물로 방치됨). 토지 감정가 180억(2005년 평당 약 2,200만 원) → 낙찰가 98억(2006년 평당 약 1,180만 원)

낙찰 개요 2 : 지상의 철골 구조물은 지하 5층, 지상 15층 규모로 신축중 중단된 상태이며, 법정지상권 성립하지 않음 → 유치권 약 220억 원가량 신고된 물건. 일반인이 접근하기 쉽지 않은 물건이었음.

명도 작업을 시작한다. 고수는 현장답사를 통해 점유자의 약점과 강점을 사전에 파악해 승산이 있을 때 싸움에 임하기 때문에 낙찰 후 속전속결로 합의를 이끌어 낸다. 점유자를 미리 파악하면 상대에 대한 대처방안을 강구하여 유리한 고지에서 합의할 수 있다.

　　해당 물건지에 가서 도시가스 밸브 위치를 파악해보고 계량기 입구가 잘 열려 있는지 살펴본다. 만약 계량기 입구가 막혀 있다면 도시가스 장기연체로 가스공급이 중단된 경우가 대부분이다. 그럴 경우 계량기 입구에 붙어 있는 도시가스 연락처에 연락해서 정보를 얻을 수 있는데 전화로 정보를 알아보는 한 예를 들어본다.

　　도시가스 직원: 네, 고객님. ○○○도시가스입니다.

　　응찰예정자: 안녕하세요. 인천 중구 ○○○번지 건물관리자인데요. 현재 해당 번지 상에 연체금이 밀려 있어서 연체금을 확인해서 결제를 하려고 하는데요(통상 연체금을 낸다고 하면 이름을 확인하면서 알려 준다).

도시가스직원: 네, 고객님! 그러면 건물주 성함이 어떻게 되는지요(등기부 상의 채무자 및 소유자의 이름을 알아 두어야 하고, 경매지를 통해 동사무소에서 전입세대 열람 신청을 한 전입자 명단을 확보한 후 전화를 해야 한다).

응찰예정자: 홍길동인데요(만약 확보한 이름이 채무자겸 소유자가 아닐 경우가 틀린 명의일 수 있다). 건물 준공 때는 다름 사람이었을 것인데 최근에 연체되어 건물이 준공 난 후 누구 이름으로 되었는지는 모르겠어요. 소유자인 제 이름이 아닌가요?

도시가스 직원: 네, 고객님 잠시만요. 현재 체납금액은 12월 123만 5,523원이고요. 1월 이자는 23만 원입니다.

응찰예정자: 네 그런데 명의자 이름이 제 이름인가요?

도시가스 직원: 아니요. 강복자로 되어 있는데요.

응찰예정자: 네, 알겠습니다. 바로 납부하도록 할게요.

이렇게 연체금액과 명의자를 알고 난 후 해당 물건지에 간다.

응찰예정자: 안녕하세요. 어머니, 여기 도시가스 검침 나왔는데요.

점유자: 어디시라고요?

응찰예정자: 예, 도시가스에서 나왔는데요. 강복자 씨 댁 맞죠(해당 점유자로 물어본다)?

점유자: 네 맞는데요.

응찰예정자: 요 앞전에 도시가스 누출사고로 아파트에서 질식사고가 있어서 일대 아파트를 도시가스 검침 중인데 해당 집도 이상이 없는지 도시가스 검침을 하러 왔습니다.

점유자: (좋지 않은 표정으로) 들어오세요.

응찰예정자: 현재 가스와 보일러를 사용하시지요(싱크대에서 물에 주방 세제를 묻혀 밸브위치에 바르며, 가스를 열고 가스렌즈 불을 켜 본다)? 이상은 없는 듯하다(주위를 둘러보며 대화를 시작한다. 쉽게 타협이 안 될 것을 감안해 가구와 집기를 살펴보고 거실의 가족사진을 살펴본다).

이렇게 자연스럽게 대화를 시도했을 때 건물 내부 상태와 점유자 실태를 파악할 수 있고, 가장 임차인이나 가장 유치권 등을 알 수 있는 좋은 기회가 된다. 유치권은 전입만 되어 있고 점유하지 않는 상태라면 유치권 신고를 한 후 유찰되면 본인들이 낙찰 받겠다는 의도로 파악할 수도 있다. 당연히 점유하지 않는 유치권이라면 유치권의 성립요건 상실로 유치권이 소멸되니 응찰해도 되는 물건이다.

고수들에게는 현황조사의 특별한 노하우가 있다. 바로 위장술이라는 것이다. 위장술은 응찰 전에 집 내부를 볼 수 있고 현황파악하기 위한 수단을 말한다. 이를테면 에어컨 기사나 수도사업소 직원, 리서치 조사원, 도시가스 직원으로 가장하여 집안으로 들어가 내부를 관찰 할 수 있는 기회를 마련해보는 것이다. 응찰 전에 물건 내부를 보기란 불가능하기 때문에 자연스런 방법을 강구하게 된다. 또는 부동산을 통해, 해당 물건 윗집이 부재 중이어서 내부 구조만 보고자 한다고 양해를 구하는 것도 한 방법이다.

물건분석 잘하는 법

　　권리분석보다 더 중요한 것이 물건분석이다. 물건분석시 필요한 서류는 감정평가서, 등기부등본, 토지대장, 임야대장, 지적도, 측량도면 등이다. 물건의 하자만 살피는 것이 아니라 투자가치, 개발 잠재력, 시세차익을 남길 수 있는 물건이냐를 분석해야 한다.

　　1차 물건분석은 서류나 자료를 검토해 지역 개발호재나 악재, 지역적인 여건을 분석한다. 2차 물건분석은 물건지 관공서나 현지 부동산과 주민, 거주자를 통해 현황을 조사한다.

　　3차 물건분석은 부동산의 개별적인 하자요인과 특성을 파악해 투자목적에 적합한지 확인한다.

　　물건분석은 부동산의 전반적인 투자지식이나 실전 경험이 필요하기 때문에 초보자에게는 해당 물건지의 중개업소나 전문가의 조언이 필요하다. 또한 현장 답사는 필수이다.

주택

아파트, 연립, 다세대 같은 공동주택은 우선 대지권 등기 여부부터 확인한다. '대지권 없음' 이라는 표기가 있으면 말 그대로 대지권 자체가 없는 물건이라는 뜻이다. 건물만 낙찰 받는 경우는 차후 대지권을 별도로 매입해야 한다. 대지권이 정리되지 않은 상태에서 경매로 나온 물건일 수도 있다. 이 경우는 감정서에 대지권 가격이 매겨진 상태이므로 대지권을 경매로 살 수 있다. 낙찰 후 대지권 소유권자로부터 지분만큼 대지권을 넘겨받을 수 있다.

공동주택은 편익시설이 잘 갖춰져 있고 단지 규모가 크고 지역난방, 고급주택 밀집지역 인근이 선호도가 높다.

토지별도등기의 물건은 소유권을 이전하거나 담보를 제공할 때 불이익을 받을 수 있으니 토지등기부등본을 발급받아 별도등기의 권리내용을 파악한다. 체납관리비, 공과금, 도시가스 등의 미납을 확인한다.

주택을 입찰하기 전, 주변을 둘러보아야 한다. 폐기물처리장, 납골당, 오염시설 등의 혐오시설은 없는지 확인한다.

단독주택은 지적도로 땅 모양을 확인한다. 네모반듯한 정방형이 투자가치가 높다. 건축물관리대장 상과 실제 건물 구조가 맞는지 확인한다. 무단으로 증, 개축한 주택의 일부에 세입자가 거주하는 경우 명도저항이 강하다. 불법으로 증, 개축한 주택에 거주하는 세입자는 전입신고를 인정해 주지 않으면 대항력이 없게 되므로 세입자의 저항여부를 확인해야 한다. 마당에 수목과 정원석이 있으면 감정서에 포함되어 있는지, 토지의 부합물로서 낙찰 후 소유권을 취득할 수 있는지 확인해야 한다.

상가

경매로 나온 상가는 대체로 유동인구가 적어 상권이 떨어지거나 영업성이 별로 없는 경우가 많다. 상가는 건축물대장 상의 면적보다는 전용면적을 확인한다. 공용면적과 전용면적을 합한 분양면적이 아닌 실제 사용하는 전용면적이 영업 상 허가 기준이 되기도 하기 때문이다. 업종제한이나 상가설치규제 등을 확인한다.

서민층이 몰려 사는 소형 상가가 알짜로 영업이 잘되는 경우가 많고 중산층이 밀집한 신흥주거지 내 상가도 여건이 좋다. 백화점이나 쇼핑센터처럼 한 층 전체가 오픈된 상가보다는 독립형태의 박스형 상가가 환금성이나 투자가치가 높다. 특히 소형 상가 중에서 지분만 경매로 나오는 물건의 경우가 많은데 상가 자체가 투자가치가 있고 나머지 지분도 활용할 수 있는 경우만 제외하고 입찰을 금하는 것이 좋다. 상가가 건축법 상 위법 건축물인 경우는 낙찰 후 상가를 원상복구시켜야 하는 낭패를 당할 수 있다. 영업이 안 되어 개점휴업 상태와 공실이 줄지어 있는 곳은 쇠퇴 지역이므로 조심해야 한다.

낙찰 후 변신과정

참고로, 불황에는 상권이 좋은 상가가 헐값에 나올 수 있으므로 창업을 준비하는 사람에게는 반값에 상가를 잡을 수 있는 기회이기도 하다.

토지

지목이 전, 답, 과수원인 농지는 농지취득자격증명을 매각기일로부터 1주일인 매각결정기일까지 제출해야 한다. 기한 내에 제출하지 않으면 10% 입찰보증금을 날릴 수도 있다. 현장에서 농지가 불법으로 타 용도로 사용되고 있는지 확인하고 맹지는 현황도로가 있는지 확인한다. 서류상 맹지는 헐값에 낙찰 받을 수 있고 현황도로가 있거나 도로를 낼 수 있는지 현장을 확인해본다. 임야는 경계, 면적, 도로상태, 경사도, 수목상태, 형질변경과 건축허가 가능성 등을 확인한다.

임야는 나무 종류를 확인해야 한다. 숲이 울창하고 임상이 좋고 경사도가 20도 이상이면 개발이 불가능하고 형질변경이 어렵다. 특히 임야는 분묘가 있는지 반드시 확인하고 관상수나 유실수가 있으면 경매대상인지 확인해야 하는데 판례 상 관상수나 유실수는 낙찰자에게 속한다. 그러나 입목 제외라고 표시되어 있다면 낙찰자 소유가 아니니 재확인한다.

적정 경매입찰가 산정하는 법

시세보다 낮은 가격에 매입할 수 있는 것이 경매의 가장 큰 장점이다. 따라서 적정 입찰가를 산정하는 것이 매우 중요하다. 법원경매 감정가는 시세보다 높게 책정되는 경우도 많으니 최저 낙찰가가 감정가의 몇 퍼센트인지에 현혹되지 말아야 한다. 감정가에 대비해서 싸게 샀는지 측정하는 것이 아닌 반드시 실제 시세와 비교를 해야 한다.

경매는 일반 매매로 부동산을 사는 것보다 추가로 부담하는 비용이 많다. 경매 투자의 위험도를 감안해서 최소 감정가보다는 10~20% 정도 싸게 낙찰 받아야 한다. 물론 유찰이 많이 된 물건은 시세의 반값에도 낙찰 받을 수가 있다.

입찰가격을 결정할 때 과거 낙찰 사례에 최근 부동산 시장의 동향과 향후 시장이 흐름을 연계해 예정가격을 산정해야 한다. 상승기와 하락기에 따라 유동적으로 가격을 측정하고 물건의 현재가치와 미래가치를 따져 입찰가격을 산정한다. 일반적으로 고수는 최고가격에서 부대비용을 차감하는 방법을 취하고 초보는 최저가에서 가격 상승을 추가적으로 계산하는 방법을 취한다. 즉, 초보는 최저 매각가에서부터 경매 입찰가를 산출하기 시작해 될 수 있으면 최저 매각가에서 얼마를 올려 쓸 것인가를 고민해 적정가를 산정한다.

그러나 입찰 경쟁이 붙으면 스스로 산정한 적정가보다 웃도는 낙찰가로 낙찰을 받게 된다. 추가비용까지 예상보다 많은 금액이 발생되면 전체 낙찰가는 처음 생각한 최저 매각가에서 훌쩍 뛰어 넘어 시세보다 높게 낙찰 받는 경우도 생긴다. 고수들은 예상비용 내에서 자금 운용을 하지만 초보는 예상비용을 초과하는 경우가 많다. 대표적으로 초과하는 이유가 명도비 때문이다. 명도의 기술에 의해 예상비용의 편차가 좌우될 수 있다.

최저 매각가가 아닌 전 유찰가에서 얼마를 덜 쓸 것인가 그리고 추가비용을 미리 예측해 두는 것도 하나의 전략이다.

경매의 추가 비용으로는 먼저 기본적으로 내는 취득세와 등록세가 있다. 취·등록세는 일반 매매보다는 경매가 더 저렴하기 때문에 유리하다. 일반 거래는 실거래가 신고제이므로 시세로 세금을 매긴다. 그러나 경매는 시세가 아닌 낙찰가를 기준으로 세금을 매기기 때문이다.

경매는 예상 못한 인수비용이나 기타 추가비용과 소요기간으로 성공과 실패가 좌우된다. 우선 세입자들과의 합의금이 드는데 보통은 낙찰가의 1~2% 정도 감안한다. 집을 비우는 기간은 1개월에서 3개월 정도 걸리고 입주 지연이 될수록 기회비용을 따져 봐야 한다. 그 외 추가비용으로는 수리비, 체납공과금 등이 있는데 입찰가격은 이런 추가비용까지 감안해서 입찰가를 산정해야 한다. 만약 입찰가를 산정하지 않으면 당일 입찰 분위기에 휩쓸려 자칫 시세보다 높은 가격으로 낙찰을 받을 수 있다.

법원경매 감정가를 맹신하지 말아야 한다. 감정가는 말 그대로 기준가격이고 참고가격이다. 때문에 현장 시세를 조사하지 않고 감정가만 믿고 입찰하면 낭패를 겪을 수 있다.

적정 경매 입찰가는 현장답사를 해서 최근 실제 거래 가격을 확인하여 시세를 철저히 조사한다. 아파트는 10%, 단독주택이나 오피스텔은 20%, 다세대 15%, 상가와 사무실은 25~30% 최소한 싸게 낙찰 받아야 낙찰 후 드는 추가비용까지 감안하면 손실이 없다. 그러나 입찰가를 조금 높게 써내고도 수익을 거두는 경우가 있다. 재개발이나 재건축 등의 호재나 지역개발의 호재가 있는 경우는 향후 상승여력이 있고 경쟁률이 치열할 것을 예상해 시세와 상승 가격을 감안해야 한다.

입찰가격은 지역의 최근 낙찰가격을 비교 검토하면 적정가격을 산출할 수 있다. 낙찰가격 추이는 경매정보 사이트를 활용하고 인근 낙찰사례를 통해 가격을 참고할 수 있다. 또한 경매 사이트의 조회 수로 물건의 인기도를 가늠할 수 있는데 투자를 위한 검색인지 참고용인지 감안하면서 적정 가격을 산출하는 데 도움이 된다.

감정가 산정 후에 시세가 계속 오름세인 물건은 투자가치가 높다는 뜻이다. 특히나 부동산 값이 오르기 전에 감정된 신규 물건이라면 알짜 물건이다. 수익성 부동산은 감정가가 더더욱 정확하지 않을 경우가 많으니 수익성을 반영해서 정확하게 시세 파악을 한다. 특히 모텔이나 공장, 창고 등의 테마물건은 시세 파악이 어려우므로 동종 관련자로부터 도움을 받는다면 실패할 확률이 적다.

명도 잘하는 법

낙찰자와 임차인의 협상은 숙명이다. 낙찰자는 임차인을 배려하면서도 무리한 요구에는 강경하게 대처할 수 있는 부드러운 카리스마가 필요하다. 임차인에게 강제집행을 운운하면서 감정을 상하게 하는 것보다는 임차인의 입장도 헤아린다는 느낌으로 일을 수습하는 것이 훨씬 효과적이다.

그러나 경매에 있어 낙찰자와 임차인은 어쩔 수 없이 껄끄러운 관계로 만나는 것이다.

명도에 뜻이 없으면서 명도확인서를 먼저 달라며 떼를 쓰는 임차인.

집주인과 짜고 가짜 계약서로 인도를 거부하는 무데뽀 임차인.

위장 거주하기 위해 주민등록만 전입해 놓고 권리를 주장하는 임차인.

집이나 기물을 망가뜨리고 떠나는 채무자나 임차인.

낙찰자가 강제집행을 제때에 하지 못하도록 고도의 술수를 쓰는 임차인.

이 외에도 별의별 막가파 임차인이 다 있다.

협의가 안 되어 낙찰자의 힘으로 명도가 불가능할 때는 법원에 강제집행을 신청하고 집행관 방문을 요청한다.

간접경험을 위해, 입찰을 하기 전에 먼저 경매 입찰장을 답사하고 경매물건을 고른다. 권리분석과 수익성을 분석한 후 현장에 나가 명도저항의 여부를 확인해야 한다. 경매에서 전략이 가장 필요한 부분이 명도이다. 준비나 전략 없이 무턱대고 명도를 하는 경우 기다렸다는 듯이 부동산을 내주는 점유자를 만나기란 쉽지 않은 법이다.

명도 전략의 최우선은 입찰 전에 점유자를 만나 대화를 시도해보고 대항여부나 점유자의 입장을 충분히 듣고 현황을 먼저 파악해 응찰에 임하는 것이 중요하다.

명도는 경매의 꽃이라고 말할 정도로 아주 중요하다. 명도에는 왕도가 없다. 누구라도 곧잘 복병을 만나 골치를 썩곤 한다. 현장 상황에서는 왕왕 예외적인 일이 발생하여 뒤통수를 때리기 때문에 날고 긴다는 고수들도 이 대목에선 긴장하게 마련이다.

명도에는 노련한 기술이 요구된다. 명도저항성 여부를 파악하는 기술, 점유자의 연락처를 알아내는 기술, 대화의 기술, 명도비용을 최소화하는 기술, 부재 주택에 대한 최단시간에 점유자의 짐 처리 하는 기술 등이 필요하다.

명도비는 넉넉하게 책정하고 이사비와 명도확인서는 이사 가는 날 주는 것을 기본으로 삼는다. 이사비 측정은 세입자 즉, 점유자의 협조와 명도 소요 시간에 따라 좌우됨을 주지시키고 이사비 일부만 지급 후 이사 당일 날 나머지를 지급하겠다고 한다. 합의가 되면 이행각서를 작성한다. 빈집의 명도가 더 어려운 법이니 이웃 사람이라도 만나고 우편물도 살펴본다. 강제집행은 최후의 수단으로 쓰고 인도명령 신청으로 포기하게 만들고 최대한 합의로 이끌어 낸다. 고액의 체납 관리비는 떠안지 않도록 하고 당근과 채찍을 적절하게 활용한다.

또한 세입자에게 배당금을 받고 싶으면 경매법원에 낙찰자의 명도확인서를 받아야 하니 배당금을 받기 위해 낙찰자에게 세입자도 협조를 해야 함을 인지시킨다. 거주를 하면서 협의도 하지 않고 집을 비워 주지 않으면 결국 거주하는 그 기간만큼 낙찰자가 월세를 집행할 수밖에 없다는 것을 강조한다. 월세 집행 비용은 세입자가 받을 배당금에서 빼야 하니 배당금을 받아 집을 비워 주는 것이 낫다고 조리 있게 설득시켜야 한다. 그런데 이런 설득은 자칫 세입자의 감정을 상하게 할 수 있으니 대항이 강한 세입자에게는 노련하게 해야 한다.

잔금을 납부한 지 4주가 지나도 막무가내로 집을 비우지 않아 자진명도가 불가능할 때는 강제집행을 신청하고 집행관 방문을 요청한다. '7일 이내에 자진 퇴거하지 않으면 강제집행하겠다'는 집행관의 계고서는 강력한 효과가 있다.

법을 이용한 강제집행은 협상에서 최악의 경우에 마지막 방법으로 쓰는 것을 원칙으로 한다. 낙찰자는 임차인에게 보증금이나 이사비용 등을 지급할 의무는 없다. 하지만 하루아침에 집을 잃게 된 임차인의 입장을 헤아리는 역지사지의 마음에서부터 대화를 시작하는 것이 중요하다.

임차인들끼리 협동 단결하는 사태를 만들어서도 안 된다. 절대적으로 개인별 협상을 고수하는 게 좋다. 인간적이고 원만하게 해결할 수 있는 임차인, 협조적인 임차인, 이사를 급하게 나가야 하는 임차인 등 임차인 개개인의 상황을 먼저 파악하고 개인별에 맞는 대응을 하여야 한다. 그러다보면 완강하던 임차인들도 시간이 가면서 현실을 받아들이게 되어 있다. 만족스럽지 않지만 이사비용을 받고 집을 비워 주는 것이다.

인 천 지 방 법 원

강 제 집 행 신 청 서

인천지방법원 집행관사무소 집행관 귀하   →법인일경우는 사업자등록번호

채권자	성 명	홍길동	주민등록번호 (사업자등록번호)	320212-1234567	전화번호	032-562-2456
	주 소	인천시 남구 학익동 24			핸드폰	
	대리인	성 명 대리인 경우	주민등록번호		전화번호	
채무자	성 명		주민등록번호 (사업자등록번호)		전화번호	
	주 소					

집행목적물 소재지	채무자의 주소지와 같음 (※ 다른 경우에만 아래에 기재함)
	강제집행 (압류) 할곳의 주소기재

집행권원	① 인천지방법원 집행권원의 사건번호		2009년 가 1234 호
	1. 지방법원 지원		
	1.공증인가 법무법인 종합법률사무소 작성		
	집 행 력 있 는	1.판결 1.인낙조서 1.화해조서 1.조정조서 1.이행권고결정 1.지급명령 1.공정증서 1.심판 1.인도명령 1.가압류결정 1.가처분결정 1.경매개시결정	정본

집행의 목적물 및 집 행 방 법	동산압류, 동산가압류, 동산가처분, 부동산점유이전금지가처분, 건물명도, 철거, 부동산인도, 자동차인도, 기타( )

청구금액	원금 이자는포함하지않고 원금만기재 5,000,000 원 (이자내역은)	1.뒷면과 같음 ②.집행권원과 같음

위 집행권원에 기한 집행을 하여 주시기 바랍니다.

200 . .

※ 첨부서류
1. 집행권원   1통
2. 송달증명서   1통
3. 위임장   1통

채권자   홍길동   (인)
대리인   (인)

※ 특약 사항

1. 본인이 수령할 예납금잔액을 본인의 비용부담하에 오른쪽에 표시한 예금계좌에 입금하여 주실것을 신청합니다.

   채권자(대리인)   (인)

	예금계좌	┌예납금 잔액을 환급받을 계좌기재
	개설은행	농협
	예금주	
	계좌번호	

2. 집행관이 계산한 수수료 기타 비용의 예납통지 또는 강제집행 속행의사 유무 확인 촉구를 2회 이상 받고도 채권자가 상당한 기간 내에 그 예납 또는 속행의 의사표시를 하지 아니할 때에는 본건 강제집행 위임을 취하한 것으로 보고 종결처분하여도 이의 없습니다..

   채권자(대리인)   (인)

주 1.굵은선으로 표시된 부분은 반드시 기재하여야 합니다.(금전채권의 경우 청구금액 포함)
  2.채권자가 개인인 경우에는 주민등록번호를, 법인인 경우에는 사업자등록번호를 기재합니다.

위 임 장

채권자 성명: 홍길동
　　　주소:
채무자 성명: 백만자
　　　주소:

집행권원

$$\left\{\begin{array}{l}\text{1. 인천지방법원}\\\text{1.　　　지방법원　　　지원}\\\text{1. 공증인가 법무법인 종합법률사무소작성}\end{array}\right\}$$　　년　　　　호

집행력있는 $\left\{\begin{array}{l}\text{1.판결 1.인낙조서 1.화해조서 1.조정조서 1.이행권고결정}\\\text{1.지급명령서 1.공정증서 1.심판 1.인도명령}\\\text{1.가압류결정 1.가처분결정 1.경매개시결정}\end{array}\right\}$ 정 본

　　채권자는 위 집행권원에 기하여 위 채무자에 대한 강제집행을 다른 사람에게 위임하고 아래 권원을 부여합니다.

1. 수임자 (대리인)
　　성　　　명: 박대리
　　주민등록번호: 55이11 - 1234567
　　주　　　소: 인천시 남구 학익동 123-4

2. 위임사항　　가. 집행관에게 위임하는 일
　　　　　　　나. 집행현장안내 및 입회하는 일
　　　　　　　다. 경매기일 지정신청 및 촉구하는 일
　　　　　　　라. 변제금 및 경매대금을 수령하는 일
　　　　　　　마. 집행권원의 송달을 위임하는 일
　　　　　　　바. 특별송달을 위임하는 일
　　　　　　　사. 기타 채권자로서 할 수 있는 일체의 권원

위와같이 위임합니다.

　　　　　　　　200

　　　　　　　　　　　　　　　　　　　　　　　　채권자 본인의 도장
　　위임인(채권자)　　　홍길동　　（인）

채권자와수임자와의관계	
채권자의 주민등록번호 (법인의경우 사업자등록번호)	65이311 - 1234567
채 권 자 의 전 화 번 호	874 - 0200

일반경매에서 부부관계에는 임대차가 인정되지 않고 친인척의 경우에는 사례별로 임대차 여부를 판단한다. 선순위 임차인이라고 주장하면서 명도를 거부하면 낙찰자는 소송으로 갈 수밖에 없다. 그러므로 전 소유자와 임차인의 관계를 잘 파악하고 거짓으로 선순위 임차인을 주장한다면 계약서 차임지급 영수증을 확인하는 방법도 있다.

수락하듯 거절하라는 말이 있다.

임차인의 입장을 성심껏 이해하고, 그들의 요구를 충분히 수용하려 한다는 낙찰자의 자세를 보이는 것이 중요하다. 낙찰자 혼자만의 권한과 결정이 아니어서 일부만 수용할 수밖에 없는 안타까운 마음을 표현한다면 임차인들도 현실을 받아들이는 쪽으로 마음을 움직이게 된다.

명도란 인간의 가장 기본적인 생활권이 달린 문제이다. 당장 기거해야 하는 집에서 강제로 퇴출당해야 하는 사람들의 마음을 헤아려야 한다.

따라서 명도에서 가장 유념해야 할 부분은 임차인의 마음의 문을 여는 대화의 방식에 고수가 되어야 한다. 협조를 하는 임차인에게 좋은 본보기를 보여 주면 명도효과가 크다. 그 다음 명도비와 강제집행을 적절하게 수행해야 한다. 집행 사전예고제를 이용하는 것, 인도명령을 신청하는 것, 강제집행을 할 수 있는 송달 등 집행비와 시간이 필요하다. 명도는 경매계에서 뜨거운 감자라고 불릴 만큼 고도의 협상이 필요하다. 앞으로 남고 뒤로 밑지는 일이 없도록 노련하게 처리해야 한다. 고수만의 고도의 명도기술은 약한 자에게는 최대한 배려할 줄 아는 아량이, 강한 자에게는 강하게 대응할 줄 아는 실력과 결단이 필요하다.

명도 때 알아 두면 유용한 형법 상 적용 법률은 부동산 강제효용침해죄, 경매 입찰의 방해죄, 주거침입죄, 퇴거불응죄, 강제집행면탈죄, 부당이득죄, 공갈

죄, 재물손괴죄 등이 있다. 강하게 나오는 세입자에게 협상할 때나 내용증명을 보낼 때 법조항을 내세우면 효과가 있다.

정체를 알 수 없는 점유자는 주거침입죄와 부동산 강제집행 효용침해죄로 고소할 수 있다. 물론 고소로 강제집행을 하면 벌금과 비용도 세입자가 부담함을 알려 준다.

가짜 계약서로 보증금을 더 많이 요구하는 세입자는 법원에 보증금확인청구소송을 제기함과 동시에 형법 347조에 의거 사기죄로 고소할 수 있다. 만일 사기죄가 성립되면 10년 이하의 징역 또는 2,000만 원이하의 벌금에 처한다고 현실을 알려 준다.

part 01 →

part 02 ↗

part 03 ↑

경매 성공과 실패 사례 모음

Chapter 03

사회 초년생, 월세 돈으로 내 집 마련한 사연

IMF 시절과 2009년은 불황이라는 공통점을 갖고 있다.

그러나 경매업계의 다가구주택 현황은 차이가 좀 있다. IMF 시절에는 다가구주택이 너무 많이 나와 역 전세 현상이 있었다. 당시, 현금 5,000만 원이면 2억 원짜리 다가구주택을 마련할 수 있었다. 그 다가구주택을 1억에 낙찰을 받고 대출 5,000만 원을 받을 수 있었기 때문이다. 또한 다가구주택에서 보증금과 월세를 받아 은행 이자를 내고 생활비를 마련할 수 있었다.

직장생활 2년 차인 젊은 청년이 전세방을 얻기 위해 나를 찾아왔다. 이야기를 들어 보니까 그동안 월세를 살았는데 돈을 모아 전세로 옮기려고 하는 중이었다. 월급의 대부분을 저축하는 상당히 성실하고 검약한 청년이라는 생각이 들었다. 나는 이참에 경매로 집을 마련해보라고 조언을 했다. 소액으로 내 집을 마련할 수 있는 방법을 알고 있느냐고 했더니 처음엔 곧이들으려 하지 않았다. 월세를 내던 돈으로 은행이자 내면서 내 집 마련을 하라는 말에 솔깃해 했다.

젊은 청년이 가진 돈은 보증금 1,000만 원과 그 동안 저축한 돈 1,000만 원이 전부였다. 감정가 1억 9,300만 원인 다가구주택을 5,000만 원에 낙찰 받게 해주었다. 잔금 90%를 대출을 받을 수 있어서 가능한 일이었다. 청년은 간단한 수리비용을 마련하기 위해 자신은 더 싼 월세 집으로 옮겼다. 또한 낙찰 받은 집은 월세로 놓았다. 낙찰가의 보증금만 제외하고 대출을 받으니 5,000만 원 대출 이자 30만 원을 내고도 백만 원 정도의 생활비가 월세로 나왔다. 청년은 대출이자를 내고도 꼬박꼬박 월급 수준의 월세를 받게 되었다.

IMF가 지나고 다가구주택은 인기가 없어졌다. 환금성이 좋은 아파트가 투자처로 인기를 끌었다. 그러나 아파트의 특징은 환금성이 뛰어난 반면 낙찰가도 높다. 대출이 많으면 세입자를 구하기 쉽지 않아 투자에 제약이 따른다. 투자 자금이 넉넉지 않은 사람은 다가구주택에 투자하는 것도 한 방법이다. 가구 수가 많은 다가구를 선택하는 것이 좋다. 만일 투자액 7,000만 원으로 투자를 했을 때 다가구에 투자를 하면 월세 백만 원 정도를 받을 수 있고 가구 수가 15가구 이상이면 1억 이상의 수익을 남길 수가 있다.

이렇듯, 경매로 돈을 벌려면 남들이 등한시하고 꺼리는 물건들이 큰 수익을 가져다준다는 점을 알아야 한다. 시세의 흐름과 권리분석을 철저히 해야 한다. 남들이 선호하는 물건, 권리분석이나 명도가 쉬운 물건에서는 큰 수익을 낼 수 없다.

용돈으로 노후연금용 수익 부동산 낙찰 받다

　　박 노인은 자식들을 모두 시집장가를 보내 독립시켰다. 늙어서 자식들에게 손을 벌리지 않을 것이라는 결심을 한 노인이었다. 할멈은 먼저 떠났고, 박 노인은 연금을 받으며 조그마한 전셋집에서 혼자 살기 때문에 노후를 보내는 데는 경제적인 어려움이 없다. 노인은 현금으로 남은 5,000만 원을 평소 친분이 있던 내게 맡겼다. 그동안의 자산을 관리해 주었기에 신뢰가 쌓였고 박 노인은 노후에 자식들에게 손 벌리지 않을 수 있게끔 투자를 해 달라고 했다.

　　나는 10가구나 되는 다가구를 낙찰 받아 주었다. 다가구의 감정가는 2억 7,000만 원이었는데 8,000만 원에 낙찰 받은 것이다. 박 노인의 여유자금 5,000만 원에 대출을 3,000만 원을 받았다. 나는 명도에서 대출까지 모든 처리를 해 주었다. 다가구주택의 세입자가 들어와서 대출금은 금세 갚을 수가 있었고 오히려 임대수익까지 생겼다. 한 3년 보유하자 다가구주택은 낙찰가의 몇 배로 올랐다. 노인은 보증금과 월세를 받아 늙어서도 자식들에게 손 벌리지 않고 손자들

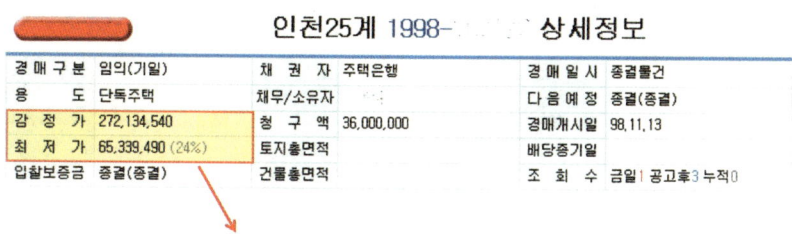

인천25계 1998- 상세정보

경 매 구 분	임의(기일)	채 권 자	주택은행	경 매 일 시	종결물건
용 도	단독주택	채무/소유자		다 음 예 정	종결(종결)
감 정 가	272,134,540	청 구 액	36,000,000	경매개시일	98.11.13
최 저 가	65,339,490 (24%)	토지총면적		배당종기일	
입찰보증금	종결(종결)	건물총면적		조 회 수	금일1 공고후3 누적0

타 특수 물건에 비해 현저히 낮은 최저가

감정가 : 272,134,549
최저가 : 65,339,490 (24%)

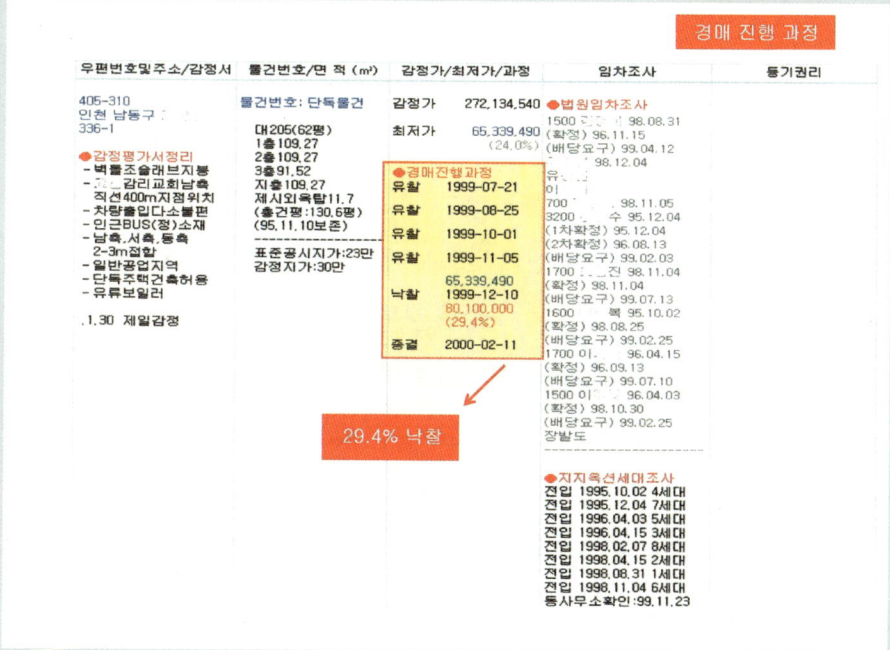

우편번호및주소/감정서	물건번호/면적(m²)	감정가/최저가/과정	임차조사	등기권리
405-310 인천 남동구 336-1 ●감정평가서정리 - 벽돌조슬래브지붕 - 리교회남측 직선400m지점위치 - 차량출입다소불편 - 인근BUS(정)소재 - 남측.서측.동측 2-3m접합 - 일반공업지역 - 단독주택건축허용 - 유류보일러 .1.30 제일감정	물건번호: 단독물건 대205(62평) 1층109.27 2층109.27 3층91.52 지층109.27 제시외옥탑11.7 (총건평:130.6평) (95.11.10보존) 표준공시지가:23만 감정지가:30만	감정가 272,134,540 최저가 65,339,490 (24.0%) ●경매진행과정 유찰 1999-07-21 유찰 1999-08-25 유찰 1999-10-01 유찰 1999-11-05 65,339,490 낙찰 1999-12-10 80,100,000 (29.4%) 종결 2000-02-11	●법원임차조사 1500 98.08.31 (확정) 96.11.15 (배당요구) 99.04.12 98.12.04 유 이 700 98.11.05 3200 우 95.12.04 (1차확정) 95.12.04 (2차확정) 96.08.13 (배당요구) 99.02.03 1700 진 98.11.04 (확정) 98.11.04 (배당요구) 99.07.13 1600 씩 95.10.02 (확정) 98.08.25 (배당요구) 99.02.25 1700 이. 96.04.15 (확정) 96.09.13 (배당요구) 99.07.10 1500 이 96.04.03 (확정) 98.10.30 (배당요구) 99.02.25 장발도	

29.4% 낙찰

●지지옥션세대조사
전입 1995.10.02 4세대
전입 1995.12.04 7세대
전입 1996.04.03 5세대
전입 1996.04.15 3세대
전입 1998.02.07 8세대
전입 1998.04.15 2세대
전입 1998.08.31 1세대
전입 1998.11.04 6세대
동사무소확인:99.11.23

			물건 결과 분석
구 분	임의 경매	채 권 자	주택은행
용 도	다가구주택	채무 및 소유자	▨▨▨
감 정 가	272,134,540	청 구 액	36,000,000
낙 찰 가	80,100,000	감정가 대비	29.4%
면 적	토지 200.5㎡ 건물 130.6㎡	목 적 물	인천시 남동구 ▨▨ 336-1 토지 및 건물
매도가격	300,000,000 (2000년도 시세 기준가)	수익률	374% (임대료 수익 발생으로 고객이 보유)
주 요 사 항	법원임차조사 ▨▨ 외 9명		

물건 쟁점 사항	물건 해결 내용
- 선순위 세입자 명도 문제	- 선순위 세입자 법원 배당금 이외 별도 비용 발생 없이 명도 처리

에게 용돈을 주는 멋진 할아버지가 되었다. 노인은 여생을 돈 걱정 없이 친구들과 여행도 하며 작은 문화생활도 하며 외롭지 않은 제2의 인생을 살고 있다.

임대수익을 기대하기에는 다가구주택이 좋다. 그러나 다가구주택을 입찰할 때 주의할 점이 있다. 입찰 전에 반드시 세입자 관계를 분석해야 한다. 사람이 한 건물에 많이 모여 사는 다가구주택은 특성상 임대차 관계가 복잡하다. 정확한 세입자 관계를 분석하려면 '전입세대 열람신청'을 발급받아 직접 현장 조사를 한다. 법원 기록물에서 '점유관계조사서' 및 대법원 '경매정보 사이트'로도 확인을 한다.

법원의 매각서류, 임차인조사서에 나타난 세입자들의 임대보증금, 월세 금액 현황만을 그대로 믿고 입찰했다가 가짜 임차인에게 속을 수 있다. 채무자와 가짜 임차인들이 배당을 받거나 임대료를 높게 책정하는 등 낙찰자를 속일 수 있다.

다가구는 다른 경매물건에 비해 권리 및 이해관계가 얽혀 잔금 지급 후 소유권을 넘겨받은 후에도 배당을 받지 못한 임차인의 명도저항이 강해 주택을 넘겨받기까지 장기전으로 갈 수도 있다. 임차인의 예상 배당액을 계산해보고 보증금을 받지 못한 임차인의 상황을 파악하고 명도저항을 가름한다.

알콩달콩 예비부부의 경매 낙찰 사연

     운수업을 하는 신혼부부가 지인의 소개로 나를 찾아왔다. 신랑은 24세, 신부는 21세의 젊은 부부였다. 1,800만 원뿐이니 그 돈으로 전세를 얻어 달라고 했다. 나는 젊어서 사서 고생도 할 법하니 전세가 아니라 월세를 살면서 내 집 마련을 해보겠느냐고 젊은 부부에게 제안했다. 신혼부부는 선뜻 나의 뜻에 따르겠다고 했다.

     권해 준 월세 방은 지상 같은 반 지하 방으로 보증금 100만 원에 월세 10만 원짜리였다. 나머지 1,700만 원으로 인천에 2층집을 낙찰 받아 주었다. 감정가 2억이었고 6,800만 원에 낙찰 받았다. 대출을 5,000만 원 받고 잔금은 투자액 1,700만 원으로 해결했다. 젊은 부부는 집을 수리하고 등기도 마쳤다. 전세 보증금으로 나온 돈으로 수리비와 내게 빌린 돈을 갚고 차후에 집을 매도하여 9,000만 원의 수익을 얻었다. 신혼부부는 나의 조언대로 전세를 얻으려다 월세로 살면서 내 집을 마련하고 더 큰집으로 재산을 늘려 갔다.

반지하 빌라는 아직도 적은 돈을 들여 최대의 효과를 거둘 수 있는 경매 소액투자처이다. 서울 외곽이나 수도권에서 1,000만~5,000만 원대로 값싸게 낙찰 받아 전월세 혼합방식으로 세를 주면서 투자금 이상의 보증금을 회수할 수 있다. 물론 지상층보다는 환금성이 떨어지지만 서민층 주거시설로 반지하 빌라는 임대 수요가 꾸준하다.

수도권 외곽이나 지방의 빌라는 인기가 없어 유찰이 많이 되면 싸게 낙찰 받을 수 있는 반면 임대수요가 적고 잘 팔리지 않을 수도 있으므로 무조건 싸다고 낙찰 받는 것은 금물이다. 주변 여건 상 대학교나 공단 등 수요가 있는 반지하 빌라는 싸게 낙찰 받아 임대를 줄 수 있다. 차후, 시세보다 싸게 매물로 내놓으면 쉽게 팔린다. 특히나 내, 외부가 깨끗한 지하 다세대는 생활하기가 좋아 임대용이나 시세차익용 투자처로 좋다. 반지하는 지상에 주택이 절반은 노출되어 있어 가격은 지하 값이나 통기나 통풍, 채광 등 주거하는 데 위생 상 하자가 없어 서민의 임대수요로 괜찮다.

시세 절반 값에 전원주택을 낙찰 받다

공무원인 박기수 씨는 그림을 그리는 아내와 전원주택을 마련하기로 했다. 그의 아내는 박기수 씨가 은퇴하면 전원주택에 사는 게 꿈이라고 입버릇처럼 말해 왔다. 더 늦기 전에 아내의 꿈을 이뤄 주고 싶었다. 박기수 씨는 출퇴근을 고려해 수도권에서 전원주택을 찾아 달라고 했다. 나는 거리상으로 적합한 지역의 매물을 보았으나 값이 만만치 않았다. 더군다나 박기수 씨는 퇴직을 목전에 두고 있는 상황에서 대출을 많이 끼고 사는 것은 부담이었다.

나는 경매로 나온 전원주택을 살펴보았다. 잘만 고르면 시세의 절반 값에도 구할 수 있을 것 같았다. 경매지와 인터넷을 주시하고 현장을 다니며 시세조사와 권리분석을 해보았다.

눈을 의심할 정도로 싸게 나온 전원주택을 찾았다. 양평에 대지 320평, 건물 27평짜리 전원주택이 최저가 2억 5,000만 원에 경매로 나와 있었기 때문이다. 자료를 제공한 경매 컨설팅회사를 찾아가 확인해보니 감정가가 4억이 넘었

122

부천4계 2002- 상세정보

경매구분	임의(기일)	채권자 이		경매일시	종결물건
용　　도	단독주택	채무/소유자 변		다음예정	종결(종결)
감정가	551,646,467	청구액	300,000,000	경매개시일	02.09.06
최저가	180,763,000 (33%)	토지총면적	0 ㎡ (0평)	배당종기일	
입찰보증금	종결(종결)	건물총면적	93.75 ㎡ (28.36평)	조회수	금일1 공고후7 누적830
주의사항	· 지분경매 · 법정지상권 · 입찰외				

본건

물건 투자 쟁점 사항

지분경매이며,
입찰 외 · 법정지상권 문제 해결이 요구

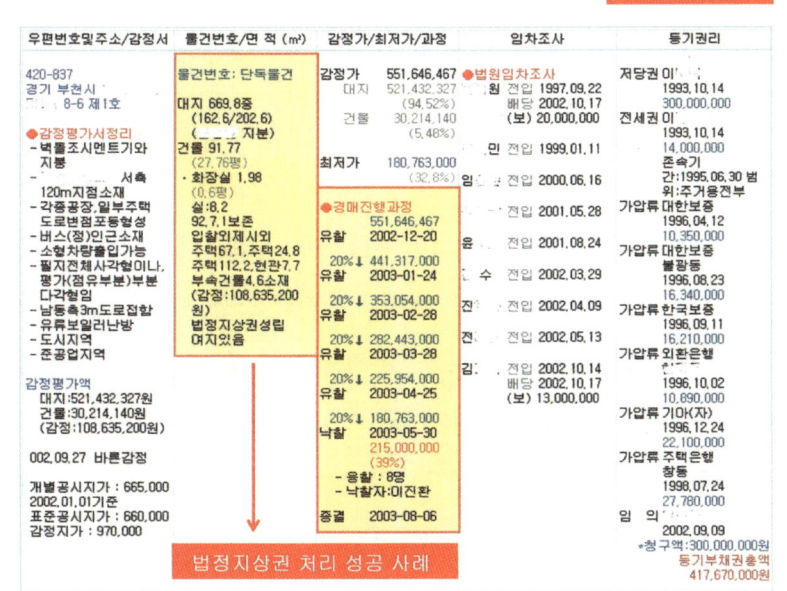

우편번호및주소/감정서	물건번호/면적 (㎡)	감정가/최저가/과정	임차조사	등기권리
420-837 경기 부천시 8-6 제1호 ●감정평가서정리 - 벽돌조시멘트기와 　지붕 　　　　서측 　120m지점소재 - 각종공장,일부주택 　도로변점포동형성 - 버스(정)인근소재 - 소형차량출입가능 - 필지전체사각형이나, 　평가(점유부분)부분 　다각형임 - 남동측3m도로접함 - 유류보일러난방 - 도시지역 - 준공업지역 감정평가액 대지:521,432,327원 건물:30,214,140원 　(감정:108,635,200원) 002.09.27 바른감정 개별공시지가 : 665,000 2002.01.01기준 표준공시지가 : 660,000 감정지가 : 970,000	물건번호: 단독물건 대지 669.8중 (162.6/202.6) 지분) 건물 91.77 (27.76평) · 화장실 1.98 (0.6평) 실 :8.2 92.7.1보존 입찰외제시외 주택67.1,주택24.8 주택112.2,현관7.7 부속건물4.6소재 (감정:108,635,200 원) 법정지상권성립 여지있음	감정가 551,646,467 대지 521,432,327 원 　　　(94.52%) 건물 30,214,140 　　　(5.48%) 최저가 180,763,000 　　　(32.8%) 임 ●경매진행과정 　　551,646,467 유찰 2002-12-20 20%↓ 441,317,000 유찰 2003-01-24 20%↓ 353,054,000 유찰 2003-02-28 20%↓ 282,443,000 유찰 2003-03-28 20%↓ 225,954,000 유찰 2003-04-25 20%↓ 180,763,000 낙찰 2003-05-30 　215,000,000 　　(39%) - 응찰 : 8명 - 낙찰자:이진환 종결 2003-08-06	●법원임차조사 전입 1997.09.22 배당 2002.10.17 (보) 20,000,000 민 전입 1999.01.11 전입 2000.06.16 전입 2001.05.28 전입 2001.08.24 수 전입 2002.03.29 진 전입 2002.04.09 전 전입 2002.05.13 김 전입 2002.10.14 배당 2002.10.17 (보) 13,000,000	저당권 이 1993.10.14 300,000,000 전세권 이 1993.10.14 14,000,000 존속기 간:1995.06.30 범 위:주거용전부 가압류 대한보증 1996.04.12 10,350,000 가압류 대한보증 불광동 1996.08.23 16,340,000 가압류 한국보증 1996.09.11 16,210,000 가압류 외환은행 1996.10.02 10,890,000 가압류 기아(자) 1996.12.24 22,100,000 가압류 주택은행 창동 1998.07.24 27,780,000 임 의 2002.09.09 +청구액:300,000,000원 등기부채권총액 417,670,000원

법정지상권 처리 성공 사례

123

구 분	임의 경매(지분)	채 권 자	이 병 덕
용 도	단독주택	채무 및 소유자	
감 정 가	551,646,467	청 구 액	300,000,000
낙 찰 가	215,000,000	감정가 대비	39%
면 적	대지 669.8중 (162.6/202.6) (지분) 건물 91.77㎡	목 적 물	경기도 부천시 8-6
매도가격	600,000,000원 (2003년 11월 4일)	수익률	279%
비 고	- 수익률은 취·등록세 및 기타 부대 비용을 제외한 것입니다		

물건 쟁점 사항	물건 해결 내용
- 법정지상권 - 지분경매 - 입찰 외	- 법정지상권 성립 여지가 있는 물건에 대하여 법정지상권 처리를 통한 매각 - 재 감정 평가 액 660,281,667원 - 낙찰 후, 6개월 만에 바로 매매

다. 부동산 강화정책 등으로 부동산 수요가 줄어든 데다 전원주택 인기도 예전만 못해서 두 번이나 유찰되어 값이 떨어졌다. 이거다 싶은 마음으로 박기수 씨와 주말을 이용해 현장도 확인했다. 6번 국도와 가깝고 용문사가 있는 용문면에서 5㎞ 정도 떨어진 곳으로 교통여건이 괜찮은 편이었다.

주인이 신경을 많이 쓴 듯 넓은 정원에 잔디와 조경수가 잘 가꿔져 있었다. 주택도 외벽은 점토벽돌로 돼 있고 지붕은 아스팔트 싱글로 처리된 전형적인 전원주택이어서 마음에 들었다. 게다가 세입자 없이 채무자인 집주인이 직접 살고 있어서 명도에는 큰 문제가 없는 물건이었다. 박기수 씨와 부인은 흡족해 하며 꼭 낙찰 받기를 원했다.

나는 박기수 씨에게 낙찰을 받아 주었다. 집주인에게는 이사할 기간을 2개월을, 이사비용 200만 원을 주는 조건으로 원만한 해결을 봤다. 부부는 집을 마음에 들어 했고 특히 아내는 꿈을 이루게 되었고 노후에 정착할 과제를 푼 박기수 씨도 마음이 놓였다.

전원주택을 경매로 낙찰 받을 경우 시세에 비해 최소한 20%에서 절반 값까지 취득할 수도 있다. 전원주택은 환금성이 떨어지기 때문에 전 주인이 대출을 받아 건축하거나 매입한 경우 쉽게 팔리지 않아 최악의 경우는 경매시장으로 나온다. 그래서 전원주택의 실수요자는 건축이나 일반 매매보다는 평소 관심 있는 지역의 경매물건을 꾸준히 검색하는 것도 좋은 전원주택을 취득할 수 있는 방법이다. 매달 수도권에서만 전원주택이 경매시장으로 나오는 건수는 200~400건에 달한다.

전원주택의 토지는 대지인 경우가 대부분이어서 농지전용이나 임야 형질변경을 거치지 않고 낙찰 후 바로 새로 지을 수도 있다. 낙찰자의 용도에 맞게 개, 보수도 할 수 있고 구조 변경으로 전원주택의 가치를 높일 수도 있다. 특히나 지은 지 오래된 전원주택은 싸게 매입하여 골조가 튼튼하면 개, 보수를 하여 쾌적한 전원주택으로 갖출 수 있다. 규모를 갖춘 단지형 전원주택은 싸게 낙찰 받아 실거주를 하기도 하고 경기가 좋을 때는 제값대로 되팔 수 있어 시세차익도 얻을 수 있다.

전원주택은 입지와 교통여건에 따라 투자가치가 천차만별이다. 전원주택 자체 외관만 마음에 들어 높은 가격으로 낙찰 받으면 차후 거주 시에나 매각 시에 낭패를 당할 수 있다. 입지는 남향에 배산임수라면 금상첨화겠지만 진입로가 최소한 도로에 접해 있고 일반 교통수단 접근성이 좋고 주변에 혐오시설이 없어야 한다. 그리고 환금성이 떨어지는 전원주택 특성이 있기에 입찰하기 전에 반드시 전원주택 인근의 중개업소에 들러야 한다. 물론 시세를 알아보기 위함이지만 중개업소에서 의외로 경매 해당 물건보다 입지가 더 좋은 전원주택을 초특급 급매가로 매입할 수 있는 대박도 간혹 만난다.

건물 멸실과 운명을 같이하는 저당권

　　낙찰 받은 3층짜리 다가구주택은 지층에서 1, 2층까지 각각 2가구 씩과 3층의 1가구로 총 7가구가 있는 임대용 주택이었다. 지은 지 4년이 되었으며 건물 상태도 양호하고 주변 주거환경도 쾌적한 서울 역세권에 지역이라 임대 수요도 좋았다.

　　최초 감정가에서 한차례 유찰되어 3억 5,000만 원까지 떨어졌는데 7가구의 전세보증금과 맞먹는 낙찰가였다. 더군다나 7가구 모두 근저당권 설정일보다 전입일자가 늦어 후순위였고 배당요구를 해서 낙찰자가 인수하지 않아도 되는 것이었다. 3억 7,000만 원에 낙찰되었다.

　　그러나 낙찰의 기쁨은 잠시, 권리분석의 착오가 있었다는 것을 알았지만 때는 이미 늦었다. 7가구 중 4가구가 선순위였기에 낙찰자가 보증금을 떠안아야 하는 상황이 발생되었다. 낙찰 받은 다가구주택은 원래 단독주택이었고 세입자도 있었다. 단독주택 상태에서 첫 근저당권 설정 당시는 토지와 건물에 공동으

변신 전(전면) 1 : 인천광역시 법원부근의 130평 규모의 대로변 긴모양의 부정형 토지(전면부) → 건평 약 40평 규모의 노후된 건물 상가로 운영 화재사고발생, 가로수와 건물을 주목.

변신 전(전면) 2 : 수년동안 화랑으로 운영 중 매입하여, 자금계획 수립 후 6개월 동안 식당으로 임대함 → 식당(깔세로 약 6개월 정도 단기계약) 운영 중 화재 발생 → 계약만료 후 철거 계획 수립.

로 담보가 설정되었다. 그런데 2년 후 건물을 철거하고 다가구로 신축하면서 토지와 건물의 근저당권 설정일자가 다르게 되었다. 기존의 세입자들은 새로 짓는 다가구의 준공검사를 받기 전의 가사용승인 상태에서 전입을 했다. 건물에 대한 근저당권

변신 전(후면) 3 : 건물 뒤편 카센터로 쓰고 있는 부지도 포함(카센터로 임대중인 부분) → 부지는 넓으나 대로변(2층건물로 막힘)에 접해 있지 않아 접근성이 떨어지고, 광고 효과도 없음.

설정은 준공 검사 후 보존등기 상태에서만 가능했고 건물의 근저당권 설정일이 임차인의 전입일자보다 서류상으로만 늦어졌다.

당연히 토지와 건물의 선순위 저당권 설정일자가 다르면 임차인의 대항력 판단 기준일자는 건물을 기준으로 하니 배당을 받지 못한 4가구의 전세보증금을 고스란히 책임져야 했다. 낙찰을 받아서 보증금만으로 투자금액을 거의 회수한다고 대박물건인줄 알았는데 4가구 전세보증금을 떠안아야 하는 쪽박물건이

변신 후(전면) 1 : 건물이 어디 갔죠? → 철거 → 재개발 지역 지정 임박하여 투자자 저가 매수(평당 700선) → 대로변 진입로 확보로 토지 활용도 극대화(토지활용가치 상승) → 현 시세 평당 1,000~1,500만 원 → 유동인구가 많지 않은 상권임(죽은 상권 건물 과감히 철거함).

변신 후(전면) 2 : 대로변 2층 건물과 가로수가 감쪽같이 사라졌죠! → 거기다 인도 보도 블록까지 철거! → 시멘트 타설 작업 완료(가로수 인도 철거에 관한 지자체 허가사항은 사업계획 전 필히 확인 요망) → (대형 간판으로 활용 홍보효과 가능)

변신 후(후면) 3 : 대로변에 통로가 생겨 진입하기도 편리해 졌고, 홍보효과도 극대화 됨 → 토지 고유의 가치 상승 + 토지 활용도 증대 + 임대 수익 상승 + 주변 인지도 상승

변신 후(후면) 4 : 철거 후 부지의 활용도가 굉장히 좋아졌습니다. 그런데 왜 카센터 부지로 개발을 했을까요? → 비용때문일까요? 아님 땅주인이 카센터를 운영하고 싶어서일까요? 이유는 여러가지가 있겠죠? → 상상력을 발휘해 봅시다(부동산으로 돈버는 사람은 창의력과 상상력이 풍부하다죠?).

었다. 전세보증금을 떠안게 되면 시세보다 훨씬 비싸게 매입하는 셈이니 입찰보증금을 포기하는 수밖에 없었다.

　이런 경우처럼 구 건물을 멸실하고 동일성이 없는 신 건물을 신축하는 과정에서 토지와 건물의 근저당권 설정일자가 다르게 된다. 건물이 멸실되면 저당권도 소멸하는 같은 운명인 것이다.

　단독주택을 헐고 다가구주택으로 신축하는 과정에서 흔히 일어나는 사례이다. 이럴 경우 세입자의 입주는 건물 준공 전 가사용 승인상태에서도 가능하다. 그런데 근저당권이나 가압류의 설정등기는 준공검사가 떨어진 상태에서만 가능하므로 임차인이 선순위로 뒤바뀐다.

이처럼 입찰 전 토지와 건물의 근저당권 설정일자가 다른 경우 임차인의 전입일자가 건물의 근저당권 설정일자보다 빠르면 전세보증금을 떠안아야 하는 사례가 왕왕 발생하므로 신중히 검토해야 한다.

낙찰 받고 억울하면
매각불허가로 구제받아라

낙찰을 받고 보증금까지 납입한 상황인데 부동산에 하자가 있어 잔금을 치를 수 없는 상황이 발생할 수 있다. 민사집행법에 '매각허가에 대한 이의신청사유' 조항이 있다. 낙찰 후 7일이 지나면 매각허가결정이 나는데 이때는 결정을 뒤집기 힘들다. 그런데 소유자와 낙찰자 양쪽 상황에서도 매각 불허가가 필요할 때가 있다. 경매는 낙찰이 되었지만 부동산에 문제가 발생되면 법원이 낙찰자를 구제할 수 있는 방법으로 매각의 불허가 조항을 사용하고 있어 낙찰보증금을 회수할 수 있는 길이 있다.

대법원 사이트에 정보가 잘못 기재되었거나 오류가 발생되었을 경우에도 매각불허가 신청을 할 수 있고 법원직원의 실수나 경매 절차상 하자가 발생되었어도 매각불허가 결정이 난다. 매각불허가에 해당되는 사유를 알아본다.

민사집행법 제 121조에 의해 대항력이 있는 임대차를 경매기일의 공고에서 누락시켜 손해를 입은 경우 매각허가 결정의 이의 사유가 된다. 매각물건명세서

작성의 하자는 매각의 효과에 영향을 미치므로 매각불허가 사유에 해당된다. 또 대법원 93마 1074 결정문에 의해 매각물건명세서를 작성함에 있어서 착오로 낙찰자가 인수하지 아니할 부담을 기재하였다면 이것도 매각물건명세서의 작성에 중대한 하자로 매각불허가 사유가 된다.

주요한 매각불허가 사유로는 다음과 같다.

첫째, 채무자나 소유자에게 경매개시결정이 송달되지 않은 경우

둘째, 입찰표의 기재 및 최고가매수신고인의 결정에 하자가 발생한 경우

셋째, 채무자, 재매각사건의 전 매수인, 집행관, 감정인, 집행법원을 구성하는 법관과 법원직원 등이 최고가매수신고인으로 결정된 경우

넷째, 무잉여의 경우

다섯째, 경매목적물이 농지인 경우 매각허가 결정기일까지 농지취득자격증명이 미제출되었을 경우

여섯째, 매각물건명세서나 현황조사보고서, 감정평가서 등과 관련된 입찰서류와 현황과 기재가 불일치하거나 착오가 생긴 경우

일곱째, 천재지변 등으로 부동산이 현저하게 훼손되었거나 부동산에 관한 중대한 권리관계가 변동된 사실이 경매 진행 중에 밝혀진 사항도 매각불허가 사유가 된다.

낙찰을 받고 매각불허가 신청을 하려면 매각기일 이후 7일 이내에 매각허가 결정이 되기 전에 낙찰자가 매각불허가 신청을 하면 법원이 매각불허가 결정을 내린다. 만약 매각허가가 난 다음이라면 매각허가일로부터 7일내에 즉시 항고를 하여 매각허가 취소 신청을 한다.

경매절차 상의 하자로 인해 손해배상청구를 한 판례가 있다.

법원직원의 송달 과실로 경매가 취소되어 낙찰자가 손해를 입었다면 국가가 배상해야 한다는 대법원 판결이 2008년에 나왔다.

채권자인 박 씨는 어느 날 자신이 근저당해 놓은 부동산이 자신도 모르는 사이 다른 근저당권자로 인해 부동산이 경매로 넘어갔다는 사실을 알았다. 박 씨는 본인도 배당을 받아야 하는데 아무 연락도 없이 경매를 진행한 것을 항의했고 법원은 권리신고 겸 배당요구신청서를 발송했다고 했다. 그런데 경매법원의 실수로 주소를 잘못 기재하여 송달서를 보내서 박 씨가 받을 수 없었음이 밝혀졌다. 게다가 경매법원에서 입찰기일 및 낙찰기일 통지서까지도 틀린 주소로 보내어 송달불능되었던 것이다. 때는 이미 늦어 부동산이 벌써 낙찰이 된 상태였다.

박 씨는 경매법원에 낙찰허가 결정에 대한 이의 신청서를 제출했고 경락허가 결정취소를 주장했으나 법원은 받아들이지 않았다. 왜냐하면 경락허가 결정으로 박 씨가 어떤 손해를 입었는지 구체적인 소명이 없었고 즉시 항고기간이 지났다는 법원의 판단이었다. 결국 대법원까지 가서야 박 씨는 경매불허가 확정 결정을 받았다.

그런데 여기서 문제가 해결이 되는 것이 아니었다. 낙찰자는 이미 취·등록세까지 납부하고 소유권이전등기를 했는데 매각불허가 확정결정이 되니 낙찰자는 국가를 상대로 손해배상청구소송을 냈다.

제1심 재판부는 낙찰자에게 낙찰대금과 보관이자, 등록세 납부액을 포함해 1억 1,500만 원을 주라고 판결했다. 그런데 제2심 재판부에서는 경매법원이 적법한 통지를 하지 못했더라도 낙찰기일까지 박 씨가 아무런 이의가 없었고 직권불허가 사유도 없으니 경매법원의 낙찰허가 결정이 절차를 위배했다고 할 수 없다는 판결을 내렸다. 그래서 박 씨에 대한 낙찰허가 결정도 위법이 아니고 낙찰자에 대해서도 손해배상을 할 필요가 없다는 판결을 내렸다.

그런데 대법원에서는 다시 공무원이 직무상 의무를 위반해 낙찰자가 손해를 입었을 경우 상당인과관계가 인정되는 범위 내에서는 국가가 배상책임을 져야 한다는 판결을 내렸다. 경매법원의 담당공무원이 이해관계인에게 경매기일 및 경락기일 통지를 제대로 하지 않는 등 적법한 경매절차진행에 관해 직무상 의무를 위반한 것이다. 낙찰자가 적법 유효한 경매로 믿고 경매대금과 등기비용 등을 지출해 손해를 입게 되었고 국가의 배상 외에는 구제받을 방법이 없다는 점을 고려했다. 그래서 국가는 범위 내에서 손해를 배상할 책임이 있다는 판결이 났다(대법원 사건번호 2006다23664).

경매현장에서 경험한
웃지 못 할 생생한 에피소드
- 이여정, 이진환 -

・
・
・
・
・
・

Chapter **04**

입찰 때 에피소드

인천 남구 문학동의 전용면적 103㎡(31평)인 다세대주택이 무려 12억 7,300만 원에 낙찰 된 일이 있었다. 이는 감정가(1억 8,000만 원)의 7배나 되는 액수로 낙찰자가 입찰최저가(1억 2,600만 원)보다 조금 높은 1억 2,730만 원을 쓴다는 것이 실수로 '0' 을 하나 더 붙인 것이었다. 써낸 가격을 내고 집을 인수한다는 것은 있을 수 없는 일이었다. 어쩔 수 없이 보증금으로 건 1,260만 원을 포기하는 선에서 사건을 해결했다. 그러니까 '0' 하나를 더 붙이는 실수로 인해 생돈 1,260만원을 떼이고 말았다. 서울의 행당동 다세대 주택 입찰에서는 최고가를 적어낸 사람이 볼펜으로 수정한 입찰표를 내 무효 처리가 됐다. 입찰표는 줄을 긋고 임의로 다시 쓰거나 수정액을 사용해서는 안 된다는 원칙이 있다. 잘못 기재 했을 경우에는 반드시 새 입찰표를 작성해야 한다.

강남구 압구정동 현대아파트 입찰에서도 최고가를 적어냈지만 무효처리 된 일이 있었다. 사건번호 뒤의 물건번호를 쓰지 않아 무효가 됐다.

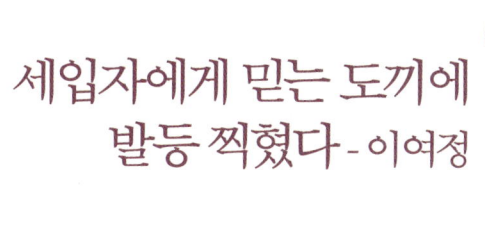

세입자에게 믿는 도끼에 발등 찍혔다 - 이여정

　　낙찰을 받은 후 세입자의 마음을 헤아려주다가 사기를 당한 경험이 있다. 경매일을 시작한 후 두 번째로 낙찰 받은 다세대주택이었다.

　　낙찰을 받고 현장으로 찾아가니 인상이 험한 뚱뚱한 아줌마가, 나를 '건들기만 해' 하는 태세로 서 있었다. 혼자 찾아간 나는 속으로는 떨었지만 겉으로는 당찬 모습을 보였다. 그러자 그 뚱뚱한 아줌마 세입자는 남편이 보증을 서서 빚에 쪼들려 경매로 집도 넘어갔고 갈 데가 없다고 하소연했다. 그 말을 들으면서 나는 속으로 '이사 갈 집도 마련해 주어야 하는 거 아냐?' 하는 생각을 떨쳐버릴 수 없었다.

　　당장 먹을 쌀도 없다면서 어차피 이사비를 지급할 것 아니냐며 나중에 차감하라고 10만 원을 맡긴 돈 받듯이 요구했다. 이제 막 경매를 시작해 명도 경험이 없는 나는 10만 원을 주고 이사비용을 200만 원으로 합의를 했다. 그 당시 이사비용 200만 원도 후한 금액이었지만 그 집이 재개발을 할 지역이었기에 투자가치가 높아 이사비용도 넉넉하게 주고 무엇보다 명도를 하기 전에 새로운 전세 계약까지 마쳤기에 서둘러 명도를 끝낼 심사였다.

명도를 하기 전에 전세 잔금날짜가 닥쳐오는데 세입자는 합의금을 받고도 나갈 생각을 하지 않아 이유를 물어보았다. 500만 원 보증금인 집을 구했는데 100만 원 가진 돈과 그녀가 준 이사비용 200만 원이 전부이니 200만 원을 내게 꾸어 달라는 것이다. 나는 합의를 한다고 몇 번을 만나면서 세입자와 친해졌다. 세입자 아줌마가 딱한 마음이 들었고 길바닥에 내몰 수 없다는 측은한 마음이 들어 200만 원을 꾸어 주었고 세입자는 이사를 나갔다.

그런데 나는 믿는 도끼에 발등을 찍혔다는 걸 세입자가 나간 후에 깨달았다. 그녀는 한 달 뒤 갚겠다는 200만 원을 갚지도 않을 뿐 아니라, 낙찰 받은 후에 세입자가 내야 할 공과금만 100만 원이 넘었다. 그 공과금까지 내가 부담했으니 세입자에게 나간 돈이 총 500만 원이 된 것이다. 이사비용 200만 원, 공과금 100만 원, 꾸어 준 돈 200만 원이다.

나는 경매 시작 후 두 번째의 물건으로 아주 큰 경험을 했고 기가 막혔지만 중요한 사실들을 깨달았다. 공과금은 낙찰 후 현재 날짜부터 명의를 변경하면 낙찰자가 부담하지 않고 전 세입자가 어디로 이사 가든 세입자를 따라다니며 세입자의 몫이라는 것이다. 그런데 아직 경매 초보였으니 그 사실을 모르고 세입자가 나간 후 공과금까지 모두 떠안은 것이다.

또한 명도하는 기술이 부족했던 때였기에 세입자에게 먼저 조건을 제시하고 약한 모습을 보여 세입자에게 휘둘리고 사기까지 당한 거였다. 세입자에게 휘둘렸던 내 첫 번째 경험이자 마지막 경험이 되었다.

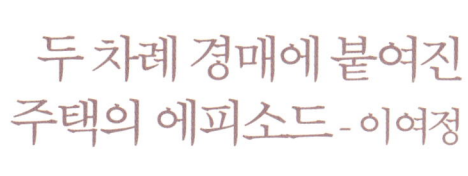

두 차례 경매에 붙여진
주택의 에피소드 - 이여정

　　소액으로 투자할 수 있는 물건으로 다세대주택이 2회 유찰되면서 최저매각가가 4,000만 원까지 떨어진 것을 발견했다. 세입자의 전세보증금이 3,000만 원 있었고 1순위 근저당 설정일보다 앞섰으나 배당신청을 해 놓은 것을 확인해서 4,300만 원에 낙찰 받았다. 그런데 매각대금에서 배당을 받을 줄 알았던 세입자의 전세보증금을 낙찰자가 인수해야 한다는 소식을 들었다. 이제 경매의 경험이 쌓였던 터라 그 동안의 경매지식으로는 이해가 되지 않았다.

　　원인은 동일 물건이 2차례나 경매에 붙여진 상태에서 동일 세입자가 살고 있었던 것으로 파악되었다. 제1경매절차에서 배당을 받지 못한 세입자가 계속 거주하면서 제2경매가 진행되었을 때 낙찰대금에서 세입자가 우선 변제받을 수가 없었던 것이다.

　　1차 경매 때 집 주인이 부도가 나면서 경매에 붙여졌는데 세입자의 전입일자는 근저당권 설정일보다 빠르지만 확정일자가 늦어 배당을 한 푼도 받지 못했다. 그래서 세입자는 계속 거주하고 있었고 새로운 주인을 만나서도 다시 경매로 넘어가는 일이 발생된 것이다. 당연히 나는 세입자의 전입일자가 2차 경매 근저당권 설정일보다 빨랐으니 세입자가 배당을 받을 줄 알았던 것이다.

대법원 판례에서 이런 경우 낙찰자가 세입자의 보증금을 지불해야 할 의무가 있다는 판시는 체크하지 못했던 것이다. 결국 세입자는 낙찰자에게 보증금을 반환받을 때까지 임대차관계를 주장하면서 거주할 수 있고 대법원 판례에 의해 낙찰자가 세입자의 전세보증금을 부담해야 하는 것이다. 나는 낙찰대금 외에 3,000만 원의 전세보증금까지 추가비용이 발생하면 시세보다 비싸게 주고 사는 꼴이 되어 입찰보증금을 포기하고 말았다.

고수의 반열에 올랐다는 자부심을 가졌다가 그 뒤로 다시 겸손한 자세로 꼼꼼하게 대법원 판례까지 확인하고 응찰하는 계기가 되었다.

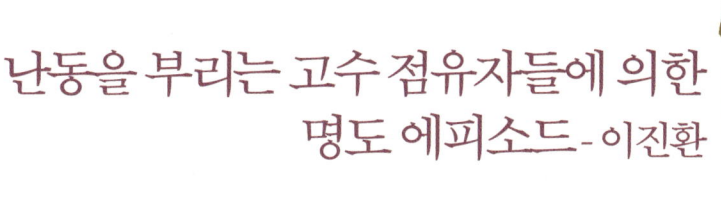

난동을 부리는 고수 점유자들에 의한
명도 에피소드 - 이진환

　　아파트를 낙찰 받으면 비교적 명도가 쉬운 편이라 아파트 명도를 일명 '경매계의 오픈 게임' 이라 부를 만큼 두 번 방문으로 명도가 끝나는 편이다. 그래서 나는 직원에게 쉬운 명도이니 경험하라는 뜻으로 아파트 명도 일을 맡겼다. 그런데 아파트 명도가 6개월이 넘도록 해결이 안 되어 이유를 물으니 직원은 점유자가 천하의 질 나쁜 건달이라고 치를 떨었다.

　　결국 나는 직원과 함께 직접 아파트를 찾았고 만약을 대비해 경비까지 대동하여 집의 벨을 눌렀다. 몇 차례 벨을 눌러 낙찰자라며 문을 열어 달라고 했고 한참을 나오지 않던 점유자는 드디어 문을 열었다. 그런데 문을 열고 나온 점유자의 모습에 우리 세 명은 아연실색하지 않을 수 없었다. 체구가 건장한 중년 남자가 실오라기 하나 걸치지 않은 나체로, 양 팔을 쳐들며 들어올 테면 들어오라며 현관문을 막고 있었다. 나는 나체인 점유자를 일단 안으로 들여보내려고 했다. 점유자는 몸에 힘을 주며 끄떡도 하지 않았다. 할 수 없이 세 명이 함께 일단 안으로 들어가려고 점유자의 몸에 손을 댔다.

그러자 갑자기 점유자는 바닥으로 뒹굴며 '아이고 나죽네' 소리치며 자해를 하기 시작했다. 우리는 점유자에게 어떠한 위해도 가하지 않았지만 점유자는 단체로 자신을 구타한다고 소리를 치며 더욱 심하게 자해를 했다. 잠시 진정되기를 기다렸다가 그날은 일단 집으로 돌아왔다.

그 일로 점유자는 나와 직원을 공동상해죄와 주거침입죄로 고소했다. 어이없지만 1대1이 아닌 세 명이 한 사람에게 상해를 입혔다는 죄목으로 경찰에서 조사까지 받았다. 이사비용으로 700만 원이나 요구하는 점유자와 합의를 하기 위해 둘이 만나 대화를 하던 도중 나는 중요한 사실을 알았다. 점유자는 낙찰자에게 진상을 부려 자신에게 유리하게 합의금을 받아낼 줄 아는 고단수 채무자였던 것이다. 점유자는 사업 실패로 부도가 나면서 채무자로서 유리한 합의를 이끌어낼 만큼 들은 풍월도 많고 인맥도 많은 일명 채무자로서의 전문꾼이었다.

반대로 우리 쪽의 직원은 대화와 협상도 미숙한데다 자기감정도 제대로 컨트롤을 하지 못하는 실수까지 범해 명도를 최악의 상황까지 만들었다. 이사비용을 주지도 않으면서 자신에게 무시하는 발언을 하는 바람에 감정이 상한 고단수 채무자는 일부러 직원을 갖고 놀았다며 털어놓았다. 나와 대화를 나눈 채무자는 합의를 했고 고소한 것도 취하했다. 이 과정을 곁에서 지켜본 직원은 명도에 있어서 낙찰자의 자세가 어떠해야 하는지를 알게 되었노라고 실토했다. 점유자의 입장을 배려해 가며 조심조심 대화를 시도하는 것이 무엇보다도 중요하다는 사실을 깨닫는 계기가 되었다고 했다.

나 또한 아파트 명도라서 간단한 일로 여기고 초짜 직원에게 맡겼다가 큰코 다친 경험이었다.

tip 협상이나 명도할 때 하지 말아야 할 행동과 말말말

1) 자존심을 자극하는 말을 삼가라. 감정이 서로 격하다 보면 흥분할 수 있는데 낙찰자는 냉정함을 잃지 않고 여유롭게 대처한다.
   · "이따위니까 망하지."
   · "망할 수밖에 없네."
   · "딱히 갈 데도 없잖아요."

2) 점유자의 몸을 절대 건드리지 말라. 고단수 점유자는 오히려 몸을 터치하기를 유도하고 몸을 건드리면 기다렸다는 듯이 자해를 하는 경우도 종종 있다.

3) 점유자와 밀폐된 공간이나 좁은 골목 등, 둘만 있는 장소로 가지 말라.
   점유자가 자해를 하거나 좋지 않은 상황일 때 증인이 없으면 낭패를 겪을 수 있다.

4) 명도를 할 때는 자신의 입장을 증명할 장비를 소지해야 한다. 자해를 하면서 낙찰자가 상해를 입혔다고 주장을 하는 경우 증인이 없으면 낭패를 겪을 수도 있기 때문이다. 녹취를 할 수 있는 녹음기나 동영상 촬영 카메라 정도는 꼭 준비를 한다. 사생활을 침해하는 동영상 촬영은 안 되겠지만 자칫 자해를 하며 난동을 부리는 점유자에 대한 대비책으로 필요하다. 최근에는 볼펜이나 목걸이 등으로 초소형 동영상 카메라도 나와 상대방 모르게 촬영할 수도 있다. 자해를 하며 오버를 하고 난동을 부리는 점유자에게 촬영 중이라고, 또는 CCTV가 있다는 말을 하면 움찔하며 태도를 바꾸는 경우도 많다. 또 협의 내용을 녹음했다고 끝난 후 밝히며 그대로만 약속 이행을 해 달라고 점잖게 말하면 차후에 말을 바꾸며 발뺌할 확률이 적다.

유령 점유자의 명도 에피소드 - 이진환

     1층은 물수건 공장과 소주방으로 2층은 라이브카페인 건물을 낙찰 받아 인도명령을 신청하고 세입자를 만나 협의했다. 물수건 공장이 이상 없이 가동되고 있는지와 공장 임차인의 상황을 파악한 후 협의하여 이사비용을 지급하고 큰 문제없이 명도가 되었다.

     그런데 소주방과 라이브카페의 명도가 쉽사리 이루어지지 않았다. 소주방은 사업자와 영업하는 사람이 달랐고 라이브카페는 사업자를 두 개로 만들어 놓고 다른 사람이 운영을 하고 있었다. 점유자를 누군지 알 수 없게 계속 바꿨고 사업자를 상대로 집행을 나가면 집행 불능이었다. 말 그대로 채무자는 입맛대로 사업자와 점유자를 계속 바꿔치기를 했다.

     나는 몇 차례 골탕을 먹고 결국 사업자와 점유자 양쪽을 상대로 동시에 집행을 신청했다. 왜냐하면 첫 번째 인도명령 신청을 현재 사업자를 상대로 신청했더니 인도명령 신청한 사업자와 점유한 사업자가 틀려 집행 불능이었다. 자꾸 반복되어 원인을 알아보니 점유자가 일부러 사업자를 계속 바꿔 나갔다.

그래서 결국 사업자와 현재 점유자를 동시에 집행을 실시하게 되었다. 그러자 라이브카페에서 가짜 임차인으로 보이는 건달이 나와 분위기를 험악하게 몰아갔다. 법으로 집행하는 것을 보고 상황이 불리해지자 가짜 임차인은 전화를 걸어 실제 임차인에게 집행 사실을 알렸다. 소식을 들은 실제 임차인이 허둥지둥 달려와 통곡을 하며 2층 계단에서 누워 버렸다.

임차인은 자신의 몸을 밟고 올라가든지 하라며 계단에 누워 버티고 있었다. 할 수 없이 집행하는 인부들이 임차인의 양팔과 양다리를 들어 올려 1층까지 내려놓았고 집행관은 공무집행방해를 말라고 타일렀다. 그러나 임차인은 더욱더 흥분하며 물건을 던지기도 하고 자해를 하기도 하고, 죽겠다고 협박도 하며 난동을 부렸다. 실질적으로 집행하는 것 자체를 방해하기보다는 혼자 한쪽에서 소리를 지르고 난동을 부렸다.

나는 처음부터 협의를 일체 무시하고 사업자와 임차인을 유령으로 만들어 계속 바꿔치기하면서 시간을 허비하며 낙찰자를 농락한 임차인의 사정을 더 이상 봐 주고 싶지 않아 강제집행을 강행했다. 막상 법의 집행이 진행되니까 임차인은 더 이상 막지는 못하고 소리만 지르다 결국 그렇게 강제집행을 당했다.

경매 고수의 비밀노트

이진환

part 01 →

part 02 ↗

part 03 ↑

경매를 작품으로
승화시키는
특수물건의 전문가

• • • • • • •

Chapter 01

빈손으로 시작해 경매로 100억 벌다

나는 남들이 어려워하는 특수물건을 낙찰 받아 하나하나 작품을 만든다는 꿈으로 경매에 임한다. 내가 경매를 시작한 지는 10년이 넘었다. 경매를 시작하기 전에는 사업을 했었고 부도를 맞아 빈털터리가 되었다.

1990년 당시에는 식품회사에서 근무하였다. 나의 영업 실적은 타의 추종을 불허했다. 뛰어난 영업 실적으로 영업능력을 간파한 회사에서는 이대 앞에다 영업소를 차려 주었다. 임대료도 회사에서 해결을 해주었을 뿐만이 아니라 내게는 집까지 마련해 주었다.

그 당시 나는 월 1,300만 원씩 벌 수 있었다. 수입이 좋았고 신용 또한 좋았다. 신용이 좋으니 배짱 있게 대출을 받아 거리낌 없이 사업에 투자했다. 나는 제조업을 잘 아는 형님에게 5,000만 원을 투자금 조로 빌려 주었다. 형님이 영업 능력이 없고 공장가동이 제대로 안 되는 상태에서 나는 운영자금을 추가로 빌려 주었다. 그렇게 젊은 나이 29세에 나는 사업을 하면서 당좌수표와 가계수표, 약속어음을 발행하여 결제를 계속해 주었다. 지나친 투자와 경기불황으로 인해 투자했던 제조업 사업이 부도가 나면서 망했다.

　잘 나갈 때 돈을 빌려 준 채무자에게 돈도 받을 겸 머리도 식힐 겸 지인이 살고 있는 인천으로 향했다. 사업으로 이름을 날렸던 서울을 당분간 떠나 보자는 속셈도 있었다. 그렇게 들어가게 된 인천에서, 대학 때 따 두었던 트레일러 면허가 생각났다. 물론 장롱면허라서 직접 운전하는 것은 무리라고 생각해 운전기사를 두고 운수업을 시작했다. 운전기사 월급을 제하고도 그 당시 한 달 500만 원의 수입을 얻었다. 그러나 기사가 말썽을 피웠으므로 나는 직접 운전을 하기 시작했다. 기사 월급 300만 원이 나가지 않으니 운영할 만했다. 그러나 나는 운전을 하면서 단순 노동으로 나머지 50년 인생을 보낼 수 없다는 고민이 생겼다. 운수업을 접었다.

　세상에서 제일 어려운 일을 찾아 도전해보고 싶다는 생각이 들었다. 공부를 시작했다. 1998년에 건국대 부동산 컨설팅 과정을 시작으로 대학원 공부까지 했다. 공부를 마쳤을 때 대학원 동기가 내게 딱 맞는 일이라며 변호사 친구가 있는데 소개를 해 주겠다며 그 사무실에서 함께 근무하자고 제의를 했다. 당시 변호사 사무실에서는 경매를 별로 취급하지 않았을 때였다. 1999년 2월, 전문가도 없고 아무도 취급하지 않는 강제집행을 시작으로 사막과 같은 경매시장에 도전장을 내밀었다. 당시 경매는, 변호사는 소송만 알고 법무사는 절차 정도만 알아도 통했다. 대학 전문 과정을 밟아도 수박 겉핥기 식 수업이었다. 경매 시장이 당시 폐쇄적이며 사각지대였고 법률적인 지식과 현장 경험이 풍부한 전문가가 없었다. 나는 도전할 일을 찾았고 경매의 최고 전문가가 되기로 마음먹었다.

　나는 집도 변호사 사무실 옆으로 옮기고 밥만 먹고 사무실로 가서 두꺼운 판례 책을 파고들었다. 그 당시에는 법원 인터넷이 없었을 뿐만 아니라 법전 책들의 두께가 장난이 아니었다. 대법원에서 판례 공부를 꾸준히 보다가 법률만 다룬 CD가 나오고서야 좀 더 수월하게 공부할 수 있게 되었다. 디지털 카메라가 나온 후 법원 자료를 찍어 공부를 하였다.

나는 그렇게 시간을 쪼개가며 철저하게 경매 이론 공부를 하면서 실전에 임했다. 쉬운 물건은 돈이 되지 않는다는 것도 알게 되었다. 권리분석이 어려운 물건을 일부러 파고들었다. 나는 복잡한 특수물건의 권리분석에도 자신이 붙기 시작했고 권리분석이 잘못 되었다면 책임을 질 수 있을 만큼 자신만만했다. 초창기 시절 예상이 빗나갔을 때는 실제로 손해액을 약속대로 물어준 적도 있었다. 그런 경험은 크나큰 자산이 되어, 6,000만 원 투자액이 6억 원을 만들어 준 일도 있어 재기의 발판이 되었다.

경매에 관하여 나에게는 철학이 있다. 경매는 수익만 창출하는 것이 아니라, 한 사건 한 사건을 작품으로 생각하자, 낙찰 받을 때는 낙찰가를 적게 쓰자, 이것이 내가 지키려고 하는 경매관이다. 나는 내 자금으로 직접 낙찰도 많이 받았지만 고객을 위한 대리 투자도 많이 했다. 고객의 돈을 내 돈처럼 여기고 리스크 없이 일을 해냈기 때문에 많은 고객으로부터 큰 신용을 얻었다. 그렇게 해서 오늘날 아무나 도전 못하는 특수물건 처리의 전문가가 되었다고 감히 자부한다.

최초 경매를 시작하여 4년 동안은 경매로 큰돈을 벌기보다는 다양한 경험을 쌓고 공부한다는 생각이었다. 4년이 넘어가자 제대로 눈을 떴고 1년 동안 번 돈이 4년 동안의 번 돈보다 훨씬 큰돈을 벌었다. 돈을 많이 벌었다는 소문이 나니 주위 사람들이 1억, 2억 씩 빌려가기 시작했고 그렇게 빌려준 돈이 20억을 넘어섰다. 그러던 중 돈을 빌려 준 것이 잘못되어 실체는 대부업이 아니지만 무늬만 대부업인 대부업을 하게 되었다. 그러나 나는 돈을 빌려 주고도 양심상 돈을 야박하게 받아내지 못했다. 다급하게 돈이 필요하다며 하소연하는 사람들을 외면하지 못하고 저당도, 각서도 없이 돈을 잘 빌려 주었는데 못 받은 돈은 많지만 지금은 그렇게 남을 도와준 복을 받는다고 믿고 있다.

받지 못한 돈이 사방에 깔렸는데 못 받는 건 고사하고 한번은 돈을 잘못 빌려 주어 오히려 내가 된통 당한 사건도 있었다. 채무자들이 변제 기간이 도래하자 채무를 갚지 않기 위해 변호사와 당시 사무장인 나를 고리대금 사채를 한다고 모함을 하면서 나를 사기로 몬 것이었다. 나는 돈을 빌려 준 사람들에게 배신을 당하면서, 돈을 빌려 주는 일은 때로는 법보다는 주먹이 가깝다는 것도 깨달았다. 돈을 빌려 간 사람이 돈을 갚지 않기 위해 나를 고발하여 국세청 특별조사를 받아 세금추징을 많이 받은 적도 있었다. 그러나 채무자의 고발로 세금 추징을 받고 나니 오히려 홀가분했다. 전속 세무사가 경매일이 5년이 지나면 자진 세무조사를 받자고 했는데 그때는 굳이 그럴 필요가 있을까 했었다. 세금 추징을 받고 나서야 세금을 내서 면죄부를 받는 것이 속 시원 하다는 것을 깨달았다.

나는 경매업계에 10년을 넘게 몸담으면서 돈을 벌어도 보고 잃어도 보았다. 지금은 경매 특수물건의 해결사로 나를 신뢰하는 많은 사람들에게 큰돈을 벌어주고 있다. 사업에 실패해서 빈털털이가 되어 꿔 준 돈이나 받자고 인천으로 들어와 눌러앉고 결혼해서 자리까지 잡았다. 빈손으로 시작해 경매 고수가 되어 재산을 100억 정도 모았지만 그보다 더 큰 재산은 경매를 통해 번 천만 불짜리 특수경매물건 해결 능력과 지식이다.

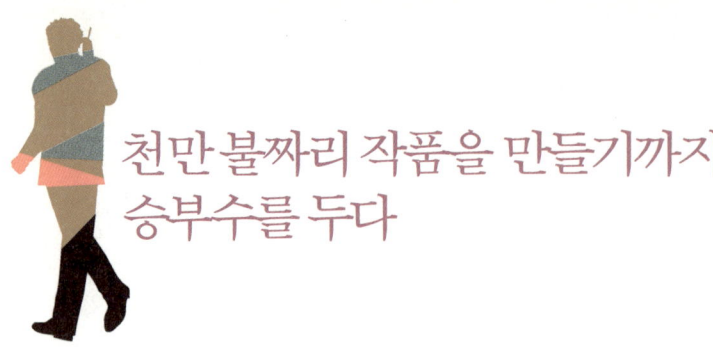

천만 불짜리 작품을 만들기까지
승부수를 두다

2,000만 원으로 12가구가 사는 다가구를 낙찰 받다

　　내가 10년 간 낙찰 받은 건수는 300건이 넘고 낙찰 받은 감정가는 1,000억이 넘는다. 나는 거의 시세의 50% 이하로 낙찰 받았으며 낙찰 후 지가 상승은 3~5배가 넘는다. 99년부터 경매를 시작해 2002년까지 4년 동안은 한 건 한 건 낙찰 받는 일을 작품으로 여겨 다양한 경험을 쌓는 것에 욕심을 내었고 거의 수수료를 챙기지 않았다. 당시에는 변호사 사무실 사무원으로 월급 받는 직원이었기에 직원으로서 업무에만 충실하였다. 의뢰인이 돈이 부족하면 수수료를 받기는커녕 개인적으로 돈을 꿔 주면서까지 좋은 물건을 낙찰 받고 작품을 만든다는 일념으로 임했다.

　　한 예로 투자금액이 터무니없이 모자라는데도 내가 의뢰인에게 12가구가 있는 다가구를 낙찰해 주어 고수익을 본 사례가 있다. 의뢰인의 남편은 집을 나간 지 오래되었고 행색이 초라한 의뢰인 아줌마는 전 재산이라며 2,000만 원을 들고 투자를 의뢰했다. 보통은 2,000만 원에 투자할 수 있는 물건을 낙찰 받으나 나는 일단 싸고 투자가치 있는 물건에 욕심을 내었다. 투자금 2,000만 원이면 보통 단독주택 한 채를 입찰하겠지만 나는 12가구가 있는 다가구를 욕심냈다. 12가구가 있는 다가구주택은 대항력이 있는 임차인으로 인해 두 번이나 낙찰자가 잔금을 포기한 집이었다. 그러나 가장 임차인임을 밝혀 감정가 1억 6,000만 원짜리 다가구주택을 6,000만 원에 낙찰 받았다.

의뢰인은 2,000만 원의 투자금과 대출을 받아도 1,500만 원이 부족했다. 나는 기꺼이 도전할 만한 또 하나의 작품이기에 수수료는커녕 의뢰인에게 1,500만 원을 빌려 주었다. 그 의뢰인은 6,000만 원으로 낙찰 받은 다가구주택이 4년 후 5억 원이 되었고 날 다시 찾아와 그 돈으로 상가에 재투자해 주기를 의뢰했다. 그렇게 나는 다양한 경매 낙찰 작품을 만들기 위해 낙찰금액이 부족하면 돈을 빌려 주면서까지 일을 즐기고 좋은 물건을 놓치지 않으려 승부를 걸었다.

12가구로 가구 수가 많으니 처음에는 세입자들이 담합을 하면서 나를 골탕

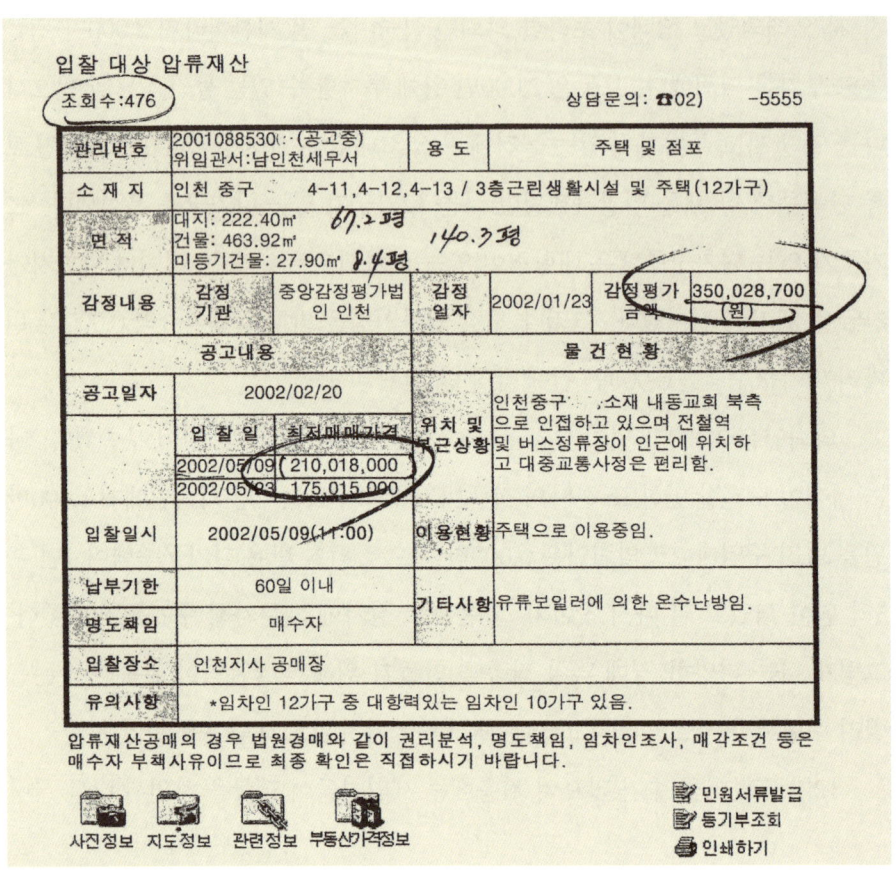

입찰 대상 압류재산

조회수:476

상담문의: ☎02) -5555

관리번호	2001088530(ː(공고중) 위임관서:남인천세무서		용도		주택 및 점포	
소재지	인천 중구 4-11,4-12,4-13 / 3층근린생활시설 및 주택(12가구)					
면적	대지: 222.40㎡ *67.2평* 건물: 463.92㎡ *140.3평* 미등기건물: 27.90㎡ *8.4평*					
감정내용	감정 기관	중앙감정평가법 인 인천	감정 일자	2002/01/23	감정평가 금액	350,028,700 (원)
공고내용			물건현황			
공고일자	2002/02/20		위치 및 부근상황	인천중구 ,소재 내동교회 북측 으로 인접하고 있으며 전철역 및 버스정류장이 인근에 위치하 고 대중교통사정은 편리함.		
	입찰일	최저매매가격				
	2002/05/09	210,018,000				
	2002/05/23	175,015,000				
입찰일시	2002/05/09(11:00)		이용현황	주택으로 이용중임.		
납부기한	60일 이내		기타사항	유류보일러에 의한 온수난방임.		
명도책임	매수자					
입찰장소	인천지사 공매장					
유의사항	*임차인 12가구 중 대항력있는 임차인 10가구 있음.					

압류재산공매의 경우 법원경매와 같이 권리분석, 명도책임, 임차인조사, 매각조건 등은
매수자 부책사유이므로 최종 확인은 직접하시기 바랍니다.

사진정보 지도정보 관련정보 부동산가격정보

📑 민원서류발급
📑 등기부조회
🖨 인쇄하기

을 먹였다. 가구가 많은 만큼 전략이 필요했다. 인도명령을 먼저 신청하고 나서
우선 채무자이면서 소유자를 뺀 나머지 세입자 중에서 낙찰자의 편이 될 세입자
를 선별했다. 될 수 있으면 세입자들의 담합을 깨야 하고 일대일 합의로 이끌어
내야 했다. 세입자의 상황을 파악하여 명도할 순서를 정했다.

세입자의 현황은 소유자인 경우, 배당을 전액 받는 경우, 일부 배당을 받는
경우, 배당을 하나도 받지 못하는 경우가 있는데 구분을 해서 가장 명도가 쉬운

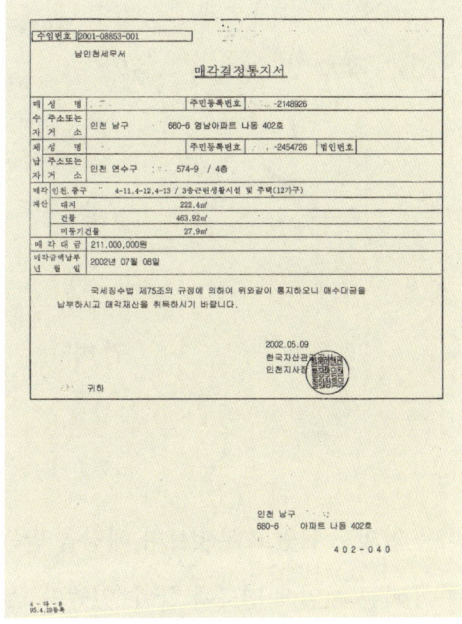

(열람용)등기부 (말소사항 포함) - 건물

인천광역시 중구 〔 4-11외 2필지 〕   고유번호 1241-1996-03‥

【 표　제　부 】 (건물의 표시)

표시번호	접　수	소재지번 및 건물번호	건　물　내　역	등기원인 및 기타사항
1 (전.1)	1997년11월11일	인천광역시 중구　　　4-11, 4-12, 4-13	철근콘크리트조 스라브지붕 3층 근린생활시설 및 주택(12가구) 1층 114.97㎡ 주택(2가구) 89.77㎡ 소매점 25.20㎡ 2층 131.39㎡ 주택(4가구) 3층 131.39㎡ 주택(4가구) 지층 86.17㎡ 주택(2가구)	부동산등기법 제177조의 6 제1항의 규정에 의하여 2002년 01월 12일 전산이기

【 갑　　구 】 (소유권에 관한 사항)

순위번호	등기목적	접　수	등 기 원 인	권리자 및 기타사항
1 (전.2)	소유권이전	1999년10월20일 제32685호	1999년9월18일 매매	소유자　　　　　.11-2454726 인천 연수구 연수동 574-9 4층
2 (전 3)	가압류	2000년7월12일 제21424호	2000년7월10일 인천지방법원의 가압류 결정(2000카단18872)	청구금액 금8,000,000원 채권자 인천 연수구 연수동　　-2(201호)
3 (전 4)	가압류	2000년12월6일 제37206호	2000년12월4일 인천지방법원의 가압류 결정(2000카단33793)	청구금액 금5,346,598원 채권자　　농업협동조합 인천 중구 유동 6-3
4 (전 5)	가압류	2000년12월23일 제39165호	2000년12월21일 인천지방법원의 가압류 결정(2000카단35379)	청구금액 금6,990,000원 채권자 인천 중구　　4-11(101호).
5 (전 7)	가압류	2001년5월17일 제15476호	2001년5월15일 인천지방법원의 가압류 결정(2001카단11993)	청구금액 금27,000,000원 채권자 신용보증기금 서울 마포구 공덕동 254-5 주안지점
6	압류	2001년11월16일	2001년11월13일	권리자　남인천세무서

사람부터 공략을 했다. 때로는 전액 배당을 받은 사람이 협조자가 될 수도 있고 전액 배당을 받지 못하는 사람이 협조자가 될 수도 있다.

1개월 만에 끝낸 12가구 명도

나는 우선 12가구 중에서 첫 번째 전액 배당을 받는 세입자를 만났다. 전액 배당을 받으니 이사

명 도 합 의 서

1. 점유자 (서명) 은 2002년 7월 6 일까지 이사하기로 한다.

2. 만약 약속 불이행시 점유자는 소유주에게 낙찰일인 2002년
   5월 9일부터 매월 금**1,000,000원**씩 지급 한다.

3. 점유자는 이사비용 명목으로 일체 요구하지 않는다.

4. 점유자가 이사전까지 사용한 공과금은 이사하는날까지 점유자가
   지불하는 것으로 하며 만약 공과금을 지불하지 않고 이사 하였
   을때는 위 제2항을 적용한다.

5. 이사후 점유자 거주하던 장소가 고의 파손된 것으로 판명이 났을
   경우 형사처벌을 감수한다. 또한 민사상 모든 비용을 책임지고
   지불한다.

2002년 7월 6일

점 유 자 :

주민등록번호 :

점유지주 소 :

귀하

비용 합의도 쉬웠고 무엇보다 배당을 받는 절차를 잘 모르는 세입자에게 도움을
주어 빠른 시일에 명도를 할 수 있었다. 보통 세입자 혼자서 배당절차를 잘 모르

이 사 확 인 서

본인 (   )은 인천 중구 ○○ 4의 11, 12, 13호 다가구주택 점유자로서 2002년   월   일 이사가 완료되어 거주하고 있던 방 열쇠를 소유주에게 넘겨주고 거주하던 곳에 남아 있던 물건들은 필요가 없어 그냥 놓고 가는 것이니 소유주 임의대로 처분하여도 일체 민·형사상 이의를 제기치 않겠음을 각서 합니다.

2002년   월   일

점 유 자 :

주민번호 :

주   소 :

귀하

니 시간이 지체되기도 하고 어려움이 따르는데 서류작성부터 배당 절차를 도와주니 오히려 세입자는 고마워하며 흔쾌히 집을 비웠다.

　　두 번째 명도할 집은 세입자 대표이면서 소유자를 가장 싫어하며 사이가 안 좋은 세입자를 공략했다. 이 세입자는 보증금 4,000만 원 중에서 최우선변제로

배 분 요 구 서 (임차인용)

처분청	남인천세무서		체납자	
관리번호	- -		배분기일	02. 7. 2

임 대 차 현 황

임대인	임차인	전입일자	확정일자	임차보증금
		97. 10. 31	99. 11. 22	23,000,000
매각재산	인천 중구 : 4-11, 4-12, 4-13 3동 근린주택			

배 분 금 수 령 계 좌 번 호 신 고

은 행	예 금 주	계 좌 번 호	비 고
			통장사본첨부

귀사의 배분기일 지정통보에 따라 위와같이 배분요구 하오니
배분금을 지급하여 주시기 바랍니다.

2002. 6

임차인 주소 : 인천
　　　　성명 :
　　　　전화번호 : 9734

한국자산관리공사 귀중

붙 임 : 1. 임대차계약서 사본 1부
　　　　2. 주민등록등본 　　 1부

—17—

1,600만 원만 받을 수 있는 사람이었다. 소유자와 세입자에 대해 많은 정보를 제공할 수 있고 다른 세입자에게 영향력을 행사할 수 있는 사람이기에 채찍보다는 당근을 써서 이사비용을 다른 사람보다 많이 책정했다. 다른 세입자와 합의하는 데 많은 도움을 받을 수 있다.

　세 번째 명도 할 대상은 공단에서 일하는 총각으로 1주일에 한번이나 귀가

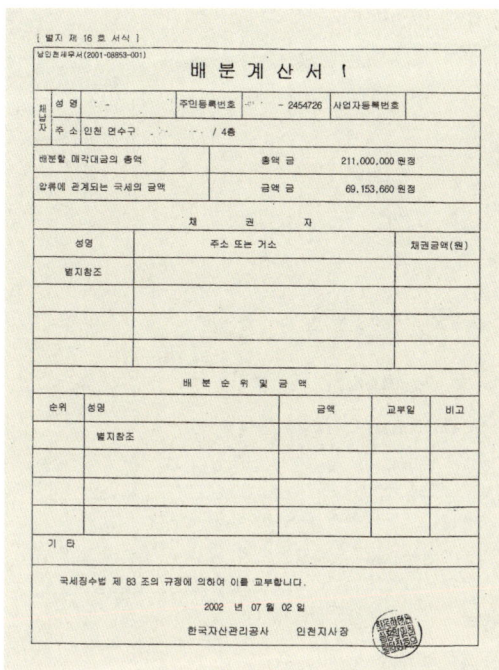

[별지 제 16 호 서식]

남인천세무서 (2001-08953-001)

배 분 계 산 서 1

체납자 성명 · · 주민등록번호 · · - 2454726 사업자등록번호

체납자 주소 인천 연수구 · · · / 4층

| 배분할 매각대금의 총액 | 총액 금 | 211,000,000 원정 |
| 압류에 관계되는 국세의 금액 | 금액 금 | 69,153,660 원정 |

채 권 자

성명	주소 또는 거소	채권금액(원)
별지참조		

배 분 순 위 및 금 액

순위	성명	금액	교부일	비고
	별지참조			

기 타

국세징수법 제 83 조의 규정에 의하여 이를 교부합니다.

2002 년 07 월 02 일

한국자산관리공사 인천지사장

배 분 순 위 및 금 액 2

순위	성명	금액	교부일	비고
1	체납처분비	4,845,960		
2	임차인(김··)	23,000,000		
3	임차인(이··)	16,000,000		
4	임차인(·········)	14,000,000		
5	임차인(··)	14,000,000		
6	임차인(··)	14,000,000		
7	임차인(·····)	19,000,000		
8	임차인(이·규)	17,000,000		
9	임차인(·정란)	18,000,000		
10	임차인(·회)	14,000,000		
11	임차인(·미··)	8,710,730		
12	임차인(남·정)	7,256,940		
13	임차인(··석)	8,710,730		
14	압류권자(인천광역시 중···)	7,114,550		
15	남인천세무서	17,980,630		
16	근저당권자(옹진농협(송현지소))	7,378,460		

할까 말까 하는, 만나기 힘든 세입자였다. 나타나지 않으니 송달도 안 되고 연락처도 몰라 난감했다. 그래서 당근으로 쓴 세입자 대표의 도움을 받아 공단 총각의 연락처를 알아내 직장으로 찾아가 합의를 하고 명도를 무사히 마쳤다.

그 중 전액을 배당 못 받는 세입자가 있었다. 그는 소유자의 말만 믿고 입주한 사람이었다. 보증금 2,000만 원에 입주를 하였고 그 후로 소유자에게 세 차례에 걸쳐 1,000만 원까지 빌려 주기까지 했다. 그렇게 보증금 2,000만 원과 빌려 준 돈 1,000만 원을 합해 총 3,000만 원을 못 받게 된 세입자는 같은 건물에 살고 있는 소유자와 하루가 멀다 하고 싸웠다.

나는 전액을 받지 못하고 소유자와 원수지간이 된 세입자에게 이사비용 300

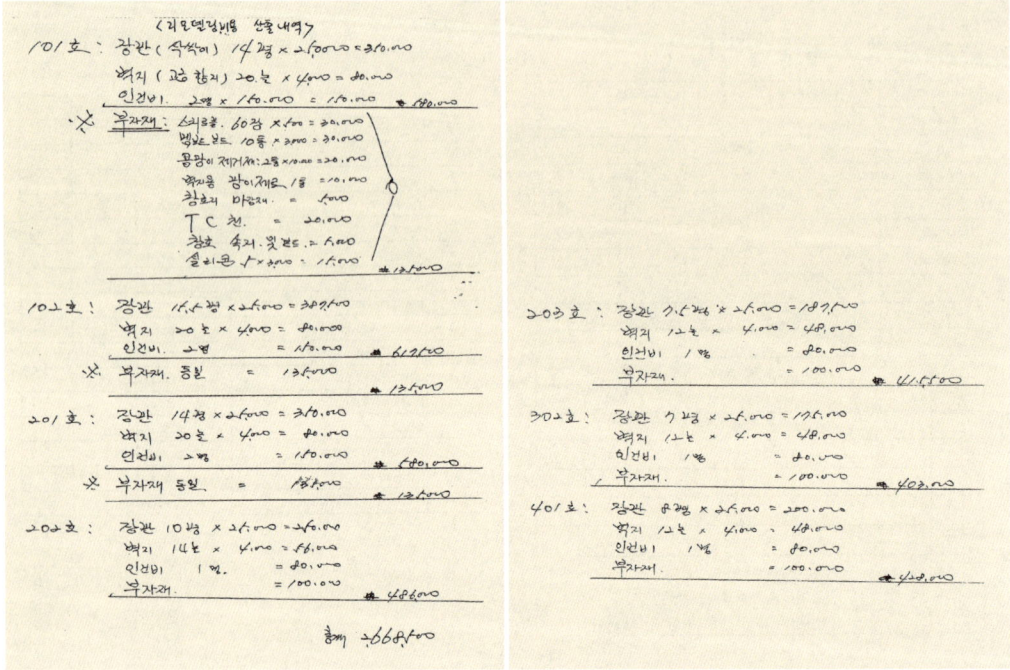

만 원과 집을 얻을 수 있는 기간을 줄 테니 차용증을 보여 달라고 했다. 이 세입자는 달력에 빨간 글씨로 소유자의 이름을 써 가며 죽이겠다고 흥분을 하기도 하고 농약을 먹겠다며 자살시도까지 할 정도로 절망했다. 이 세입자는 원수 같은 소유자를 먼저 쫓아내면 자신도 조용히 이사하겠다고 했다. 나는 소유자를 먼저 집행해서 내보내고 전액 못 받는 세입자에게는 월세 방을 얻으라고 300만 원의 이사비용을 지급했다.

세입자 중에는 4,000만 원의 대항력이 있는 세입자가 있었는데 옥탑방에 거주하는 세입자였다. 그런데 대항력이 있는 계약서를 보여준 옥탑방 세입자가 소유자와 가족 관계였기에 조사를 해보니 소유자가 만든 가장 임차인이었다. 가장

부동산 임대차 계약서

임대인과 임차인은 서로간 합의하에 다음과 같이 부동산 임대차계약을 체결한다.

1. 부동산의 표시

소 재 지	인천광역시 중구 4-11.12.13.			
토 지	지목 이 세금병철진	면적 :	m² (	평)
건 물	용도 주거용 구조 : 철근콘크리트	면적 :	m² (	평)
임대할부분	103호			

第2. 계약내용(약정사항)

第1條 임차인은 상기 표시 부동산의 임대차보증금 및 차임(월세)을 다음과 같이 지불하기로 한다.

보증금	金 일천구백만	원整 (₩ 19.000.000)
계약금	金 사백오십만	원整은 계약시에 지불한다.
중도금	金 #	원整은 199 년 월 일에 지불한다.
잔 금	金 일천사백오십만	원整은 199 9 년 10월 26 일에 중개업자 입회하에 지불한다.
차 임 (월세금)	金 #	원整은 매월 ✓ 일까지 지불하기로 한다.

第2條 임대차 기간은 199 9 년 10 월 26 일부터 2000 년 10 월 25 일까지로 한다.
第3條 임대인은 상기 표시 부동산을 임대차 목적대로 사용·수익할 수 있는 상태로 하여 199 년 10 월 26 일까지 임차인에게 인도한다.
第4條 임차인은 임대인의 동의없이 상기 표시 부동산의 용도나 구조 변경, 전대, 양도, 담보제공 등 임대차 목적외에 사용할 수 없다.
第5條 임차인이 임대인에게 중도금(중도금 약정이 없는 경우에는 잔금)을 지불하기 전까지는 본 계약을 해제할 수 있는 바, 임대인이 해약할 경우에는 계약금의 2배액을 상환하며 임차인이 해약할 경우에는 계약금을 포기하는 것으로 한다.
第6條 중개수수료는 당해 임대차계약의 체결과 동시에 임대인과 임차인 쌍방이 각각 지불하여야 한다.

※ 특약사항

:) 기존의 시설시 임차인이 원상복구의 책임을 진다.
:) 각 관리비는 (수도세·청소비·계단청소·공동전기) 조로 매월 실방원씩 지불한다.

본 계약에 대하여 계약당사자가 異議없음을 확인하고 각자 서명·날인한다.　　　　199 9 년 10월 20 일

3. 계약당사자 및 중개업자의 인적사항

임 대 인	주 소	인천시 연수구 〇〇〇-6				印
	주민등록번호	〇〇〇111-〇〇〇	전화 433-4800	성명 〇〇〇		
임 차 인	주 소	인천시 중구 중앙동 가				印
	주민등록번호	〇〇〇-〇〇	전화 011-	성명 〇〇		
중 개 업 자	사무소소재지	원룸 임대 매매 전문				
	상 호	성신公認仲介		대표		印
	허가번호	나3350-1244 인천시 남동구 간석동 901 대표 최진구 TEL 433-4800				

온누리 익스프레스
관허 96-13호
● 포장이사　● 고가사다리차 보유
● 일반이사　● 이삿짐 보관업

전화(032) 818-6000　464-4444

※ 本 用紙는 먹지없이 쓰는 NCR紙입니다.

임차인임을 소송하겠다고 하니 옥탑방 거주자는 500만 원으로 합의를 하고 이사를 갔다.

12가구의 나머지 세입자들은 재계약을 하고 이렇게 12가구의 명도를 1개월 안에 끝을 냈다.

세입자에게 집을 마련해 주다

한번은 낙찰자에게 대응하지 않고 사정이 딱한 세입자에게 경매로 집을 마련해 준 일이 있었다. 낙찰 받은 물건의 세입자는 다가구주택에 전세 4,500만 원에 살았는데 후순위라서 배당을 못 받았다. 전 재산을 날렸으니 임차인의 심정은 '배 째라' 하는 심정일 수밖에. 그러나 임차인은 낙찰자에게 대응하지 않고 순순히 협조하였다. 도움을 주고 싶을 정도로 선한 사람들이었다. 안타까운 마음에 나는 길거리에 나앉게 된 세입자에게 내가 낙찰 받은 다가구 주택의 반 지하에 월세로 거주하면 어떻겠느냐고 제안을 했다. 그리고 나는 세입자에게 집을 마련할 수 있는 도움을 주겠다고 했다. 제안을 하면서도 받아들일지 반신반의했으나 세입자는 선뜻 제안을 받아들여 보증금 300만 원에 월세 10만 원으로 배당 받지 못한 다가구의 반지하에 살게 되었다.

그리고 나는 세입자에게 500만 원으로 집을 낙찰 받게 해주었다. 당장 500만 원이 없는 세입자는 동생에게 빌려 응찰했다. 낙찰된 집은 감정가 1억 9,000만 원의 2층집이었고 1,700만 원에 낙찰을 받았다. 세입자는 경매로 집을 마련하는 방법조차도 몰랐다. 나는 잔금 때 세입자에게 돈을 빌려 주고 세입자는 대출을 받아 갚았다. 세입자는 살던 집이 경매로 넘어가 전세금을 배당받지 못해 길거리로 내몰리게 되었을 때는 하늘이 무너지는 것 같고 낙찰자인 내가 원망스러웠다고 했다.

그런데 나의 도움으로 권리가 복잡해 유찰 횟수가 많은 집을 싸게 낙찰 받아 내 집을 마련하였다며 두고두고 고마워했다. 그는 그 집을 세 배의 수익을 남기고 되팔았다. 그 후 새 집도 나에게 경매를 의뢰하여 낙찰을 받았고 그 후 끈끈한 정으로 관계를 계속 맺어가고 있다.

나를 시기하고 모함하며 배신한 사람들도 간혹 있었다. 10년 넘게 경매업계에서 잔뼈가 굵게 일하며 큰돈도 벌고 잃기도 했지만 초심을 잃지 않는 것이 있다. 법 테두리 안에서 정석대로 경매를 진행하고 낙찰 받는 한 사건마다 작품으로 생각하며 한 우물만 파는 경매업계의 최고 고수가 되겠다는 꿈이다.

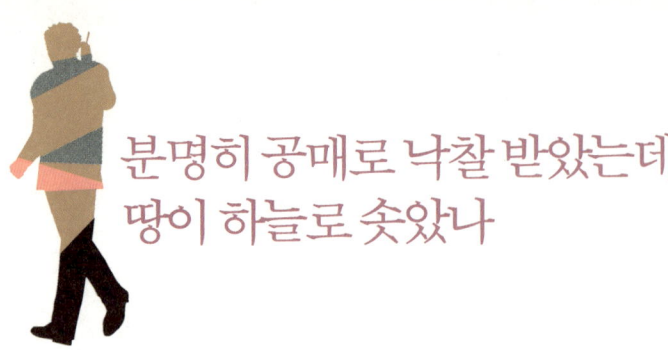

분명히 공매로 낙찰 받았는데
땅이 하늘로 솟았나

　　나는 공매로 동작구 대방동에 있는 삼거리 코너의 땅을 낙찰 받았다. 잔금을 치르고 등기부등본도 나오고 소유권이전등기도 되었다. 그러나 어찌된 영문인지 서류상에는 존재하는 땅이 현장에 나가면 실물의 땅이 없었다. 공매로 낙찰을 받은 땅은 원래 100평짜리 덩어리 땅으로 소유주가 안 씨와 조 씨 두 사람이었다. 안 씨의 소유가 70평이었고 조 씨의 소유가 30평인데 조 씨의 소유인 30평이 공매로 나왔고 나는 그 땅을 낙찰 받은 것이었다.

　　공매로 나온 30평은 분명히 감정까지 되어 있었고, 나는 정당한 절차를 거쳐 잔금 납부를 했다. 그런데 이 땅이 70평의 소유자인 자신의 땅이라고 안 씨가 주장하고 나섰다. 서류상으로는 나의 땅인데 현장에서는 100평이 모두 안 씨 자기 소유라는 것이다. 서류상으로만 존재하는 30평의 땅이 하늘로 솟을 리도 없고, 나는 안 씨의 주장이 이해가 되지 않았다. 자산관리공사에 가서 없는 땅을 어떻게 공매에 붙였느냐고 물었다.

자산관리공사는 30평의 소유자인 조 씨의 땅을 동작구청에서 압류하여 공매가 진행된 것뿐이니 동작구청에 물으라는 말을 했다. 사연을 알아보니 최초 100평의 땅은 원래 800평에서 분할된 땅이었다. 40년 간 800평을 조금씩 분할하여 팔면서 측량은 안 하고 서류상으로만 지분으로 나눠 팔았던 것이다. 20년 전부터 특정물 분할소송을 시작해서 결국 소유자 안 씨는 800평 중에서 자기 땅 100평을 소송하여 분할 받았다. 100평이 자신의 소유라는 대법원 판결문까지 받아 놓았다. 그 후 조 씨 명의로 되어 있던 30평을 말소시키지 않았던 것이다. 결국 실제적으로 조 씨 땅은 아니었으나 조 씨 명의로 되어 있던 것을 동작구청에서 조 씨를 상대로 압류를 했고 공매에 붙여졌던 것이었다.

　　나는 할 수 없이 해당 땅이 존재하지 않으니 자산관리공사에 낙찰금을 돌려받기를 청했다. 그러나 30평이 소유자 조 씨 땅이 아니라는 결과를 보고도 공사에서는 책임이 없다며 낙찰대금을 돌려주지 않았다. 낙찰금을 돌려받아야 하는 내 주장을 자산관리공사가 받아들이지 않자 결국 나는 안 씨와 뻔히 지는 소송을 해야만 했다.

　　그 소송 기간만 무려 2년이나 걸렸다. 내가 낙찰 받은 땅이 없다는 판결문을 받자 그제야 자산관리공사는 내게 낙찰 받은 원금을 돌려주었다.

　　나는 동작구청이나 자산관리공사가 공매로 내놓은 물건의 경로 자체는 이해할 수 있었다. 그러나 해당 땅이 존재하지 않는다는 사실이 확인이 되었는데도 공사가 바로 원금을 돌려주지 않은 것은 좀 유감이었다. 기나긴 소송을 통해 내가 원금을 돌려받은 후로 나는 공매로 나온 물건도 무조건 믿지 않게 되었다.

　　지하철역 입구의 삼거리 코너인 그 땅은 당시 감정가 3억 9,000만 원이었는데 1억 8,000만 원에 낙찰 받았었다. 현재 그 땅의 시세는 6억이 넘는다.

part 01 →

part 02 ↗

part 03 ↑

특수물건 전문가 이진환의
물건별 사례 비밀노트

Chapter 02

특수물건, 특수한 법률적 문제를 해결하라

양날의 칼, 특수물건으로 숨은 진주를 캐라

특수물건이란 법원에 의한 분류가 아니고 경매 정보업체에서 분류한 특수한 법률문제 유형을 조건으로 분류한 경우를 말한다. 통상 일반 경매는 낙찰을 받은 후 소유권을 취득하는데 특수물건은 낙찰 후 사용권이 제한되거나 임차인이 아닌 점유자에게 추가적인 비용이 발생할 수 있다. 또한 낙찰대금 납부 후에도 소유권 상실의 위험 등 경매 절차 이외의 특수한 법률적인 문제를 가지고 있는 경우 특수물건으로 분류한다.

특수물건은 위험 요소가 높다. 반면 낙찰가가 감정가의 절반 수준까지 떨어져 투자 수익률이 높다. 고수들에게는 매력 있는 투자처가 아닐 수 없다.

최근에는 일반물건 경쟁률이 높다. 따라서 일반 투자자들도 기피 대상으로 삼았던 특수물건에 대해 관심을 보이기 시작했다. 일반인들이 특수물건에 손대기 위해서는 많은 공부가 선행되어야 한다. 법률적인 해결방법, 자금계획, 해결기간 등을 염두에 두고 투자가치를 계산하여 선별적으로 투자해야 한다. 특수물건 성패는 해당 물건의 법률적 문제를 최소의 비용으로 얼마나 빨리 해결하느냐에 달려 있다. 법률적인 해결방법과 노하우가 있다 하더라도 해결기간이 너무 긴 것은 낭패를 볼 수 있다.

한마디로 특수물건은 법률적인 문제의 고위험만 해결할 수 있다면 고수익을 창출할 수 있다. 특수물건은 해당물건에 법정지상권, 유치권, 예고등기, 토지별도등기, 선순위 가처분 등이 있는 경우를 말한다.

특수물건의 투자요령은 첫째, 권리분석으로 법률적인 해결을 할 수 있는 능력이 기본이지만 그 전에 해당 물건의 사실적인 관계를 파악하는 정확한 정보수집이 중요하다. 일반인은 특수경매 물건에 도전하고 싶어도 이 일급정보 수집이 어려워 투자를 못하는 경우가 많다. 특수정보를 접하는 고수라도 거저 얻는 것은 아니다. 일급 정보를 제공하는 정보제공자에게 사례까지 하면서 좀 더 사실적인 정보를 얻는 것이 특수물건의 성공 노하우다.

둘째, 특수물건은 낙찰가가 낮아 고수익의 이점이 있지만 문제 해결기간이 최소 1년 이상이 소요되기 때문에 투자기간이 길다. 그래서 개발호재가 있는 입지조건이 좋은 곳에 투자를 한다면 저가 취득과 함께 투자가치가 상승하는 보너스까지 받게 된다. 그러나 아무리 개발호재가 있어 입지조건이 좋아도 법률적인 해결을 못한다면 그림의 떡이요, 최소의 비용으로 빠르게 해결하지 못한다면 반쪽짜리 성공일 수밖에 없다.

특수물건의 법률적인 문제는 법무사나 변호사 등 전문가에게 도움을 청할 수 있으나 사실관계의 정보는 투자자가 직접 정확하게 파악해야 한다. 특수물건이 모두 투자 수익률이 높은 것은 아니라서 고수들도 항상 성공만 하는 것은 아니다. 그래서 사실관계 정보 수집과 법률적인 관계를 파악 후 투자를 선별하는 것이 특수물건 성공의 노하우다. 특수물건은 일반인에게는 '레드 오션' 이지만 해결 능력을 갖춘 고수에게는 수익률이 높은 투자매력 덩어리이다.

특수물건의 선별과 투자하는 방법

등기부등본상에 대지 지분이 없는 주택을 일컬어 '대지권이 없다' 고 말한다. 이렇듯 대지권이 없는 주택도 경매를 할 수 있다. 즉, '대지권 없음' 이란 표시는 토지는 제외하고 건물만 경매되는 경우를 말한다.

대지권이 없지만 감정서에 대지권 가격이 포함되어 있다면 낙찰 후 대지 소유권 이전등기가 가능하다. 법원경매 감정서의 권리관계를 해석하고 살필 수 있는 안목이 필수 조건이다.

등기부등본상에 대지권이 없는 아파트 경우, 아파트 입주일과 준공일이 다르면 토지와 건물이 등본 상에 별도로 나오는 수가 더러 있다. 그래서 경매에 나온 물건에 '대지권이 없음' 이라는 표시가 있으면 대지권은 있는데 최초 입주일과 준공일이 달라 등본에만 별도로 나올 수 있고, 실제로 대지권이 없이 건물만 경매되는 두 가지의 경우가 있다.

첫 번째의 경우처럼 등본 상에만 별도인 경우는 진주를 캔 것이고 실제로 토지는 없고 건물만 나온 경우도 낙찰 받아서 전세를 놓는 것에는 문제가 없다.

주택의 경우 세입자가 많으면 돌려줘야 하는 보증금 등 인수금액이 많아 권리관계가 복잡하다. 그러나 임대차보호법 상 소액 임차인들에게는 우선변제가 있으니 활용할 수 있다. 이때 세입자 모두 소액임차인이라면 당연히 투자성이 높다. 왜냐하면 소액임차인은 모두 배당이 되기 때문이다.

또한 선순위 세입자가 친족인 경우가 있다. 소유자의 직계 가족이 선순위 세입자로 등재되어 있는 경우는 보통 가짜 세입자일 확률이 높다. 실태조사를 해서 가짜 선순위 세입자라면 모두 인수해야할 권리가 아니니 흙속에서 진주를 캐는 것이다.

유치권이 신고된 경우에는 유치권의 성립조건에 합당한지 살펴야 한다. 실제로 합법적으로 점유하고 있는지 확인하는 것이 중요하다. 현장조사를 통해 사실 여부를 확인해서 유치권의 허위 신고나 과다 신고 여부를 판단한다. 유치권이 허위가 아닌 사실로 성립이 된다면 낙찰자는 채권 전액을 갚아야 한다.

가건물이 있는 경우 토지를 사면 낭패를 겪을 수 있다. 무허가 건물이든 가건물이든 법정지상권을 가지고 있으니 지주가 토지를 이용하기 어렵다. 그러나 철거가 가능한 물건이라면 고수들에게는 좋은 먹잇감을 찾은 것이나 다름없다.

소송 중에 대위변제 가능성이 있는 특수물건으로 분류되는 경우가 있다. 대위변제는 채무자의 빚을 다른 사람이 갚아 주는 것을 말한다. 낙찰을 받았어도 대위변제가 있으면 낙찰자는 보증금을 날리는 경우가 발생한다.

제2순위 임차인이나 제3자가 자신의 임차보증금이나 채권을 확보하기 위하여 선순위 근저당채권을 변제하게 되면 근저당권은 소멸하게 된다. 제 2순위 임차인이 최선순위 권리로 되어 매수인에게 대항할 수 있다.

대위변제로 인해 낭패를 당한 낙찰자의 법적대응은 이렇다.

· **매각허가결정 전일 때** - 매각허가결정에 대한 이의 및 매각불허가 신청

을 한다.

· **매각허가결정이 났을 때** - 즉시 항고를 할 수 있다.

· **잔금 납부 이전일 때** - 매각허가결정 취소를 신청한다.

· **잔금을 납부한 후일 때** - 대위변제가 인정되지 않는다.

짭짤한 고수익의 매력, 유치권

유치권 물건의 투자요령

유치권은 타인의 물건이나 부동산에 있는 채권을 변제받을 때까지, 해당 물건이나 부동산을 강제적으로 보관하고 반환하지 않을 수 있는 법적인 권리를 말한다. 해당 물건에 유치권이 있는 것을 알 수 있는 방법은 법원의 문서를 통해서이다. 매각물건명세서나 점유현황명세서에 '유치권 신고 있음'이라고 기재가 돼 있다.

유치권 경매 물건은 소유자와 공사업자 당사자 간의 사실관계만을 가지고 인정되는 권리이다. 그러다 보니 다른 특수물건에 비하여 상대적으로 정확한 정보접근이 어렵다. 관련 서류와 현장에서 조사된 정황사실만을 가지고 분석해야 한다. 즉, 소유자나 공사업자에게 직접적 사실 관계를 확인하기 어렵기 때문에 유치권이 허위이거나 유치권 금액이 전액 인정되어도 투자에 대한 손실이 없을 정도로 떨어졌을 때 투자를 하는 것이 좋다.

그럼에도 불구하고 유치권이 신고된 물건이 투자가치가 높은 이유는 일반 투자자들이 입찰을 기피함에 따라 감정가보다 현저히 낮은 금액으로 낙찰 받을 수 있기 때문이다. 유치권의 분석을 마치고 낙찰 받은 후 유치권이 허위이거나 유치권의 실질금액을 감액할 수 있다면 그 차액이 고스란히 투자수익이 된다는 매력이 있다.

유치권의 건물에 성립되는 유형은 건축업자가 건물의 신축공사나 개보수 공사를 했을 경우 건물주로부터 공사대금을 못 받아 변제 받을 때까지 부동산을 점유하고 인도하지 않아도 되는 권리다.

토지에도 유치권이 발생한다. 임야나 농지에 형질변경을 해서 집을 지을 수 있게 하여 비용이 발생했는데 지불을 못 받았을 때 유치권 행사를 할 수 있다. 공사업체는 토지에 컨테이너를 갖다놓고 지불받을 때까지 점유할 수도 있다.

경매 낙찰가를 보면 유치권은 고수익이 발생되지만 고위험이 따르므로 유치권 신고금액만큼 입찰금액이 떨어지는 경우가 많다. 그런데 유치권이 실질적으로 인정돼야 하는데 경매현황을 보면 유치권을 이용해 허위 신고나 과다 액수로 신고하는 경우도 많다. 소유자나 공사업체가 허위로 유치권을 가장해 입찰금액을 떨어뜨리는데 고수라면 이런 짜고 치는 고스톱을 볼 줄 아는 안목을 키워야 한다.

즉, 고수의 유치권 분석 노하우는 실질적으로 채권이 존재하는지 우선 파악한다. 유치권이 존재해도 신고된 금액이 과다한 것은 아닌지, 공사범위가 지나치게 많게 측정되어 있는 것은 아닌지, 소유자 동의하에 합법적으로 점유하는지 분석한다.

유치권의 경매 유형별 투자분석 요령

신축건물에 대해 유치권이 신청되어 있는 경우

공사업계 관행 상 공사 보증금액의 10%를 선수금으로 지급하고 잔금 10% 정도를 제외한 기성 대금은 공사 진척도에 따라 건축주에게 지급한다. 공사비 잔금은 보통 완공 후에 받는다.

다가구주택은 세입자들에게서 받는 보증금으로 공사대금의 잔금을 충당하기도 한다. 보통 건축주가 대출을 받는 경우는 건축허가 시점이다. 착공시점 전후로 대출을 받는 경우는 공사대금을 마련하기 위해서다. 대출을 받을 때 건축업자가 은행에 유치권 행사를 하지 않겠다는 서류를 작성하기도 한다. 토지를 담보로 대출을 받았다면 공사대금을 위한 용도로 대출을 받는 것으로 판단한다. 착공시점과 사용승인 시점을 비교해서 허위신고나 금액이 과다하게 신고되었는지 확인한다.

주택, 건물 개보수로 유치권이 신청되어 있는 경우

건축 전문가와 동행해서 현장을 방문하면 큰 도움이 된다. 건축 전문가의 육안으로 공사범위나 공사금액을 산정할 수도 있다. 육안으로도 공사의 흔적을 쉽게 파악할 정도로 최근 공사한 진척이 보이는 경우는 유치권이 사실일 가능성이 높다.

그런데 공사가 오랜 기간이 흘렀다면 유치권을 의심해보아야 한다. 공사대금 채권 소멸시효는 3년이다. 이 점은 매우 중요하다. 만약 유치권 신고가 3년이 넘어 장기화되었다면 투자 가치가 높은 경우가 대부분이다. 그러므로 3년 넘도

인천24계 2006- 상세정보

경 매 구 분 임의(기일)	채 권 자 우리은행	경 매 일 시 종결물건
용 도 근린상가	채무/소유자 김	다 음 예 정 종결(종결)
감 정 가 1,544,843,380	청 구 액 1,027,014,509	경매개시일 06.01.13
최 저 가 1,081,390,000 (70%)	토지총면적 258 ㎡ (78.04평)	배당종기일 06.05.24
입찰보증금	건물총면적 1090.24 ㎡ (329.8평)	조 회 수 금일2 공고후76 누적728

판결 받은 공사 대금 유치권이
법원에 신고되어 있음

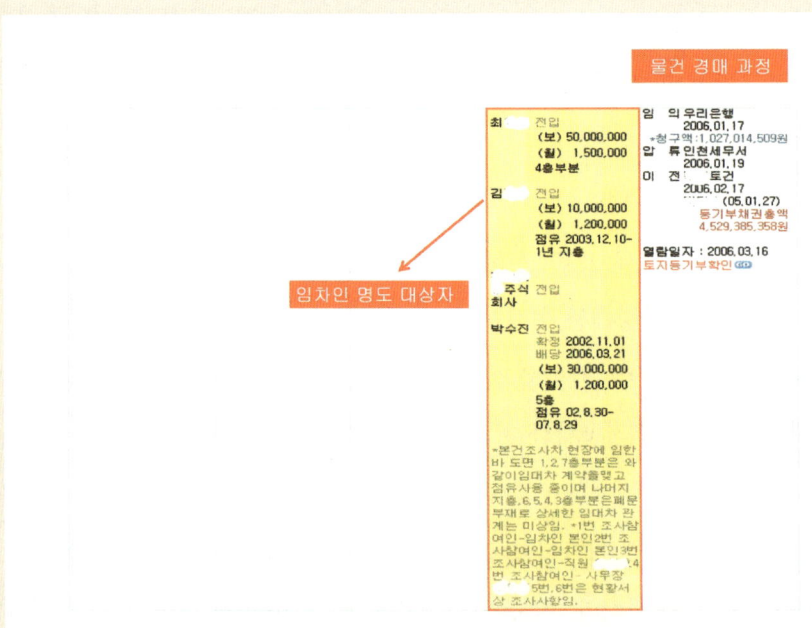

임차인 명도 대상자

최   전입
   (보) 50,000,000
   (월) 1,500,000
   4층부분

김   전입
   (보) 10,000,000
   (월) 1,200,000
   점유 2003.12.10~
   1년 지층

주식 전입
회사

박수진 전입
   확정 2002.11.01
   배당 2006.03.21
   (보) 30,000,000
   (월) 1,200,000
   5층
   점유 02.8.30~
   07.8.29

임 의 우리은행
   2006.01.17
   +청구액 :1,027,014,509원
압 류 인천세무서
   2006.01.19
이 견 : 토건
   2006.02.17
   (05.01.27)
   등기부채권액
   4,529,385,358원

열람일자 : 2006.03.16
토지등기부확인

*본건조사차 현장에 임한
바 도면 1,2,7층부분은 와
같이임대차 계약을맺고
점유사용 중이며 나머지
지층,6,5,4,3층부분은패문
부재로 상세한 임대차 관
계는 미상임. *1번 조사참
여인-임차인 본인2번 조
사참여인-임차인 본인3번
조사참여인-직원 4
번 조사참여인- 사무장
5번,6번은 현황서
상 조사사항임.

구 분	임의 경매	채 권 자	우리은행
용 도	근린상가	채무 및 소유자	김○
감 정 가	1,544,843,380	청 구 액	1,027,014,509
낙 찰 가	1,200,000,000	감정가 대비	77.7%
면 적	토지 258㎡ (78.04 坪) 건물 1090.24㎡ (329.8 坪)	목 적 물	인천시 남구 . . 35-32
매도가격	2,200,000,000	수익률	183%
비 고	- 수익률은 취·등록세 및 기타 부대 비용을 제외한 것입니다		

물건 쟁점 사항	물건 해결 내용
- 판결 받은 공사 대금 유치권자 (법원 신고 금액 : 3억 원)	- 유치권자 합의에 의한 명도 진행 (합의금 2천만 원) - 명도 후, 빌딩 재정비 후 새로운 세입자 형성 - 1년 이내 재매각

록 공사업자가 채권 행사를 하지 않은 점에 주목해야 한다. 3년이 지나면 무효인데다 유치권이 허위신고된 금액만큼 낙찰가가 많이 떨어져 있으므로 적극적으로 투자해볼 만한 물건이다.

상가점포에 유치권이 신고된 경우

허위 가능성이 높다. 임차인들은 영업의 필요에 의해 시설공사를 하는 경우가 많은데, 인테리어 등 시설비용은 유치권 행사 인정이 안 된다. 다만 유치권을 주장하는 세입자의 명도를 빠른 시일 내에 해결하는 것이 관건이다.

유치권이 인정되려면 무엇보다 합법적인 점유를 하고 있어야 하는데 소유

179

자의 동의에 의한 점유여야 된다. 간혹 건축업자가 공사대금을 받지 못해 손 놓고 있다가 해당 물건이 경매가 진행되는 것을 알고 부랴부랴 점유하는 경우가 있는데, 이럴 때에도 유치권 행사를 할 수 없다.

유치권의 가짜 유무에 대한 정보를 정확하게 알아내야 한다. 발품을 팔아 해당 물건 인근의 슈퍼나 주민 또는 점유자에게 직접 정보를 알아낼 수 있다. 유치권자가 언제부터 점유했는지 합법적으로 점유를 하고 있는지, 공사 범위 등을 파악하는 것이 유치권 성공의 승패다.

잠자는 권리를 찾아 챙긴 사례

다음 사례는 유치권을 주장하며 대항력을 갖춘 임차인이 점유하고 있다가 결국 강제명도집행을 당한 경우이다. 건축물이 있는 물건이었지만 토지만 낙찰을 받았다. 임차인인 점유자는 유치권과 공사비로 3억 5,000만 원을 주장했다. 이렇게 임차인이 당당한 이유는 서류상으로 대항력 있는 세입자였기 때문이다.

한편, 나는 표면상으로는 문제가 없는 임차인의 대항력에서 허점을 발견했다. 법정지상권이 성립되었을 경우에는 대항력이 성립된다. 그런데 건물을 멸실시킨 후 신축된 경우는 법정지상권이 성립되지 않는다. 즉, 경매로 인하여 토지와 신축건물이 다른 소유자에게 속하게 되더라도 신축건물을 위한 법정지상권은 성립하지 않는다. 법정지상권이 성립이 안 된다면 대항력도 성립이 안 된다.

유치권 주장을 하던 세입자는 권리가 소멸된 줄도 모르고 대항하다가 결국 낙찰자인 나에게 강제명도집행을 당했다. 강력하게 유치권을 주장하던 점유자가 나간 후 나머지 점유자에게는 1인당 200만~300만 원 이사비용을 지급하여 순조롭게 명도를 진행시켰다.

실제 건물까지 인수한 가격은 건물주에게 500만 원과 임차인 3,500만 원으로 총 4000만 원에 인수하고 토지낙찰가 6,000만 원까지 포함해서 총 원가 1억이었다. 그 뒤 건축 준공비+설계비+감리비+수리비까지 모두 5,000만 원 비용이 들어 총 1억 5,000만 원 투자와 비용이 들었다. 수리 후 5억 5,000만 원에 매매를 해서 순수 4억이 남았다.

투자 산출: 토지 5억 5,000만 원 − 투자 1억 5,000만 원 = 4억 수익

이 사례의 고수익 노하우 두 가지를 살펴보자.

나는 먼저 토지를 낙찰 받고 건물을 싸게 인수할 수 있었다. 채권양도양수 계약서를 받아 건축주에게 4,000만 원으로 상계 처리하여 건물을 싸게 받았다. 또한 저렴한 방식으로 세금문제까지 해결할 수 있었다.

고수익을 내고도 세금으로 다 빠져나간다면 속빈 강정이다. 그래서 나는 언제나 절세 방법을 잘 활용한다. 이 물건은 4억의 수익을 남기고 세금은 700만 원이 들었다. 이 물건의 절세방법 키포인트는 낙찰 물건의 세금신고를 신축판매업으로 사업자등록증을 내고 한 것이다. 일반인으로 양도했다면 세율 50%를 적용했을 것이다. 그러나 신축판매 사업자는 합법적으로 세율이 16% 적용이 된다.

유치권! 빛 좋은 개살구 될 수도 있다

나는 유치권을 주장하는 공장을 6억 5,000만 원에 낙찰 받았다. 서류상 유치권을 주장하는 금액이 10억이었으나 실제 현장에서 유치권자는 19억을 주장했다. 서류 상 조건을 완벽하게 갖춘 유치권자는 유치권을 해결해주지 않으면 한 발짝도 못 움직인다며 큰소리쳤다. 낙찰가보다 높은 유치권을 떠안을 생각이 없었지만 나는 상황에 밀려 낙찰을 받았다.

아니나 다를까, 명도과정에서 분쟁이 발생되었다. 낙찰을 받은 후 아는 동생을 데리고 현장 방문을 했다. 그곳에서 우연찮게 유치권자가 임대한 임차인의 공장 지게차 기사를 만났다. 나는 낙찰자임을 서류로 밝히고 기사를 설득해서 기사에게 공장키까지 받았다. 그런데 내가 공장키를 받았다는 사실을 알고 유치권자들은 낙찰자가 키를 강제로 뺏고 공갈 협박했다면서 나를 민사 및 형사 고소를 했다. 물론 낙찰자의 형사 건은 무혐의로 종결되었다.

역으로 나는 유치권자를 고소하였다. 유치권이 사기임이 증명되어 유치권자는 사기미수로 처벌되었고 그 결과 벌금 500만 원으로 약식 기소되었다.

유치권자의 사기 내용은 이렇다. 실제 공장 소유자는 베트남으로 도주하였다. 유치권자가 가지고 있는 약속어음이 실제 공장 소유자에게서 받은 것이 아니었다. 속칭 바지사장인 소유자의 형이 법인 인감과 도장을 보관하던 중 유치권자에게 도장을 건네주어 그 유치권자가 실제 소유자와 무관하게 약속어음에 일방적으로 도장을 찍었던 것이다. 나의 고소로 경찰 조사 결과 유치권자가 유가증권 위조 행사와 사문서 위조 및 행사 죄, 사기미수가 모두 성립한다고 검사에게 기소의견을 올렸다. 그러나 검사 측에서는 유치권자도 일부 피해자로 간주하여 다른 죄목은 무혐의 처리되었고 유치권자에게 사기미수죄만 인정되었다. 그리고 오랜 시간 민사 유치권이 진행되었다.

그 재판 과정에서 나는 낙찰 받은 공장에서 이미 받은 대출이 1년이 경과되어 대출금액은 낙찰금액의 거의 두 배 가까이 되었다. 만약 유치권소송에서 낙찰자인 내가 패소하더라도 도로 점유권을 내주기만 하면 되므로 손해 볼 것이 없다는 계산이 있었다. 나는 이미 낙찰물건에서 대출까지 받아 수익을 많이 올렸기 때문에 아쉬울 것이 없는 상황이었다. 유찰 횟수가 많아서 6억 5,000만 원에 낙찰을 받았지만 감정가가 높아 대출을 14억 원이나 받았기 때문이다.

만약 내가 명도소송에서 패소하여 유치권자가 점유를 한다고 해도 다시 경매가 진행될 수밖에 없다는 것을 예견했다. 내가 패소하면 은행 대출이자를 일부러 내지 않아 다시 경매 진행을 유도할 것이기 때문이다. 그러니 소송의 결과가 어떠하든 나는 손해날 것이 없는 대응책이 있었다.

유치권자는 부동산을 점유하지 않고 유치권 행사를 할 수가 없다. 그런데 유치권자가 재판 진행 중 가장 큰 실수를 범했다. 유치권자의 공사 채권 소멸시효는 3년인데 유치권자는 4년이 넘었다. 유치권자는 4년이 넘어도 실제 소유주에게 소송이나 가압류를 하지 않아서 공사채권소멸시효에 해당된 것을 재판 진행 중에 뒤늦게 알았다. 유치권자는 부랴부랴 서류를 위조해서라도 소멸시효를 연장할 수밖에 없었다.

아무리 실소유자가 오랫동안 행방불명이 된 사실이 분명하여 유치권자가 실소유자 없는 상태에서 서류를 위조했다는 것이 의심이 가도 물증을 밝히지 못하면 심증일 뿐이다. 그러니 유치권자 스스로가 서류 위조에 대한 자백을 한다면 이기는 소송이다. 그래서 나의 노련한 변호사는 유치권자 스스로 판사 앞에서 서류 위조 진술을 하도록 유도 질문을 했다는 것이다. 심증뿐이었지만 결국 변호사의 유도대로 유치권자는 판사 앞에서 심문조서에 실제 소유자가 베트남으로 도망가 공사대금채권 확인을 받을 수 없었다는 진술을 자기도 모르게 해 버렸다. 그렇게 유치권자는 서류 위조 사실을 자백했고 이것이 유치권자에게는 불리한 증거가 되었다.

법률 전문가조차도 유치권에 대해 잘못 인지하는 사항이 있다. 유치권자가 채무자 건물을 점유하면 유치권 공사 채권소멸이 중단되는 것으로 알고 있는 것이다. 그러나 소멸시효가 중단되려면 유치권자가 소송제기를 하거나 가압류를 해 두어야 한다. 가압류를 했다 하더라도 3년 안에 반드시 다시 소송을 제기해야 한다. 그렇지 않고 3년이 지나면 가압류도 말소 대상이 되기 때문이다. 이 사실은 유치권자가 소를 제기할 때 반드시 알아야 할 사항이다. 결국 큰소리 치던 유치권은 빛 좋은 개살구가 되어 버렸다.

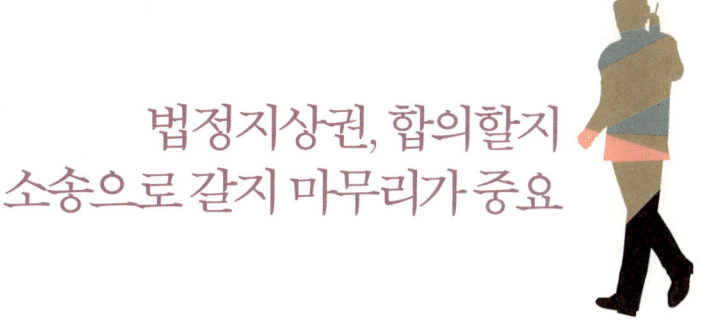

법정지상권, 합의할지
소송으로 갈지 마무리가 중요

법정지상권 물건의 투자요령

법정지상권이란 토지소유자의 의사에 반하여 강제적으로 건물소유자가 지상권(건물, 건축물, 수목 등을 위하여 토지를 사용할 수 있는 권리)을 취득하는 것을 말한다. 담보물의 경매나 증여, 공매로 인하여 토지와 건물의 소유자가 다르게 되는 경우에 건물소유자에게 인정되는 권리 등이 이에 해당한다.

경매에서 법정지상권이 있는 물건은 보통 감정가의 50% 선에서 낙찰을 받기 때문에 저가로 낙찰을 받을 수 있는 고수익의 장점이 있다. 특수물건의 특징상 물건에 하자가 있는 것이 아니라, 풀어야 할 법률적인 문제로 인하여 부동산의 가치가 왜곡된 경우가 많기 때문이다. 이런 법률적인 문제를 해결할 능력을 갖추었다면 저가로 취득하여 낙찰 받으면서부터 시세차액을 올릴 수 있다.

거기에 개발호재가 있고 입지여건이 좋은 곳은 소송이 끝난 후의 부동산 가치 상승이 있으므로 법정지상권의 경우는 토지 사용료도 높게 받을 수 있는 이점이 있다. 반대로 법정지상권의 문제 해결이 되지 않으면 장기간 토지 사용료 정도만을 받고 투자금이 묶일 수 있는 경우도 염두에 두어야 한다.

법정지상권이 있는 경매물건 투자방법은 입찰결정 전에 진행되는 토지 외에 지상의 건물 권리관계를 확인하고 사실관계까지 파악해야 한다. 이것은 법정지상권이 성립하는지 판단하는 데 중요한 자료가 된다. 법정지상권이 인정되는 경우에 낙찰을 받았다면 건물 철거판결을 받을 수 없어 저렴하게 산 것이라 할 수도 없고 팔수도 없는 낭패를 겪을 수 있다.

법정지상권이 성립하는 경우는 건물이 완공이 된 경우와 건축 중인 경우가 있다. 건물등기부등본이 없거나, 건축물대장이 없는 경우는 해당 지자체 시, 군청의 건축과에 가서 해당물건 건축허가를 신청했을 때의 건축주를 확인한다. 토지 소유자와 건축허가 당시 건축주의 동일 여부를 확인해서 법정지상권 진위 여부를 알 수 있다. 이것은 건물 점유를 확인하는 데 필요하다.

채권자나 공사업자, 임차인, 채무자, 소유자 등 누가 점유하는지를 알 수 있다. 법정지상권이 성립이 된다면 건물주를 대상으로 토지사용료소송(지료청구소송)을 하고 법정지상권이 성립하지 않으면 퇴거소송을 할 당사자를 파악해야 한다.

지료는 지상권자가 토지사용 대가로 토지소유자에게 지급해야 하는 금전이다. 지료 액수와 지료 지급시기 등 지료에 관한 약정을 토지등기부등본에 등기해야 제3자에게 대항할 수 있다. 경매가 진행될 때 지료에 대한 등기가 되어 있지 않으면 전 건물주의 지료연체금을 새로 매수한 건물주에게 청구할 수 없다.

지상권이 성립되는 건물이라도 토지 소유주와 건물 소유주 사이에 법원을 통해 정해진 지료가 있을 경우 판결이 확정된 후에도 건물 소유주가 지료 지급을 2년 이상 연체할 때에는 토지 소유주는 건물 소유주에게 지상권 소멸청구를 할 수 있다. 만약 법원의 판결이나 약정이 없고 지료 금액 또한 명확하게 결정된 바 없으면 건물 소유주가 2년 이상 지료를 지급하지 않았어도 책임을 물을 수 없다.

법정지상권이 있는 물건을 낙찰 받았으면 건물 소유자를 상대로 처분금지 가처분, 점유이전금지가처분 신청을 하여 보전처분을 한다. 그 후 건물철거소송이나 퇴거소송 등을 착수한다. 낙찰자가 낙찰 받은 토지에 다른 건축물을 건축할 것이 아니면 소송 기간 중에 합의를 해서 건물을 사거나 토지를 팔아서 투자 수익금으로 환가하는 것이 투자성이 더 높을 수 있다. 왜냐하면 법정지상권이 인정이 되지 않아도 건물철거소송으로 재판기간이 길어져 비용면에서 불리할 수 있다.

고수는 법정지상권소송으로 끝까지 가야 할지 소송기간 중에 합의로 마무리 할지를 판단하여 마무리를 짓는다. 승소해도 철거집행을 할 때 협조가 어려울 수 있고 철거를 해도 건물소유자의 강력한 반발이 있을 수 있어 합의가 되면 환가를 하는 것이 유리한 경우도 많다.

'뛰는 자 위에 나는 자', 철거소송

법정지상권이 있는 토지를 제외한 건물만 낙찰 받은 사례이다.

건물은 원시취득(어떤 권리를 타인으로부터 승계하지 않고 독자적으로 취득하는 일로 원시취득으로 인해 전 주인의 권리는 소멸된다)으로 법정지상권이 성립되는 건물이었다. 지주가 철거소송을 할 거라고 예상하면서도 건물을 낙찰 받았다. 다음과 같은 판례를 알고 있었기 때문이다.

지료 소송 학설에 따르면 지료를 3년 연체했을 때는 악용소지가 있어 후임자라도 법정지상권이 없는 것으로 판단된다. 그러나 판례에는 법정지상권 소멸 통고 전에 매매가 되고 매수자에게 지상권이 없음을 통보하지 않았을 경우에는 토지 소유주에게 철거권이 없다. 즉, 토지 소유주는 법정지상권 소멸 통보를 하지 않은 결정적인 실수를 한 것이다.

토지 소유자는 철거소송을 하면 철거될 것이라 확신을 하고 있었다. 그러나 법정지상권 소멸 통보를 하지 않은 토지 소유자가 패할 것을 알기에 지상권이 있으니 지료만 내겠다고 주장하였다. 나는 토지매수청구권까지 소송을 걸었다.

나의 속내는 이렇다. 내가 승소할 경우에는 지료만 내거나, 토지를 매입하거나, 건물을 매도할 생각이다. 그러나 내가 패소 할 경우에는 건물을 철거해야 하는 위험부담이 있다. 그럼 철거 위험까지 감수하면서 건물을 매입한 나의 속내는 이렇다.

나는 건물을 매입하고 소송을 진행하기 전에 이미 기존 점유자 15명을 모두 이사를 보냈다. 그리고 새로운 세입자를 입주시켜 15명에게 20만 원씩 월세 300만 원을 받았다. 그런데 소송 중인 토지 소유자 측에서 승계집행문을 받아 명도 집행을 해야 하는데 집행을 할 수 없도록 내가 미리 조치를 취한 것이다. 나는 월세를 받은 새 임차인들을 전입시키지 않고 소송 중에 합법적으로 계속 점유 위치를 바꾸었다. 이렇게 점유자가 현장에서 계속 다르니 토지 소유주는 승계집행문을 받는 사람의 주소가 자꾸 틀려 집행이 불가능했다. 나는 연속적으로 집행 불능을 유도하여 토지 소유자가 집행을 포기하도록 유도하는 것이다.

등기부 등본 (말소사항 포함) - 토지

[토지] 인천광역시 연수구 　 133-6

고유번호 1246-1□□□-080954

【　표　　제　　부　】 （토지의 표시）

표시번호	접　수	소　재　지　번	지 목	면　적	등기원인 및 기타사항
1 (전 1)	1996년11월13일	인천광역시 연수구 · · -133-6	담	324㎡	부동산등기법 제177조의 6 제1항의 규정에 의하여 1999년 07월 27일 전산이기

【　갑　　　　　　　구　】 （소유권에 관한 사항）

순위번호	등 기 목 적	접　수	등 기 원 인	권 리 자 및 기 타 사 항
1 (전 1)	소유권이전	1996년8월19일 제124679호	1996년8월9일 매매	소유자 　 -2149018 인천 연수구 · 152
2 (전 2)	가압류	1998년1월31일 제6399호	1998년1월26일 인천지방법원의 가압류 결정(98카단2941)	청구금액 금240,000,000원 채권자 　 인천 연수구 · · -40-3
3 (전 3)	임의경매신청	1998년5월30일 제41449호	1998년5월28일 인천지방법원의 경매개시 결정(98타경75655)	채권자 주식회사안산상호신용금고 인천 남구 주안동 953-2
4	압류	1998년12월31일	1998년12월30일	권리자 인천연수구

열람일시 : 2008년04월13일 오전 9시7분22초

1/6

만약 건물 지상권이 패소를 하면 토지 소유자에게 낼 지료 65만 원을 내고 합의를 하면 된다. 즉, 법정지상권으로 패소를 할 경우 월세로 받은 300만 원에서 지료 65만 원을 제외하면 차액만큼 수익인 것이다.

토지 소유자에게도 철거소송을 낸 속내가 있었다. 토지 소유자도 감정가 3억인 땅을 4,400만 원에 낙찰을 받을 만큼 경매

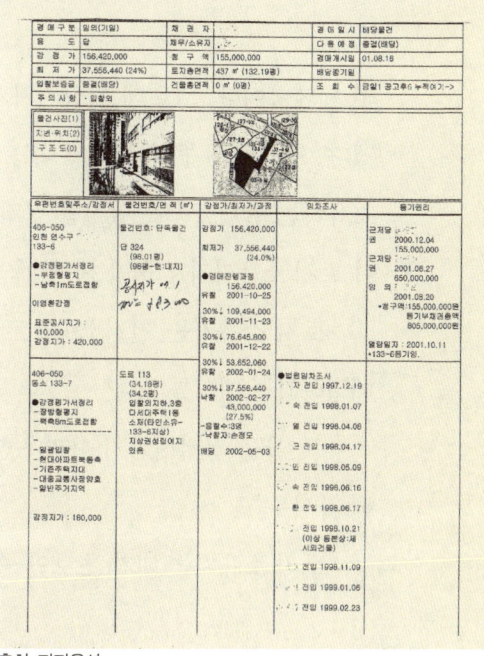

출처: 지지옥선

189

인천광역시 연수구		-6 ○산빌라 가동 현황표			
○○숙	B01호 원룸	월세보증금	10000000	월세	120000
손○○	B02호 투룸	전세보증금	14○○○○○ ~~25000000~~	전세	
장○○	B03호 투룸	전세보증금	~~25000000~~		
김○	B04호 투룸	전세보증금	20000000		
○진	101호 원룸	전세보증금	18000000		
민○○	102호 투룸	전세보증금	10000000		
오○숙	103호 투룸	전세보증금	28000000		
김○희	104호 투룸	전세보증금	25000000		
남○	201호 투룸	전세보증금	25000000		
박○	202호 투룸	전세보증금	28000000		
김○	203호 투룸	전세보증금	26000000		
이○○	301호	전체	주인세대		

의 베테랑이다. 그런데 지상권자가 지료를 3년이나 내지 않았으니 철거소송을
냈다. 토지 소유주의 진짜 속내는 건물 철거를 위한 철거소송이 아니었다. 토지
소유자는 철거소송을 냈지만 철거의 목적이 아닌 건물주에게 땅을 비싸게 팔거
나 토지 소유자가 건물을 싸게 매입하기 위한 목적인 것이다.

토지 소유자는 철거소송으로 건물을 헐값에 매입하거나 건물주에게 땅을
매입하라는 제의를 했다.

"건물을 철거시키기 아까우면 땅을 시세보다 싸게 감정가대로 3억에 매입
해 가시우."

토지 소유자는 내가 초보인 줄 알았을까, 4,400만 원에 낙찰 받은 땅을 감정

동 공사내역서(A동)

씽크대,신발장 10조	4.835.000
전체 페인트	1.850.000
도배,장판	6.600.000
변기set 10조*80000	800.000
욕실장 10개 *48000	480.000
방문실린더 25*7500	187.500
현관정 3*9000	27.000
보일러교환(b01,101호)	800.000
몰딩 120000*10	1.200.000
전등및콘센트	1.100.000
씽크대수전 10*29000	290.000
세면기수전(샤워겸용) 3*38000	114.000
세면기set 2*55000	110.000
현관강화도어힌지교환 2*100000	200.000
현관강화도어전자키설치	120.000
201호103호 단열,내장	200.000
유리교환(대형) 4*50000	200.000
3층 에어컨설치	120.000
3층 가스렌지구입	260.000
쓰레기 5차	500.000
방 충 망	200.000
공과잡비,잡공사및식대	300.000
인건비	2.500.000

합 계:22.993.500
입금액:15.000.000
잔 액:7.993.500

내 용 증 명

수 신:

주 소 : 서울 동작구 , 279

제 목 : 지료청구에 따른 지료지급의 의사 표시의 건

내 용

1. 귀하의 사업과 가정에 행운이 가득하시길 기원합니다.
2. 인천 남구 133-6 지상건물에 대하여 건축허가 및 지상건물소유주였던 장세 복과 본 법인은 2008. 3. 5. 매매계약을 체결하였습니다.
3. 따라서 본 법인은 귀하에게 2008. 3. 5. 이후부터 지료를 지불할 의무가 있으므로 귀하께서는 하루빨리 감정평가사에 의뢰하여 적정한 지료를 알려주시기를 바랍니다.
4. 이미 발생한 지료분(2008. 3. 5부터 5. 5까지 2개월)은 시세를 감안하여 월 금500,000 원으로 산정하여 금1,000,000원을 법원에 공탁하겠습니다.
5. 귀하께서 본 법인의 지료지급의사에 대하여 협력이 없을 경우 본 법인에게는 지료 미지급에 따른 어떤 법적 책임도 없다는 것을 최고하는 바입니다.

2008. 5. 1.

발신인 : 주식회사
대표이사
주 소 : 인천 연수구 3-2 407호
전 화 : 011-212- 관리이사

가인 3억에 매입하라는 것이다.

"3억이요? 글쎄요. 선생님도 토지를 경매로 싸게 낙찰 받으셨는데, 생각 좀 해보리다."

나는 이렇게 응대했다. 결국 건물만 매입했던 나는 지나치게 욕심을 부리는 토지 소유자보다 한 수 위인, 승소해도 패소해도 손해 볼 것 없는 소송을 진행할 수밖에 없었다. 내가 투자한 금액은 건물매입에 2,500만 원, 세입자 명도에 4,000만 원, 수리비 3,000만 원이 들었다.

토지 소유자가 결국 패할 수밖에 없는 불리한 조건이었다. 토지소유자는 지상권 소멸통보를 하지 않아 철거권이 없고 설상가상으로 세입자의 점유위치가

191

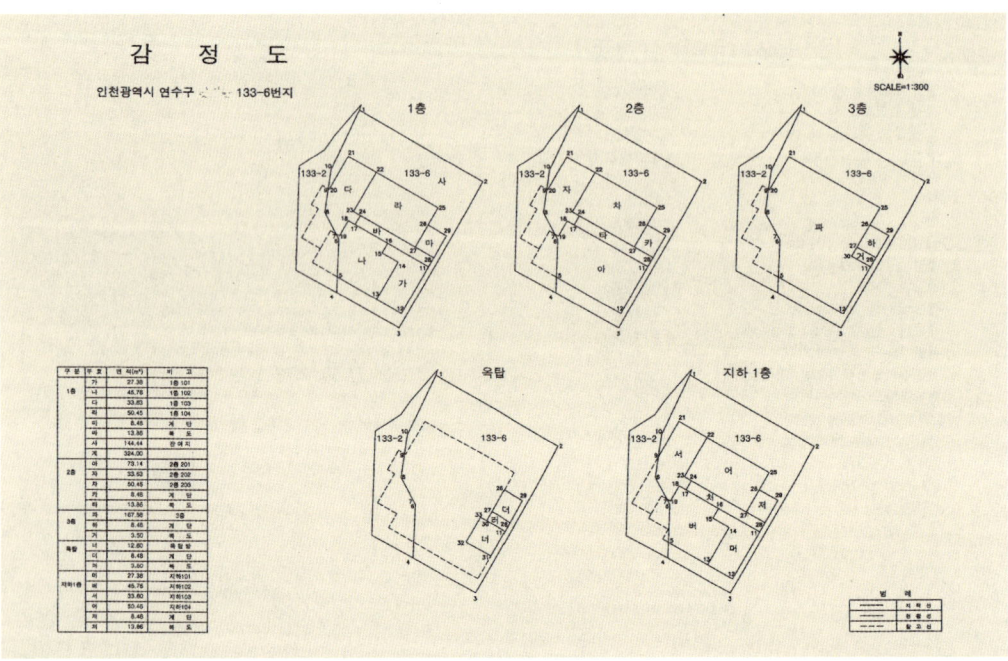

계속 바뀌니 강제집행도 불가능하다. 건물을 헐값으로 매입하려고 철거소송을 낸 토지 소유자의 땅을 오히려 나는 헐값에 매입할 수 있다.

판결문을 받고 강제집행명도 신청 시에는 통상 한 달에서 석 달이 걸린다. 즉 소송은 그야말로 시간싸움이다. 특히나 현장에서 점유자가 계속 바뀌는 상황 이라면 더더욱 언제 끝날지 모르는 싸움이다.

그러나 나는 부동산점유이전금지가처분을 내고 집행관의 인맥으로 1~3개 월 걸릴 싸움을 3일 만에 끝낼 수 있다. 그리고 만약 내가 토지 소유자로 반대 입 장이 되었다면 지상권자가 점유자를 바꿀 타이밍을 주지 말아야 한다.

tip 집행관

집행관은 법원업무 중에서 강제집행과 소송서류의 송달을 담당하는 사람이다. 즉, 유체동산경매, 압류진행, 강제명도집행을 한다. 법원이나 검찰에서 주사보 이상이 퇴직한 사람이나 법원 4급 이상, 검찰 서기관이나 국장급이 퇴직 후 가는 자리이다. 임기 2년이지만 연장 2년을 할 수 있어 통상 4년 임기이다. 국고에서 봉급을 받는 것이 아니라, 법원에서 용역을 주는 것으로 취급하는 사건의 수수료를 낙찰가의 2%로 받는다. 집행관의 처분에 대해서는 집행법원에 집행에 관한 이의를 신청할 수 있고 집행관 업무를 방해하면 공무집행방해죄가 된다. 집행관의 위법집행으로 손해를 입은 경우는 국가배상책임을 인정한다.

분묘기지권도 해결 가능하면 큰 수익 창출

분묘기지권 물건의 투자요령

　　분묘기지권이란 타인의 토지에 분묘를 설치한 자가 그 분묘를 소유하기 위하여 분묘가 소재한 타인의 토지를 사용할 수 있는 권리를 말한다. 사람이 사망하였을 때 소유하고 있던 밭이나 임야에 매장을 하고 봉분을 만드는 경우가 많다. 이 경우 땅을 매매를 할 때 묘지에 대해 언급이나 특약이 없다면 소유자가 바뀌어도 묘지를 위하여 사용되는 면적만큼 전 소유자는 '분묘기지권'의 권리가 있다. 그러나 관리가 안 되어 봉분이 사라지거나 가묘인 경우는 분묘기지권이 성립 안 된다.

　　분묘기지권의 성립요건에는 다음의 3가지가 있다.

　　첫째, 타인의 토지 내에 그 소유자의 승낙을 얻어 분묘를 설치한 경우다. 둘째, 자기 소유의 토지에 분묘를 설치하였는데 후에 그 분묘기지에 대한 소유권을 보유하거나 분묘를 이전한다는 특별한 약정이 없이 그 토지를 처분한 경우다. 셋째, 타인 소유의 토지에 그 승낙 없이 분묘를 설치한 후 20년 간 공연(公然)하게 그 분묘의 기지를 점유한 경우다.

분묘기지권이 성립될 경우 본인의 토지라 하더라도 분묘를 옮기거나 손댈수 없기 때문에 사용이나 재산권 행사에 큰 제약이 될 수밖에 없다. 그렇기에 분묘기지권의 성립가능성이 있는 물건은 경매에서 잦은 유찰로 인해 낮은 가격에 낙찰된다. 만약 분묘의 처리에 대한 대안 없이 싸다는 이유로 낙찰을 받았다면 큰 낭패를 겪을 수 있다.

일반인들은 분묘기지권이 있는 물건은 여러 가지 정서 상으로도 입찰을 꺼린다. 그러나 입지여건이 좋고 개발호재가 있다면 저가로 낙찰을 받아 일정 비용을 들여 분묘기지권을 해결할 수 있다면 이중으로 큰 수익을 얻을 수 있다.

분묘기지권의 성립여지를 확인하기 위해서는 반드시 현장을 방문하여 짚어본다. 분묘기지권이 성립되는 조건이 아니라면 희소식이니 당연히 낙찰을 받아야 한다. 그러나 개발호재가 있고 입지 여건이 좋다면 만약 분묘기지권이 성립이 되는 경우라도 저가로 낙찰 받을 이유가 있다. 즉, 분묘기지권이 성립되어도 해당 토지에 분묘의 위치에 따라 투자여부가 가려지는 것이다.

임야의 경우 분묘의 위치가 도로에 가까이 있다면 임야 가치가 떨어진다. 그러나 분묘가 뒤쪽이나 안 보이는 곳에 있다면 분묘 연고자와 협상을 해서 투자할 필요가 있다. 분묘기지권에 해당되는 면적을 분할해서 매매하고 별도 토지로 만드는 방법도 있다. 중앙이나 도로 가까이에 분묘가 있다면 투자를 삼가하고 면적이 넓은 분묘가 있으면 도전해보아도 괜찮다

묘지의 관리 상태를 확인해서 상당기간 관리가 이뤄지지 않고 있다면 무연

고 묘지일 가능성도 많다. 해당지자체 묘적부 확인을 할 수 있다. 만일 등록이 안 되어 있는 묘지라면 무연고 묘지 절차를 밟아서 묘지를 처리할 수 있다. 묘지를 설치할 때는 개인묘지, 가족묘지, 종중묘지 등이 있다. 개인묘지는 신고사항이고 가족묘지와 종중묘지는 허가사항인데 만약 분묘기지권자가 허가를 받지 않았다면 벌금을 물어야 한다. 이러한 사실이 확인되었다면 벌금형을 가지고도 분묘 연고자와 협상할 수 있는 소지가 된다.

분묘기지권이 있는 토지는 면적이 작은 경우보다는 면적이 큰 토지를 선택한다. 분묘 연고자와 협상이 결렬되었을 때 면적이 작은 경우는 토지 전체를 처분하거나 활용하는 데 어려움이 따를 수 있기 때문이다.

대를 위해 소를 버려라

나는 고객의 의뢰로 노후에 전원주택을 지을 임야를 낙찰 받았다. 의뢰인이 투자할 수 있는 자금 여력은 1억 5,000만 원이었다. 수도권에서는 투자자금이 적어 큰 평수의 임야는 어려울 것이라 판단했다. 몇 달 동안 경매법원과 물건지 현장에서 발품을 팔았고 의뢰인도 투자금액이나 위치 면에서 딱 마음에 드는 임야를 발견했다.

산세가 낮고 땅 모양도 괜찮은 데다 도로도 포장되어 있고 IC에서도 가까워서 교통여건도 좋았다. 인근에 읍내가 있어 생활에 불편함이 없었다. 2,500평으로 감정가는 평당 10만 원씩 2억 5,000만 원에 책정되어 있었다. 이 물건은 세 차례나 유찰되면서 감정가의 절반 가격까지 떨어져 있었다. 유찰된 이유는 분묘기지권 때문이었다. 임야 내에 멀쩡한 묘지가 무려 3기나 있었던 것이다.

일단 법원서류를 꼼꼼히 열람하고 현장 답사를 하였다. 이 과정에서 묘지 3기가 본토지의 제일 끝부분에 모여 있는 것을 알았다. 측량을 해본 결과 2,500평 중에서 묘지 평수가 100평 밖에 되지 않았다. 나는 묘지 주인을 만나 협상을 할 계획을 세웠다. 100평을 분할하여 2,400평만을 활용해도 꽤 쓸 만한 땅이라는 것을 알았다.

나는 입찰에 참여했고, 평당 5만 6,000원인 1억 4,000만 원에 낙찰 받았다. 그 후 나는 묘지 주인을 설득하는 일에 공을 들였다. 100평을 평당 6만 원에 하자고 제안을 했다. 묘지 주인도 시세보다 평당 4만 원이나 싸게 매입할 수 있어서 나쁜 조건은 아니었다. 나는 협상이 안 되면 100평은 포기하는 셈 쳤는데 100평 값도 받았으니 매우 흡족한 결과였다.

묘지가 해결이 되어 평당 5만 6,000원에 낙찰 받은 임야는 시세가 평당 10만 원이 넘어섰다. 또한 개발호재로 미래 가치가 더 상승할 것이다. 이렇게 특수물건 중 분묘기지권은 성립이 되어도 묘지를 해결하고 나면 큰 수익을 낼 수 있는 물건으로 둔갑을 한다. 묘지가 있어도 개발호재가 있는 면적이 큰 임야를 싸게 얻고 작은 평수의 묘지가 해결이 된다면 고수익의 좋은 투자처가 된다.

예고등기, 원고 패소할 내용을 찾아라

예고등기 물건의 투자요령

예고등기는 소유권에 대한 분쟁이 있다는 것을 미리 예고하기 위해 등기부 등본에 기재하는 것이다. 부동산 등기부에 소유권이나 저당권이 설정되려면 정당한 권원의 매매계약서나 저당권설정계약서가 있어야 하지만 위조나 사기로 소유권이나 저당권이 설정되는 경우가 있다. 이런 경우 진정한 권리자는 소송을 통해 소유권이나 저당권을 회복 또는 말소할 수 있는데, 이런 소송이 제기되었음을 등기부에 기재하여 제3자에게 알려 주는 것이다.

예고등기가 돼 있는 부동산을 경매로 낙찰 받았을 경우 권리를 빼앗길 수 있기 때문에 예고등기가 있는 물건은 입찰을 하면 안 된다. 그러나 예고등기를 해 놓은 물건 중에서 입찰해도 되는 경우가 있다. 소송에서 져서 패소가 확정됐으나 아직 등기부가 정리되지 않아 기록만 남아 있는 경우다. 등기부등본 상의 예고등기 사건번호와 예고등기권자의 이름을 대법원 인터넷 사이트에서 검색하여 진행 상황을 확인한다.

예고등기의 진실을 가리려면 등기부등본을 분석하고 폐쇄등기부등본까지 확인을 해야 한다. 등기부등본 상의 예고등기 사건번호로 대법원 사이트에서 소송이나 서면, 진행 등을 확인할 수 있다. 간혹 소유자가 계획적으로 제3자와 짜고 가짜로 예고등기를 기재한 후 경매에서 낙찰가를 싸게 해서 낙찰 받는 경우도 있다. 대법원 사이트를 통해 소송 사건번호를 확인해본 결과 소장만 접수하고 실제로 재판다툼이나 서면이 오고가는 것이 없거나, 강력한 소송 흔적이 없으면 가짜 예고등기일 경우가 유력하다. 이런 경우에는 낙찰을 받게 되면 큰 수익을 올릴 수 있다.

예고등기가 말소되지 않으면 경락 후 처분이나 하자로 인해 금융대출 등을 할 수 없다는 점을 명심해야 한다. 예고등기 접수일자가 저당권 또는 가압류보다 앞서있는 경우에는 예고 등기소송 내용에 따라 소유권을 상실할 수도 있어 이런 경우도 입찰을 피하는 것이 좋다. 선순위 가등기가 말소되어 다시 살리겠다는 예고등기는 소송에 이겨 본등기를 하게 되면 경락자는 소유권을 상실하게 된다. 그래서 초보는 저당권보다 예고등기가 먼저인 경우는 피하는 것이 좋다.

예고등기 일자 자체가 중요한 것이 아니라, 예고등기 내용이 중요하다. 즉, 예고등기의 목적이 무엇인지에 따라 투자할 수 있는지 없는지 판가름이 나는 것이다. 예고등기는 촉탁등기로 법원에 의해서만 등기가 가능하고 경매법원에서는 예고등기의 말소권한이 없어 '예고등기는 인수한다' 라고만 기재되어 있다.

나는 예고등기 때문에 수차례 유찰이 된 물건을 조사해서 해결이 가능한 땅이라고 판단돼 낙찰을 받아 성공한 사례가 있다. 땅의 전 소유자가 토지를 매각

할 때 잔금 중에서 1,500만 원을 덜 받은 상태에서 소유권이전을 해 주었으나 현재 소유자가 1,500만 원의 잔금을 지급하지 않고 있었다. 전 소유자는 소유권말소청구소송을 제기했고, 등기부등본에 소유권말소 예고등기가 등재된 것이다. 나는 낙찰을 받고 소송을 제기한 전 소유자를 찾아가 2,000만 원을 주기로 약속하고 소송취하 서류를 받았다. 철저한 권리분석을 하여 문제 해결을 하고 땅을 반값에 낙찰 받은 것이다.

예고등기를 이용한 사기행각의 예

예고등기 자체는 등기말소 소송이 제기된 사실을 경고하는 목적을 가질 뿐 그 자체로서 부동산에 대한 권리의 발생이나 변경, 소멸, 처분 금지 등의 효력은 없다. 예고등기권자가 등기부등본에 예고등기를 기재하기 위해서는 등기원인의 무효 또는 취소에 의한 등기의 말소 또는 회복의 소가 제기되어야 한다. 이러한 소를 수리한 법원은 즉시 촉탁서에 소장의 등본이나 초본을 첨부하여 이를 등기소에 촉탁하여야 한다.

경매를 신청한 근저당권자의 근저당권말소 예고등기가 있는 경우 부동산 소유자가 승소하면 소유자는 낙찰자를 상대로 소유권이전등기말소청구소송을 제기하고 무효인 근저당권 등기를 원인으로 경매 낙찰자는 낙찰 받은 소유권을 빼앗기는 것이다.

그런데 경매에서 낙찰자에게 항거할 수 없는 채무자가 거주기간을 연장하기 위해 가짜 예고등기를 만드는 경우가 있다. 채무자가 지인과 짜고 소유권 다툼이 있는 것처럼 소를 제기해 등기부등본에 예고등기를 기재하는 것이다. 낙찰자는 예고등기를 나중에 발견하고 법원에 예고등기의 송사가 종결될 때까지 잔금납부를 미루는 신청을 하고 법원은 받아들인다. 가짜로 예고등기를 신고한 채무자의 뜻대로 되는 것이다.

만일 예고등기가 있더라도 소송에서 원고가 패소하면 경매 결과에 영향을 미치지 못하기 때문에 하자가 없다. 그러나 예고등기의 결과를 예측하기는 어렵다. 말소기준등기 이후에 설정된 근저당권이 예고등기의 대상일 경우는 참여해도 괜찮지만 소유권에 영향을 미치는 소유권에 관한 소송의 예고등기는 참여하지 않는 것이 일반적이다.

예고등기가 있는 특수물건은 소유권을 잃을 수도 있는 모험이다. 소송의 내용을 상세히 알고 소송의 결과를 명백히 판단할 수 있거나 소송의 결과가 경매물건의 권리변동에 영향이 없다는 것을 확신한 경우에만 참여해야 한다.

예고등기의 허점을 이용하여 감정가 100억의 건물을 32억에 낙찰 받은 사기사건이 기사화된 적이 있었다. 7층짜리 주상복합 상가 건물을 낙찰 받은 이 씨가 그 주범이다. 이 씨는, 네 번이나 유찰되면서 40억 원까지 낙찰가가 떨어지는 것을 지켜보았다. 드디어 다섯 번째 경매에 제3자인 권 씨가 43억 원에 낙찰을 받았으나 사기꾼 이 씨로 인해 포기해야 할 처지에 이르렀다. 권 씨는 입찰보증금으로 4억 원을 납부한 뒤 건물을 담보로 은행에서 25억 원을 대출받을 계획이었다. 이때, 이 씨는 가짜 차용증서를 만들어 소유권보존등기말소청구소송을 법원에 제기했다. 권 씨가 경락대금을 완납하기 전에 예고등기를 등기부에 표시하기 위한 조치였다. 이 씨가 청구한 예고등기로 인해 권 씨는 은행에서 대출을 받지 못했고 잔금을 치를 수 없어 보증금을 포기해야 했다. 그 뒤 사기꾼 이 씨는 건물에 대한 재경매를 한차례 더 유찰시킨 뒤 7회 경매에서 32억 원에 직접 낙찰을 받았다. 사기꾼 이 씨는 예고등기 제도의 허점을 이용하여 같은 수법으로 1,000억 원대의 경매 낙찰가를 조작한 혐의로 구속되면서 사기사건 행각이 드러났다.

이와 같이 예고등기가 기재된 경매 물건의 경우에는 경락을 받더라도 법적 분쟁의 소지가 있다. 또한 예고등기로 인해 금융기관에서 대출을 제한하니 경락대금 미납으로 재경매가 이뤄지는 사례가 많다. 철저한 권리분석과 하자의 대비책이 있은 후 응찰을 해야 한다.

지분매각, 공유물분할을 활용하라

지분매각 물건의 투자요령

지분매각이란 법률적으로 규정한 것이 아니고 토지 또는 건물의 일부 지분, 집합건물의 대지권에 대하여 경매하는 것을 말한다. 경매에서 지분매각은 토지와 일반 건물, 그리고 다세대 등 여러 종류의 매각물건에서 공유지분이나 전유부분, 대지권 지분 등 여러 가지 형태로 나타난다. 다세대와 연립주택의 대지권 지분에 투자하려면 건물등기부에 가등기나 근저당권, 대항력이 있는 임차인이 있는지 등을 확인해야 한다.

대지권의 지분경매가 진행되었을 경우 낙찰을 받은 후 전유부분 소유자를 상대로 다세대 건물의 전유부분에 대하여 매도청구권을 행사할 수 있다. 이 경우 건물을 매수하거나 토지사용료를 기초로 건물을 경매 처분할 수 있다. 당초 토지 지분을 낮은 가격에 매수하였던 것과 함께 건물까지도 낮은 가격에 매수할 수 있어 이러한 지분경매는 높은 수익률을 올릴 수도 있다.

지분경매는 토지나 건물의 일부분에 대해 경매를 진행하는 것이다. 상속을 받았거나 공동으로 투자를 받은 경우나 공동 투자를 한 경우 한 소유자가 채무를 변제하지 못하면 해당 부분에 대해서 지분 경매가 이뤄진다. 지분경매는 공유자와 분할 협의만 된다면 단시일에 고수익을 올릴 수 있는 기회가 된다. 그러나 분할 협의가 쉽지 않아 일반인이 기피하고 유찰되어 낙찰가가 떨어지는 이유가 된다.

땅에 대한 사용 권리를 낙찰 받으면 집합건물은 대지권이 없어진다. 이 경우 토지소유자가 건물 소유자에게 팔라고 하거나 토지사용료를 청구할 수가 있다. 건물만 경매로 들어가는 경우가 있는데 이 경우 낙찰가격이 크게 떨어진다. 대지권도 싸게 받고 건물도 싸게 낙찰 받아 투자수익률이 매우 높아 일석이조다.

대지권의 지분을 경매 받아 건물소유자를 상대로 건물 매도청구권을 이용해 매수하거나 건물경매로 싸게 낙찰 받는 방법이 있다. 대지권을 낙찰 받을 때 건물등기부등본을 확인해서 가등기나 임차인 임차보증금, 근저당권, 임차인의 대항력 여부 등을 확인해야 한다. 건물주가 토지사용료를 내지 않아 경매 처분할 때 인수해야 할 경우가 있기에 금액이 과다하다면 지분매각 입찰에 들어가지 않는 것이 좋다.

대지권 지분을 낙찰 받기 전에 건물등기부등본에 건물 자체가 지분매각 경매 이전에 경매로 소유권이 바뀌었는지 반드시 확인해야 한다. 경매로 건물을 취득한 소유자가 대지권도 취득해 소유권을 이전하는 경우가 있기 때문이다. 경매로 건물 소유권이 이전되었으면 사건번호를 확인해서 매각물건명세서에 토지 별도등기 저당권 인수가 있는지의 여부를 꼭 확인해야 한다.

새우가 고래를 삼키다

투자가치가 높아 매입하려고 점을 찍어 둔 17만 평의 땅이 있었다. 그러나 17만 평을 통째로 살 자금이 있는 데도 매입하지 않았다. 누구보다도 그 땅을 간절히 매입하고자 했음에도 불구하고 참았다. 그 땅을 오랫동안 주시하고 정보를 입수한 결과 곧 그 땅이 경매로 나올 것이라는 판단이 들었기 때문이다. 나는 이런 경우를 새우가 고래를 삼킬 수 있는 좋은 작품이라고 생각했다. 이 땅의 작은 평수만 매입해 17만 평을 전체를 삼킬 수 있는 작전을 폈다. 첫 번째 작전으로 17만 평 4필지 중 도로지분만 매입하였다. 자금사정이 좋지 않은 토지 소유자는 내가 다른 필지에 비해 비싸게 도로지분을 매입하려고 하자 급한 불부터 끄자는 심정으로 내게 땅을 팔았다.

매입한 도로 지분은 157평이었고 나는 지분을 매입하면서 공유지분에 대한 우선매수권이 생겼다. 지분경매에서는 우선매수권이 강력한 무기임을 나는 누구보다도 잘 안다. 공유자 우선매수권 제도는 우리나라에만 있는 제도이다. 공동 소유자 지분 중에서 일부 공유자의 지분만 경매가 진행될 때 공동 소유자가 최고가 매수신고인이 신고한 금액과 동일한 가격으로 매수할 것을 신고하는 것을 말한다. 그야말로 공유자는 매수보증금 10%만 준비하고 있다가 원하는 최고가 매수가격이 나왔을 때 낙찰을 받는 혜택이다.

공유자 우선매수권 제도는 구 민사소송법과 민사집행법이 다르게 적용된다. 구 민사소송법에서는 매수보증금 없이 공유자는 우선매수권 신청이 가능하다. 이로 인해 일반인은 참여를 꺼리게 되므로 매각가가 떨어지고 공유자도 우선매수권을 행사하지 않으면 채권자만 힘든 상황이 된다. 그런데 현 민사집행법

물건분석표

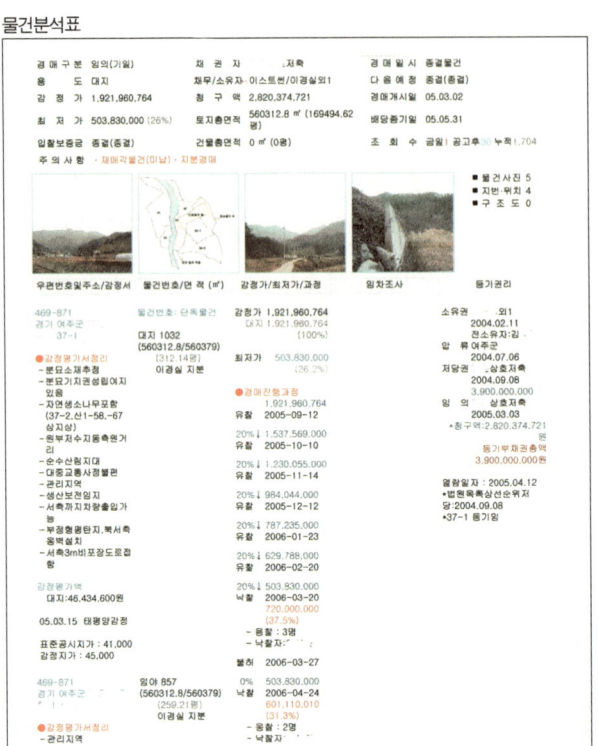

은 우선매수권 신청 후 응찰자가 없으면 자동 유찰이 되지 않고 최저 매각가에 공유자가 매수하도록 법이 개정되었다. 그러나 아직도 상당수 법원에서는 입찰 불능 시에 자동유찰로 공유자가 혜택을 받고 있다.

　공유자끼리 분쟁이나 기타 등등의 이유로 공유물을 분할할 경우 공유물분할 청구를 할 수 있다. 현물분할과 대금분할 방법이 있는데 소송으로 이어질 경우에는 법원에서 경매를 거쳐 가격분할을 한다. 이 경우가 공유물분할 판결에 의한 공유물 경매이다.

　그런데 공유물분할 판결에 의해 공유물 전부를 경매에 붙여 매각대금을 분

여주4계 2005- 상세정보

경매구분	임의(기일)	채 권 자	상호저축	경매일시	종결물건
용 도	대지	채무/소유자	!/ 외1	다음예정	종결(종결)
감 정 가	1,921,960,764	청 구 액	2,820,374,721	경매개시일	05.03.02
최 저 가	503,830,000	토지총면적	560312.8 m² (169494.62평)	배당종기일	05.05.31
입찰보증금	종결(종결)	건물총면적	0 m² (0평)	조 회 수	금일1 공고후31 누적1,705

주의사항 · 재매각물건(미납) · 지분경매

물건 투자 쟁점 사항

재 매각 물건이며, 지분 경매

물건 사진

우편번호및주소/감정서	물건번호/면적 (m²)	감정가/최저가/과정	임차조사	등기권리
469-871 경기 여주군 점동면 37-1 ●감정평가서정리 - 분묘소재추정 - 분묘기지권성립여지 있음 - 자연생소나무포함 (37-2,산1-58,-67 삼 지상) - 저수지동측원거 리 - 순수산림지대 - 대중교통사정불편 - 관리지역 - 생산보전임지 - 서측까지차량출입가 능 - 부정형평탄지,북서측 용벽설치 - 서측3m비포장도로접 함 감정평가액 대지:46,434,600원 05.03.15 태평양감정 표준공시지가 : 41,000 감정지가 : 45,000	물건번호: 단독물건 대지 1032 (560312.8/560379) (312.14평) 이 지분	감정가 1,921,960,764 대지 1,921,960,764 (100%) 최저가 503,830,000 (26.2%) ●경매진행과정 1,921,960,764 유찰 2005-09-12 20%↓ 1,537,569,000 유찰 2005-10-10 20%↓ 1,230,055,000 유찰 2005-11-14 20%↓ 984,044,000 유찰 2005-12-12 20%↓ 787,235,000 유찰 2006-01-23 20%↓ 629,788,000 유찰 2006-02-20 20%↓ 503,830,000 낙찰 2006-03-20 720,000,000 (37.5%) - 응찰 : 3명 - 낙찰자:이진환 불허 2006-03-27		소유권(외1 2004.02.11 전소유자: 압 류 여주군 2004.07.06 저당권 상호저축 2004.09.08 3,900,000,000 임 의 좋은상호저축 2005.03.03 +청구액:2,820,374,721원 등기부채권총액 3,900,000,000원 열람일자 : 2005.04.12 +법원목록상선순위저 당:2004.09.08 +37-1 등기임

*

계속

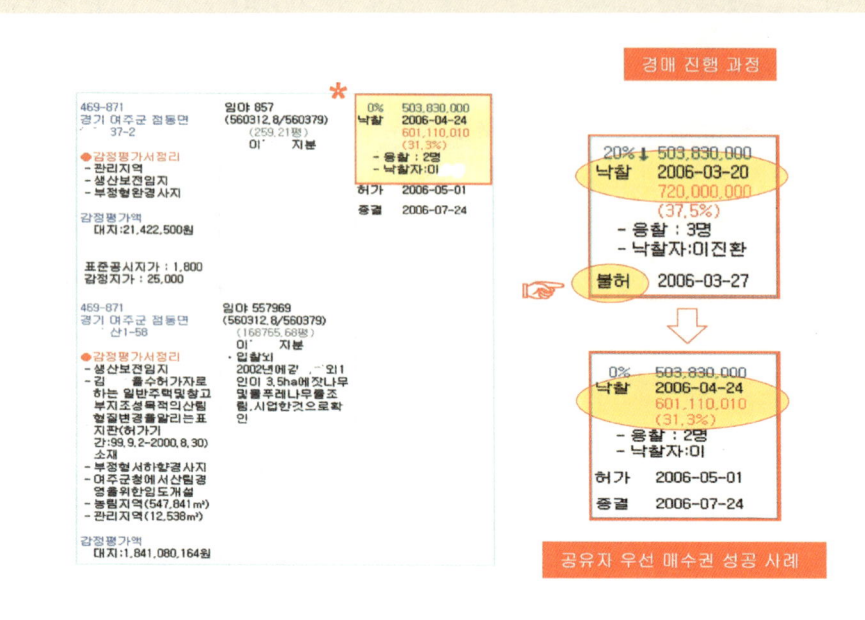

469-871
경기 여주군 점동면
  37-2

임야 857
(560312,8/560379)
(259,21평)
이 지분

0%   503,830,000
낙찰 2006-04-24
      601,110,010
        (31,3%)
 - 응찰 : 2명
 - 낙찰자:이

허가   2006-05-01
종결   2006-07-24

◆ 감정평가서정리
 - 관리지역
 - 생산보전임지
 - 부정형완경사지

감정평가액
대지:21,422,500원

표준공시지가 : 1,800
감정지가 : 25,000

20%↓ 503,830,000
낙찰 2006-03-20
      720,000,000
        (37,5%)
 - 응찰 : 3명
 - 낙찰자:이진환

불허 2006-03-27

469-871
경기 여주군 점동면
  산1-58

임야 557969
(560312,8/560379)
(168765,68평)
이 지분
· 입찰외
2002년에강, 외1
인이 3,5ha에잣나무
및 물푸레나무묘조
림,사업한것으로확
인

◆ 감정평가서정리
 - 생산보전임지
 - 김   흡수허가자로
하는 일반주택및창고
부지조성목적의산림
형질변경을알리는표
지판(허가기
간:99,9,2-2000,8,30)
소재
 - 부정형서하향경사지
 - 여주군청에서산림경
영율위한임도개설
 - 농림지역(547,841㎡)
 - 관리지역(12,538㎡)

감정평가액
대지:1,841,080,164원

0%   503,830,000
낙찰 2006-04-24
      601,110,010
        (31,3%)
 - 응찰 : 2명
 - 낙찰자:이

허가   2006-05-01
종결   2006-07-24

구 분8	임의 경매(지분)	채 권 자	좋은상호 저축은행
용 도	토지	채무 및 소유자	외 1
감 정 가	1,921,960,764	청 구 액	2,820,374,721
낙 찰 가	601,110,010	감정가 대비	31.3%
면 적	토지 560,312.8㎡ (169,494.62 坪)	목 적 물	경기도 여주군 점동면 37-1
매도가격	1,000,000,000	수익률	166%
주 요 사 항	재매각물건(미납), 지분경매		

물건 쟁점 사항	물건 해결 내용
- 재매각 물건 - 공유자 우선 매수권	- 공유자 우선 매수권 취득을 위해 일부 도로 지분을 매입 - 낙찰 후 3개월 만에 재매각

배하는 공유물 지분경매 시에는 공유자 우선매수권을 인정하지 않는다. 또한 공유물분할 경매 시에는 등기부상의 권리관계나 임대차관계가 낙찰 후 소멸되지 않고 낙찰자가 인수해야 한다는 점에 유의해야 한다. 서울중앙지방법원 등 일부 법원에서는 등기부등본의 권리관계를 소멸시켜 주고 있다.

나의 예상대로 17만 평의 토지가 경매에 나왔는데 감정가 20억에서 최저가 5억 1,000만 원까지 내려갔다. 드디어 6억에 응찰자가 나왔는데 나는 우선매수 청구권을 행사하여 낙찰을 받았다. 응찰자인 노인은 최고가로 낙찰을 받은 줄 알고 좋아했다가 내가 갑자기 나타나 낙찰 받으니 어의가 없어 노발대발하였다. 노인은 지분경매에서는 공유자에게 우선권이 있다는 설명을 들었지만 끝내 인정하지 않았다. 나는 철저한 계산 끝에 17만 평을 낙찰 받기 위해 미리 157평을 매입하였던 것이었고 오랜 준비 끝에 그야말로 새우가 고래를 삼킨 작품이 되었다.

감정가 20억 짜리 땅을 6억에 낙찰 받아 대출을 4억 받으니 20억 땅을 현금 2억에 투자한 것이다. 공시지가만 19억이 되는 땅이었다. 4개월 후 그 땅을 10억5,000만 원에 매도하였다. 지분경매에서 공유자 우선매수권을 제대로 활용한 사례이다.

샴쌍둥이 같은 지분권자들의 운명

응찰자들이 지분경매를 기피하는 이유는 공유자의 우선매수권이라는 권리로 낭패를 겪을 수 있기 때문이다. 우선매수권이란 낙찰을 받았어도 지분경매

물건의 공유자가 우선매수권을 행사하여 취득하면 낙찰자는 자동으로 낙찰 취소가 된다. 물론 법원에서 우선매수 신청의 기회를 주는 것은 지분 관계 변화에 따른 분쟁과 혼란을 막기 위한 것이지만, 응찰자들에게는 불참의 이유가 된다.

또한 지분경매는 낙찰이 된 후 추후 재산권 행사나 매각이 쉽지 않다. 공유 지분 부동산은 거래도 좀처럼 쉽지 않다. 토지의 경우는 건물을 지으려고 해도 지분을 공유하고 있는 사람들이 동의해 주지 않으면 안 되는 어려움이 있다. 그러나 지분경매의 단점을 원만하게 해결할 수 있다면 오히려 싸게 낙찰을 받을

입찰대상 압류재산

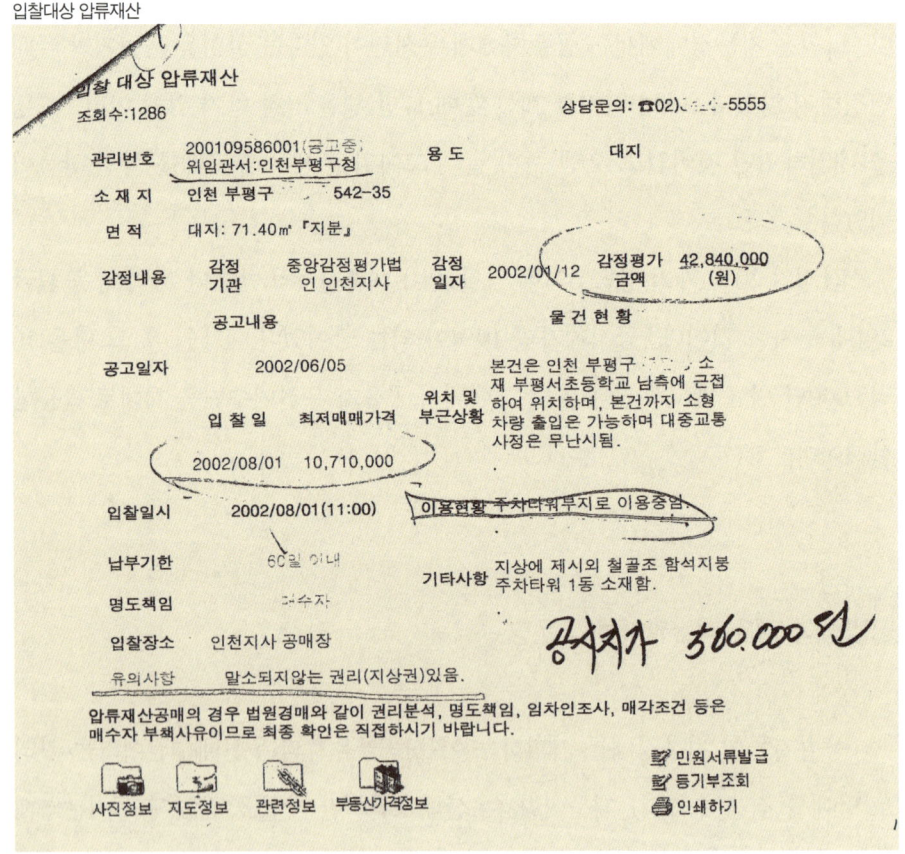

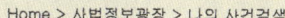
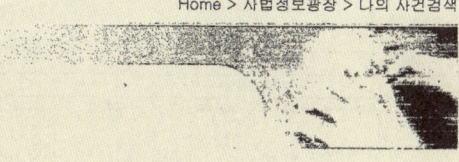

나의 사건검색

사건일반내역 | 사건진행내역   검색화면으로

☑ 인천지방법원 사건

[기본내역]

사건번호	2002가단○○○○	사건명	공유물분할
원 고	이진환	피 고	외 2명
재판부	민사2단독		
접수일	2002.11.07	종국결과	

전 체 | 기 일 | 명 령 | 제출서류 | 송 달

[진행내역]

일 자	내 용	결 과
2002.11.08	피고 ○○○에게 소장부본/소송안내서 송달	
2002.11.08	피고 ○○○에게 소장부본/소송안내서 송달	
2002.11.08	피고 ○○○에게 소장부본/소송안내서 송달	
2002.11.20	피고 ○○○에게 소장부본/소송안내서 송달	2002.11.13 도달
2002.11.20	피고 ○○○에게 소장부본/소송안내서 송달	2002.11.13 도달
2002.11.21	원고 이진환에게 주소보정 명령 등본 송달	
2002.11.21	피고 ○○○에게 소장부본/소송안내서 송달	2002.11.21 폐문부재

송달내역은 법원에서 해당 당사자(대리인)에게 해당 내용의 송달물을 발송한 내용입니다.

- 이 화면을 통해 제공되는 사건의 정보는 참고 자료로만 활용하시고 제공된 사건정보에 대해서는
어떠한 법적인 효력이 없음을 알려드립니다. 보다 상세한 내용은 해당 법원에 문의 하시기 바랍니다.

주소보정 ½

수 있고 높은 수익을 올릴 수 있는 절호의 기회이다.

주차장부지의 지분을 낙찰 받아서 재판 진행 중에 화해하고 매매한 사례가
있다. 나는 공매로 주차장 부지를 낙찰 받고 해당구청에 확인을 갔는데 해당 부

(열람용)등기부 (말소사항 포함) - 토지

인천광역시 부평구 542-35

고유번호 1242-1996-026956

[표 제 부]　　　　(토지의 표시)

표시번호	접 수	소재지번	지목	면적	등기원인 및 기타사항
1 (전 1)	1979년 12월 30일	인천광역시 북구 542-35	대	178.5m²	부동산등기법 제177조의 6 제1항의 규정에 의하여 2001년 06월 12일 전산이기
2		인천광역시 부평구 542-35	대	178.5m²	1995년3월1일 행정구역명칭변경으로 인하여 2001년8월28일 등기

[갑　　구]　　　　(소유권에 관한 사항)

순위번호	등 기 목 적	접　　수	등 기 원 인	권 리 자 및 기 타 사 항
1 (전 4)	소유권이전	1994년7월12일 제89352호	1994년6월1일 매매	공유자 지분 20분의 8 김　　　-1358019 　인천 북구 368 　아파트 102동 205호 지분 20분의 5 장　　　-1770019 　인천 북구 70-5 　아파트 3동 1201호 지분 20분의 4 고　　　-1155119

file://C:\DOCUME~1\이진환님\LOCALS~1\Temp\triHNEKM.htm

2002-10-12

서 직원이 소유권이전도 안 되는 땅을 왜 샀느냐며 의문을 가졌다.

　　그러나 나는 유유히 잔금을 치렀다. 주차장 부지의 소유자는 세 명이었고 그 중 한 사람분의 지분만 공매로 나왔다. 나는 그 한 사람의 지분을 낙찰 받았다. 그리고 두 명의 지분권자들에게 협상을 했다. 나는 1,000만 원에 낙찰된 주차장 부지의 지분 땅을 나머지 지분권자들에게 1,800만 원에 매입해 주기를 권했다.

　　그러나 주차장 부지는 용도변경이 안 되기 때문에 지분권자들이 추가 매입을 거부했고, 나는 소송을 걸었다. 지분권자들이 재판을 하게 된 이유에 대해 의문을 가졌다. 판사는 지분권자들이 낙찰된 땅을 사지 않으면 공동 지분권자로

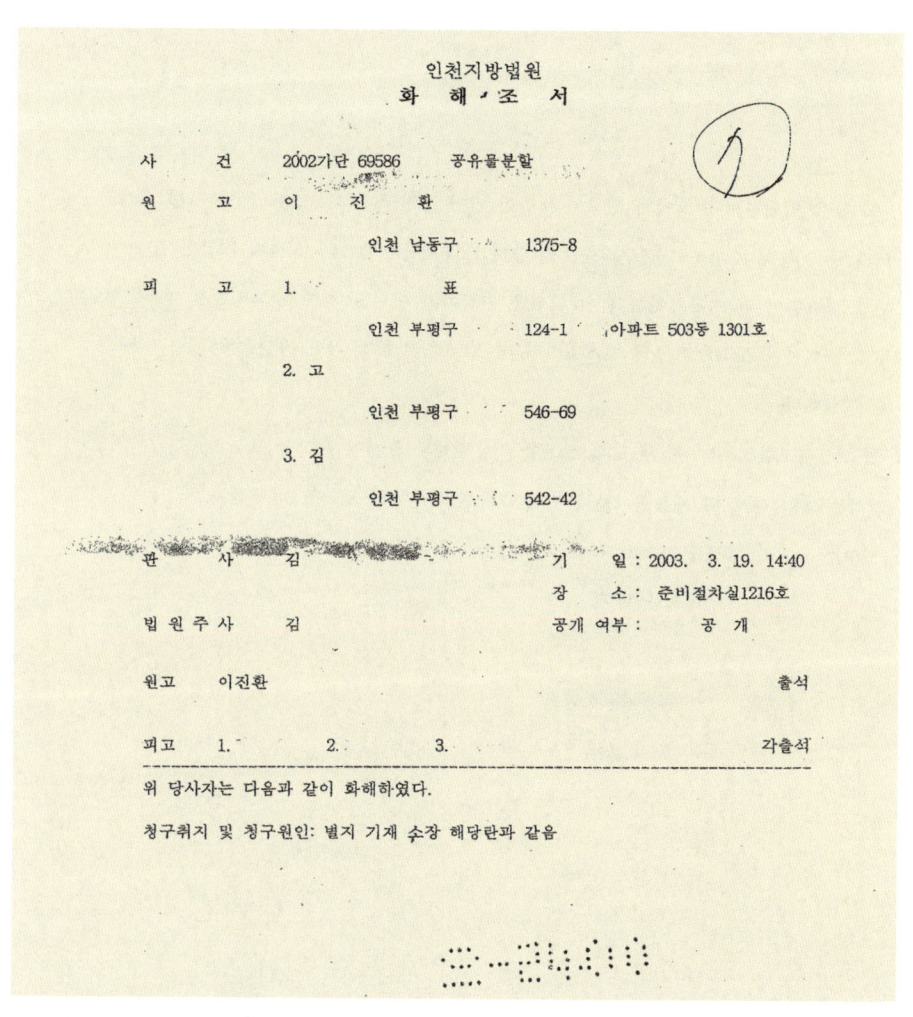

경매가 진행된다고 했다. 두 사람의 지분권자들은 빚도 없고 경매로 진행될 이유가 없다고 항의했다.

그러자 판사는 민법 269조에 의해 지분권자끼리 합의가 안 되면 판사 직권으로 경매를 할 수 있다는 조항을 알려줬다. 즉, 공동 지분인 낙찰자 땅을 매입

화해조항

1. 피고들은 연대하여 원고에게 원고의 소유인 인천 부평구 -   542-35 대 178.5평방

   미터 중 20분의 8 지분의 매수대금으로 금18,000,000원을 2003.9.15.까지 지급한다.

   만일 피고들이 위 지급기일까지 위 금원을 지급하지 아니할 때에는 그때까지 미지급한

   금원에 대하여 2003.9.16.부터 완제일까지 연 12%의 비율에 의한 지연손해금을 가산하

   여 지급한다.

2. 원고는 피고들로부터 위 제1항의 금원을 지급받음과 동시에 피고들 또는 피고들이 지

   정하는 제3자에게 위 부동산지분에 관한 소유권 이전등기 절차를 이행한다.

3. 원고는 나머지 청구를 포기한다.

4. 소송비용은 각자 부담으로 한다.

법 원 주 사   김

판   사   김

하지 않으면 경매 진행을 하겠다고 했다. 지분권자들은 경매로 진행하는 것을
원치 않았으므로 울며 겨자 먹기로 추가로 지분의 땅을 매입하게 되었다. 빚으

로 땅이 넘어간 공동 지분권자 중 한 사람 때문에 원치 않은 땅을 추가로 매입하
게 되었던 것이다.

원고1

인천 남동구 구월동
1375-8
이진환

405-220

인 천 지 방 법 원
보 정 명 령

사 건   2002가단 69586 공유물분할
　　　　 [원고 이 진 환 / 피고 　 　 　 　 외 2명]

원고1 이진환   (귀하)

피고 　 　 　 에 대하여
소장부본이 송달되지 않습니다.   송달불능사유 : 폐문부재]
[피고 장상표
　원고는 이 보정명령을 받은 날부터 21일 안에 아래와 같은 요령으로 주소보정을 하시기
바랍니다. 송달료의 추가납부가 필요한 경우에는 주소보정과 함께 그 금액을 납부하여야
합니다.
　위 기한 안에 주소보정을 하지 아니하면 소장이 각하될 수 있습니다
(민사 소송법 제255조 제2항 참조).

　　　　　　　　　2002. 11. 21.　　　　　　 등 본 입 니 다
　　　　　　　　　　　　　　　　　　　　　　 법원주사보 　 　 　
　　　　　　　　　　판 사   김 　 　 　 (인)

□ 주소보정	피고 　 　 　 　 　 에 대하여 다음 주소로 송달하여 주시기 바랍니다. 주소:　　　　　　　　　　　(우편번호　　　-　　　)	
□ 재송달신청	피고 　 　 　 　 　 (이)가 종전 주소지에 거주하고 있습니다. 같은 주소에 다시 송달하여 주시기 바랍니다.	
✔특별송달 　신청	피고 　 　 　 　 　 에 대하여 집행관 또는 법정경위에 의한 특별송달(□ 주간송달 　 야간송달 　 휴일송달)을 하여 주시기 바랍니다.	
□ 공시송달 　신청	피고 　 　 　 　 의 주소를 알 수 없으므로, 공시송달을 하여 주시기 바랍니다.(첨부서류　　　　)	

　　　　　　　　2002. 11. 21.　　　　　　　 신청인 :

[주소보정요령]
1. 송달가능한 피고의 주소가 확인되는 경우에는 주소보정란의 □ 에 "∨" 표시를 하고
　주소를 적은 후 이 서면을 법원에 제출하시기 바랍니다.
2. 피고가 종전에 적어 낸 주소지에 그대로 거주하고 있으면 재송달신청란의 □ 에 "∨" 표시
　를 하여 주민등록등본 등 소명자료와 함께 이 서면을 법원에 제출하시기 바랍니다.
3. 수취인부재,폐문부재 등으로 송달되지 않는 경우에 특별송달(집행관송달 또는
　법정경위송달)을 희망하는 때에는 특별송달신청란의 □ 에 "∨" 표시를 하고, 주간송달·
　야간송달·휴일송달 중 희망하는 란의 □ 에 "∨" 표시를 한 후, 이 서면을 송달료와 함께
　법원에 제출하시기 바랍니다.(송달료는 지역에 따라 차이가 있을 수 있으므로 우리 재판부
　또는 접수계에 문의하시기 바랍니다.)
4. 공시송달을 신청하는 때에는 공시송달신청란의 □ 에 "∨" 표시를 한 후 주민등록말소자등본
　등 공시송달요건을 소명하는 자료를 첨부하여 제출하시기 바랍니다.

지분으로 부동산을 매입할 때는 지분권자들도 잘 만나야 한다. 지분권자를
잘못 만나면 억울하지만 빚더미에 넘어가는 공동 지분권자와 샴쌍둥이처럼 운명

을 함께 해야 하는 상황이 발생할 수 있다. 그러니 지분 부동산을 매입할 때는 지분권자들의 자금 압박이나 경매 가능성도 체크해보아야 낭패를 당하지 않는다.

사실 이 주차장 부지는 구청에서 지원을 받아서 용도변경이 불가능하다. 대신 주차장 부지의 주차타워 설치비용을 구청으로부터 지원받았다. 이 주차장부지는 건물에 있는 지하 주차장이 아니고 건물에서 50m 도로에서 들어간 이면 도로에 있는 나대지 주차장이다. 주택가 근처의 주차장 부지로 땅값 상승여력이 없는 땅이었다. 그야말로 싼 맛의 땅이다.

참고로 건물에 주차장을 짓지 않고 건물에서 떨어진 곳에 주차장을 지어도 된다. 주차장 부지가 따로 있다면 대로변 건물 땅값이 비싸니 땅값이 싼 후면에 주차장 부지를 지어 허가를 받는다. 낙찰 받은 지분의 땅이 이런 경우였다.

구분소유가 무엇이기에!

　내게도 쓴 맛을 본 사례가 있다. 비록 큰 손해는 나지 않았지만 권리분석을 소홀히 해 지분을 낙찰 받고도 공유물분할소송에서 패소했다. 패소한 결정적 이유는 재판 진행 중에, 20년 전에 구분 소유하기로 합의된 것을 피고가 제출하여 입증이 되었기 때문이다.

　구분소유는 한 동(棟)의 건물을 둘 이상의 건물로 구분하여 각각 독립된 소유권의 객체로 하는 관계를 말한다. 구분소유의 대상이 되는 건물을 집합건물이라고 한다. 구분소유가 되려면 그 대상인 건물 부분이 구조상·기능상 독립성을 가져야 한다.

　민법에서는 여러 사람이 한 채의 건물을 구분하여 각각 그 일부분을 소유하는 때에는 건물과 그 부속물 중 공용하는 부분은 공유로 추정한다. 공용부분의 보존에 관한 비용 기타의 부담은 각자의 소유부분의 가액(價額)에 비례하여 분담하고, 이때의 공용부분에 대하여는 분할청구를 인정하지 않는다.

　구분 소유적 공유관계에 있는 경우 공유자 중 1인이 소유하고 있는 건물과 대지는 다른 공유자와의 관계가 그 공유자의 단독소유로 된다. 건물을 소유하고 있는 공유자가 그 건물 또는 토지지분에 대하여 저당권을 설정하였다가 저당권 실행으로 소유자가 달라지면 건물 소유자는 그 건물의 소유 법정지상권을 취득한다. 이는 구분소유적 공유관계에 있는 토지의 공유자들이 그 토지 위에 각자 독자적으로 별개의 건물들을 소유하면서 그 토지 전체에 대하여 저당권을 설정하였다가 그 저당권의 실행으로 소유자가 달라진 경우도 마찬가지이다.

　지분건물이기에 팔리지 않아 임차인이 보증금반환청구소송으로 강제경매

낙찰건물 리모델링 전

리모델링 후

고시원으로 리모델링 후 옥상1

고시원으로 리모델링 후 옥상2

고시원으로 리모델링 후 내부

하였다. 감정가 5억 4,000만 원의 지분 건물을 1억 3,000만 원에 낙찰 받았다. 처음에는 싸게 구입한 것으로 생각했지만 오산이었다. 오산시장의 중심지로 재래시장이 활성화되었을 때는 시세가 맞았으나 재래시장이 활성화되지 못하면서 매매도 안 되고 가격은 터무니없이 내려가고 있었다. 그야말로 감정가

5억 4,000만 원만 믿고 낙찰을 받았다가 팔리지 않아 2년 만에 애를 먹고 털게 되었다.

　감정가만 믿고 잘 아는 지역이라고 자만하여 서류만 분석하고 현장답사를 하지 않았던 것이 패인이었다. 더욱이 공유물분할소송 진행 중에 구분소유 합의 사항이 입증되어 패소까지 하였다. 결국 매매가 진행이 되지 않자 나는 결국 경매로 진행시켜 처분하는 것으로 매듭지었다.

토지별도등기는 인수조건을 확인한다

토지별도등기란 건물을 짓기 전에 토지에 저당권 등 제한물건이 있는 경우 토지와 건물의 권리관계가 일치하지 않아, 건물 등기부에 '토지에 별도의 등기가 있다' 라는 표시를 하기 위한 등기를 말한다. 통상 집합건물(아파트, 다세대, 연립)은 토지와 건물의 소유자가 일치해서 거래된다. 그런데 건물을 짓기 전에 토지에 저당권, 가압류 등기가 되어 있었는데, 건물이 완성된 후 이를 말소하지 못하는 경우가 발생한다. 이런 경우 집합건물 등기부등본에 토지에 별도등기가 되어 있다는 것을 알려 주게 된다.

집합건물을 짓기 전에 건축주가 토지에 저당권을 설정하고 대출을 받아 공사비용을 충당하는 경우가 많다. 건축주는 완공 후에 분양할 때는 대출금을 변제하고 등기부를 깨끗하게 만들어야 분양이 잘 된다. 만일 대출금을 변제하지 않게 되면 대지권에 저당권이 설정된 상태로 남아 있기 때문에 매입자가 매입을 꺼릴 수밖에 없다. 건설회사가 토지를 담보로 설정하고 돈을 빌려 공동주택을 지은 다음, 저당권을 풀고 세대별로 대지권등기를 해 줘야 하는데 이를 무시하고 도주해 버린 경우도 있다. 경매물건에서 토지별도등기도 법률문제로 풀어야 하는 특수물건에 해당한다.

경매물건에 '토지별도등기 있음' 이라고 명시되어 있으면 반드시 토지등기부등본을 별도로 떼어 보고, 매각물건명세서상에서 등기된 사항(인수되는 권리가 있는지)을 확인한 후 입찰에 응해야 한다. 토지별도등기가 있는 물건이 경매로 나왔을 경우에는 토지 저당권자는 토지, 건물 매각대금 중 토지 매각대금에서 지분만큼 받아가고, 소유권이 이전될 때 토지별도등기를 말소해 줘야 한다.

물건에 '토지별도등기 있음' 으로 되어 있는데 토지등기부에 저당권이 말소되어 있을 경우에는 신경 쓸 필요가 없다. 토지별도등기가 되어 있는데 토지등기부에 가처분, 보전 가등기 등 소멸되지 않는 권리가 있을 경우에는 해당지분만큼 매수인이 인수해야 하기 때문에 입찰에 신중을 기해야 한다.

고수들에게 '토지별도등기' 가 적용되는 물건이 투자처인 까닭은 토지에 설정된 저당권의 실행으로 토지의 소유자가 바뀌게 되는 경우 지상 집합건물의 등기부에 있었던 대지권은 모두 말소되어 새로운 소유자에게 이전되기 때문이다. 이런 경우 건물을 매수하였던 소유자는 기존에 가지고 있던 대지지분을 상실하게 되고 건물만 소유하게 된다.

건물 소유자는 대지 지분만큼의 토지 사용료를 지급하여야 한다. 건물 소유자가 토지 임차인으로 불리한 입장이 되는 것이다. 그러나 일반인들이 해결방법 없이 낙찰을 받았다면 큰 손실을 입을 수 있다.

특히 권리분석을 할 때 매각물건명세서에 근저당권을 인수하는 조건인지를 확인해야 한다. 통상 토지별도등기의 근저당권을 인수조건으로 하지 않고 배당을 하고 있지만 그렇지 않은 경우 낭패를 겪을 수 있다. 저당권자와 적당한 금액에 합의가 되는 인수조건이면 고수는 과감하게 투자를 한다. 집합건물의 낙찰금액과 토지 지분의 인수금액을 계산하여 시세와 비교해서 투자성이 있다면 고수에게는 낙찰을 받을 이유가 충분한 것이다.

인수조건에서 임차인 문제를 해결해야 한다. 토지 저당권자와 건물 저당권자 사이에 임차인이 전입신고를 한 후 배당요구를 한 경우는 선순위 확정일자를 받았으면 임차인이 선순위이다. 일반의 경우는 세입자가 배당을 받지만 토지별도등기가 있는 경우는 토지별도등기 권리자가 먼저 배당을 받는다.

그래서 낙찰자가 임차보증금을 인수해야 하는 경우가 발생할 수 있다. 더군다나 임차인이 대항력을 갖추어서 명도를 받을 수 없다. 고수는 임차인의 배당여부를 확인하고 확정일자 대항력을 갖춘 임차인이 있는지 여부와 배당표를 짜서 확인해야 한다.

part 01 →

part 02 ↗

part 03 ↑

발상과 전략으로 승부하는
천만 불짜리 노하우

Chapter 03

제시외 물건

제시외 물건의 승패는 감정평가서에 달려 있다

경매물건에서 '제시외 물건'이라고 기재되어 있는 것을 자주 볼 수 있다. 제시외 물건이란 건물등기부에는 등재되어 있지 않지만 건축물관리대장에는 등재되어 있는 경우를 말한다. 주로 무허가 미등기 건물, 사용승인 미필 건물 등으로 부속건물이나 종물(從物)이 이에 속한다. 또는 담보물권 설정 당시에 소유자의 소유물건으로 판명된 물건으로서 건물의 증, 개축된 부분 또는 미등기되어 있는 부속물 등을 말한다.

우리가 흔히 볼 수 있는 '제시외 건물'에는 주택이나 공장에 딸려 있는 옥탑방, 소형 창고, 옥외 화장실 등이 있다. 이러한 건물들은 건물소유자가 기존 건축물의 준공 후 사용의 편의를 위해 별도의 허가나 신고 없이 임의로 설치한 경우가 많다. 이런 물건들이 경매로 나왔을 때 통상적으로 법원목록에는 '제시

226

외 건물'로 표기된다.

　이들 물건은 경매목적물에 포함시켜 경매를 진행하고 있다. 매수신청가액에 포함하여 감정평가한 것으로 매수자가 매각대금을 완납함으로써 매수자의 소유부동산이 된다. 제시외 물건이라도 감정평가에 제외된 물건은 매각대상에 포함되지 않는다는 것을 유의해야 한다.

　제시외 건물이 포함된 부동산을 경매로 낙찰 받았을 때 소유권이 누구에게 귀속되느냐 하는 것이 관건이다. 제시외 건물은 등기된 건물과는 달리 낙찰로 인한 소유권이전이 공부상으로 명확히 정리되지 않는다. 등기 상의 부동산 표시에서 빠져 있기 때문이다. 특히 낙찰 이후 전 소유자나 제 3자의 소유로 판명 날 경우, 경매대상물과 별도로 건축되어 독립된 재산으로 그 가치가 있을 때는 법정지상권 문제가 생길 수 있다는 것도 염두에 두어야 한다.

　일반적으로 집합건물에는 '제시외 건물'이 거의 존재하지 않는다. 단독주택이나 공장, 빌딩 등과 같이 대지 위에 별도의 독립된 건물이 지어진 경우 해당 사항이 된다. 등기부등본이나 건축물대장에 표시되지 않은 부속 건물들로 인해 소유권 분쟁이 많이 발생한다.

　토지 위에 수목이 있는 경우에는 확인해야 할 것이 있다. 과수나 기타 수목이 있으면 관할 등기소에 들러서 입목등기가 되어 있는지를 확인한다. 입목등기가 되어 있지 않으면 따로 명인방법을 갖추고 있지 않는 한 그 토지의 일부에 지나지 않는다. 경락인은 토지와 함께 그 수목들의 소유권도 취득하게 되므로 문제가 되지 않는다. 그러나 입목등기가 되어 있고 등기부 상의 입목 소유자가 토지의 소유자와 같은 사람이라면 토지를 낙찰 받아 소유권을 취득하게 되는 경우에 그 입목을 위한 법정지상권이 성립된다는 것을 명심한다.

제시외 건물에 대한 분석의 기본은 감정평가서를 확인하는 것이다. 감정평가서에 '제시외 건물의 가격이 매겨져 매각대상 목록에 포함돼 있다면 응찰하는 것에 문제없다. 이는 민법상 주물(主物)과 종물의 관계로 제시외 건물이 저당권의 효력범위에 포함되는 종물이면 낙찰자에게 소유권이 귀속된다. 그런데 만약 제시외 건물이 입찰대상에서 제외돼 있다면 그 건물은 경매부동산과는 별개로 취급된다. 그것은 낙찰자의 소유가 되지 않는다는 뜻이다.

결론적으로 경매로 나온 부동산 중에서 공부상에 표시되지 않은 별도의 건물이나 구조물이 있을 때에는 반드시 현장조사, 감정평가서, 법원 매각물건명세서 등을 통해 소유권 귀속여부를 살피는 것이 경매 승패와 직결된다.

선점 후 대비하고 협상하라

나는 제시외 건물이 있는 대지를 낙찰 받았다. 대지 40평이 안 되는 지방의 땅이었다. 시민운동장 인근에 위치한 물건으로서 6m 도로를 끼고 있는 것 외에 주변의 상권이나 재개발과는 전혀 상관이 없어 상승여력이 별로 없는 땅이었다. 유찰이 5번씩이나 되어 감정가의 반값 이하까지 떨어졌다. 유찰 이유는 제시외 건물이 한 동 있었기 때문이었다.

대지의 총 면적이 121㎡(36.6평)이었고 제시외 건물은 등기부등본에는 기록이 없지만, 건축물관리대장에 등록된 주택 48.9㎡(14.8평)과 창고32.8㎡(10평)가 있었다. 땅의 모양은 직사각형이고 제시외 건물은 전체 토지의 앞쪽 끝부분 모서리에 위치하고 있었다. 바로 옆 창고건물은 소유주가 하숙을 목적으로 가건물을 지은 것이었다.

감정가격 9,446만 원이었고 낙찰은 30%의 가격인 2,930만 원에 받았다. 경쟁자가 다수 있었고 특히 경쟁자 중에는 집주인까지 포함되었다. 낙찰을 받고 점검 차 현장에 다시 나갔을 때 집주인은 왜 낙찰을 받았느냐며 의문을 표시했다. 그러면서 집주인은 내게 낙찰가에서 조금 올려서 팔라고 제안을 했다. 제시외 건물의 건축물관리대장에는 채무자의 처의 명의로 등록이 되어 있었다.

나는 채무자를 만나 등기비를 포함해서 제시외 건물을 천만 원에 사겠다고 했다. 그러나 채무자는 5,000만 원을 요구하였다. 내가 고가에 살 리가 없으므로 그런 협상은 결렬이다. 나는 그 길로 인근 부동산에 들러 바로 물건을 내놓았다. 일단 부동산을 통해 토지를 매수하려는 매수자를 대기시켜 놓았다. 그리고는 다시 제시외 건물 소유자와 협상을 시도했다. 제시외 건물 감정가격이 1,700만 원인 데도 채무자는 5,000만 원을 요구하고 고집을 꺾지 않았다. 토지를 3,000만 원에 낙찰을 받아 건물을 5,000만 원에 매입할 순 없다.

나는 1차로 내용증명을 보냈다. 연속해서 토지에 대한 사용료를 요구하고 토지사용료를 내지 않으면 경매를 진행할 생각이었다. 내용증명을 받은 상대방 쪽에서 건물가격을 협상하자는 제의가 왔다. 3,000만 원을 제시하였다. 나는 그 가격도 수용할 수 없다는 의사표현으로 다시 2차 내용증명을 보냈다. 2차 내용증명을 받은 후 다시 만남을 가졌을 때는 채무자의 가족이 모두 동원되었다. 채무자는 부도가 나서 형편이 어려운 딱한 처지를 사정하였다. 3,000만 원은 받아야 함을 통사정했다.

그러나 나는 감정가격이 1,700만 원인데 딱한 사정을 봐 준다고 두 배 가까이 가격으로 매입할 순 없었다. 생각해보겠지만 3,000만 원은 어려울 것이라는 의사표현으로 헤어졌다. 며칠 뒤 결국 채무자는 2,000만 원에서 더는 안 된다고 각오에 찬 얼굴로 나타났다. 나는 매수인이 대기 상태이고 건물을 2,000만 원에 매수하는 것은 적당하다는 생각에 합의서를 작성했다.

합의서의 내용은 제시외 건물에 관해서는 모든 권리를 포기한다는 것과 구청에 건축물 철거, 멸실 신고서 접수와 동시에 건축물관리대장에 관한 삭제 사항이었다. 나는 채무자와 2일 동안 같이 동행을 하면서 제시외 건물에 관한 모든 문제를 해결하였다.

낙찰가 3,000만 원, 제시외 건물 금액은 2,000만 원에 투자하여 바로 대기 매수인에게 8,500만 원에 넘겼다. 단시일에 3,500만 원의 수익을 창출한 것이었다. 물론 이 수익은 큰 금액이다. 그러나 이 수익은 거저 번 것이 아닌 합당한 수입이다. 아무도 거들떠보지 않는 특수물건에 낙찰하여 법률적인 해결을 하고 새 매수인을 찾기까지 노고에 대한 대가다. 이것이 경매의 묘미이기도 하다.

다행히 채무자와 협상이 잘 되어 소송으로 가지 않고 처리가 되었지만 협상 결렬로 법의 힘을 빌려야 한다면 나의 해결방법은 이렇다. 먼저 건축물관리대장 상의 소유주에게 토지사용에 따른 도지(땅세)를 민사소송법으로 청구한다. 토지의 공시지가가 6,900만 원이면 시중금리로 적용해도 법원에서는 월 40만 원 정도 결정된다. 그러나 일반적으로 도지를 청구해도 내지 않는다. 그래서 토지사용료를 내지 않는 것을 근거로 제시외 건물에 대한 경매를 신청한다. 이 경우도 유찰이 계속될 것이다. 결국 토지를 먼저 낙찰 받고 건물까지 싼 값에 낙찰 받는다. 소송으로 가는 것보다 당연히 협상으로 단시일에 끝내는 것이 경매 고수의 노련미이다.

무허가 술집 제시외 건물

　나는 인천의 8차선 대로변의 상권이 좋은 상업지구에 위치한, 유찰이 다섯 차례가 넘은 2층짜리 건물을 발견했다. 연거푸 유찰이 된 이유는 인천의 무허가 유흥업소 밀집지역이었고 특히 해당물건에 건달이 운영하고 있는 무허가 술집이 제시외 물건으로 포함되어 있었기 때문이었다.

　감정가의 반값도 안 되는 데다 대로변이라 임대 수익률도 높은 물건이어서 놓치기 아까웠다. 해당 토지에 제시외 물건인 무허가 술집을 점유하고 있는 건달의 명도 방법을 염두에 두고 낙찰을 받았다.

　나는 다수의 경험으로 협상과 명도에 자신 있었다. 어느 정도는 난관에 부딪힐 것을 예상했지만 점유자는 예상보다 강도 높게 대응했다. 점유자인 건달은 주인 겸 임차인 행세를 하며 명도를 거부하며 계속 무허가 술집을 운영했다. 명도 이전비로 2억을 요구했다. 해당 물건의 감정가가 3억이었고 1억에 낙찰을 받았다. 1/3의 가격으로 낙찰을 받았는데 낙찰가의 두 배인 2억의 명도비는 가당치 않았다.

동인천　　　　　　　　　　　　　　　　무허가술집

나는 명도소송을 하면서 관할 경찰서에 무허가 유흥영업에 대한 신고를 하였음에도 단속이 되지 않았다. 하긴 그 건물만이 아닌 그 일대가 모두 무허가 유흥업소지구였다. 소송은 계속 지연이 되어 이미 소송 기간만 1년 6개월이 넘어가며 별 진전이 없었다.

그러던 중 우연히 낙찰 물건 해당 지역의 조폭 담당 형사와 평소 친분이 있던 사이라 식사를 함께 하다가 낙찰 받은 물건에 대해 이야기를 하게 되었다. 명도 소송까지 한 해당 무허가 술집이 단속이 안 되는 이유가 궁금하여 형사에게 물었다. 그러자 형사는 식사 도중에 전화 한 통화를 했다. 형사는 해당 술집을 누가 운영하는지 이름을 확인해서 연락 달라는 전화 한 통화만 했을 뿐인데 거짓말 같이 그 다음날 해당 물건 명도가 해결되었다. 점유자인 건달은 태도가 바뀌어 내게 전화를 해서 일주일 안에 명도 조건 없이 비워 주겠다고 했고 정말로 일주일 후 청소까지 싹 해 놓았다.

친분이 있던 조폭담당 형사는 건달들에게 명성이 자자한 형사였던 것이다. 민사로 소송 진행 중이었으나 건달들도 두려워하는 형사의 전화 한 통화로 비용한 푼 들지 않고 명도를 마쳤다. 물론 그 전에 소송 기간만 1년 6개월이 걸렸지만 상권이 좋은 8차선 대로변 상업지역의 2층 건물을 구조 변경을 하니 연 40% 고수익의 임대수익을 얻었고 저가 취득에 가치상승까지 되었으니 충분한 보상을 받은 셈이다.

선순위 가등기

선순위 가등기라도 말소된다

가등기는 매매 시 이중 계약 등을 막기 위해 계약금이나 중도금 지급 후 등기하는 것이다. 등기부에 가등기라고만 표시돼 있으므로 담보가등기인지, 보전가등기인지를 따져야 한다. 가등기가 말소기준권리보다 후순위이면 문제가 없으나 선순위라면 가등기권자가 본등기를 하게 되면 낙찰자는 소유권을 뺏기게 된다. 하지만 가등기권자가 법원에 배당요구를 한 담보가등기 물건이라면 배당이 이뤄진 뒤 말소되므로 걱정할 필요가 없다.

대형 목욕탕 건축을 맡기고 공사대금을 담보로 건축업자에게 목욕탕 부지에 매매예약 가등기를 해 준 사례가 있다. 그런데 목욕탕 주인은 건축업자에게 채권담보로 맡긴 가등기를 넘겨주면 공사대금을 즉시 갚겠다고 속였다. 목욕탕 주인은 가등기만 넘겨받고 돈은 갚지 않은 혐의로 구속되었다.

인천3계 2003- 상세정보

경 매 구 분 임의(기일)	채 권 자 제일은행	경 매 일 시 종결물건
용 도 숙박	채무/소유자	다 음 예 정 종결(종결)
감 정 가 2,162,000,000	청 구 액 1,856,301,148	경매개시일 03.12.19
최 저 가 519,096,000	토지총면적 387.4 ㎡ (117.19평)	배당종기일 04.04.01
입찰보증금 종결(종결)	건물총면적 1573.33 ㎡ (475.93평)	조 회 수 금일1 공고후50 누적647

주 의 사 항 · 유치권

물건 투자 쟁점 사항

유치권 문제 해결이 요구

물건 사진

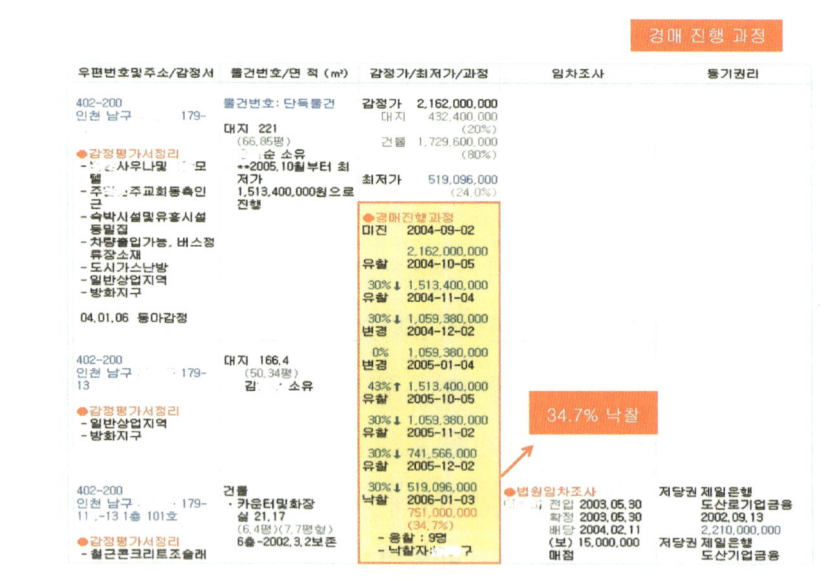

우편번호및주소/감정서	물건번호/면 적 (㎡)	감정가/최저가/과정	임차조사	등기권리
402-200 인천 남구 179-	물건번호: 단독물건 대지 221 (66.85평) 순 소유 **2005.10월부터 최 저가 1,513,400,000원으로 진행	감정가 2,162,000,000 대지 432,400,000 (20%) 건물 1,729,600,000 (80%) 최저가 519,096,000 (24.0%)		
●감정평가서정리 - 사우나및 모 텔 - 주 주교회동측인 근 - 숙박시설및유흥시설 동밀집 - 차량출입가능, 버스정 류장소재 - 도시가스난방 - 일반상업지역 - 방화지구 04.01.06 동아감정		경매진행과정 미진 2004-09-02 2,162,000,000 유찰 2004-10-05 30%↓ 1,513,400,000 유찰 2004-11-04 30%↓ 1,059,380,000 변경 2004-12-02 0% 1,059,380,000 변경 2005-01-04 43%↑ 1,513,400,000 유찰 2005-10-05 30%↓ 1,059,380,000 유찰 2005-11-02 30%↓ 741,566,000 유찰 2005-12-02		
402-200 인천 남구 179- 13 ●감정평가서정리 - 일반상업지역 - 방화지구	대지 166.4 (50.34평) 김 소유		34.7% 낙찰	
402-200 179- 인천 남구 11 .-13 1층 101호 ●감정평가서정리 - 철근콘크리트조슬라	건물 · 카운터및화장 설 21.17 (6.4평)(7.7평형) 6층-2002.3.2보존	30%↓ 519,096,000 낙찰 2006-01-03 751,000,000 (34.7%) -응찰 : 9명 -낙찰자 구	●법원임차조사 전입 2003.05.30 확정 2003.05.30 배당 2004.02.11 (보) 15,000,000 매점	저당권 제일은행 도산로기업금융 2002.09.13 2,210,000,000 저당권 제일은행 도산기업금융

234

구 분	임의 경매	채 권 자	제일은행
용 도	모텔 및 사우나	채무 및 소유자	김
감 정 가	2,162,000,000	청 구 액	1,856,301,148
낙 찰 가	751,000,000	감정가 대비	34.7%
면 적	토지 387.4㎡ 건물 1573.33㎡	목 적 물	인천시 남구 179-.
매도가격	1,650,000,000	수익률	219%
주 요 사 항	- 유치권, 법원임차 조사 I 외 11명 - 수익률은 취·등록세 및 기존 임차인 이사 비용 2천5백 만원 , 　건물 리모델링 비용 1억 5천 만원을 제외한 것입니다		

물건 쟁점 사항	물건 해결 내용
- 유치권자 법원 신고금액 7억 5천만원 주장	- 비용발생 없이 유치권자해결 - 리모델링 후, 재 매각 - 낙찰 후, 8개월만에 매매 완료

　　목욕탕 주인은 2006년 3월 건축업자에게 20여억 원짜리 목욕탕 인테리어 공사를 맡기면서 공사금 채권 담보로 목욕탕 부지 3필지의 매매예약 가등기를 해 줬다. 공사를 시작한 지 몇 개월도 안 되어 자금난으로 건축업자에게 계약금부터 시작해서 미지급 공사대금이 발생했다.

　　목욕탕 주인은 고민 끝에 사채업자에게 목욕탕 부지를 담보로 14억 원의 돈을 빌려달라고 했다. 사채업자는 선순위 가등기가 말소되거나 가등기 명의를 본인으로 변경해 줘야 돈을 빌려 주겠다는 조건을 걸었다. 하지만 건축업자는 미지급 공사대금 채권이 먼저 해결되지 않으면 응하지 않겠다고 했다.

　　목욕탕 주인은 건축업자를 설득하여 2006년 10월에 법무사 사무실에서 조건을 단 서류를 작성하고 가등기를 넘겨받았다. 가등기를 넘겨받는 조건의 내용은 이렇다. '인테리어 공사대금 담보로 준 가등기를 양도한다. 말소 후 사채업자에게 목욕탕 주인이 돈을 빌려 건축업자에게 공사대금 일부를 갚는다. 15억 원의 공사대금이 결제되기 전에는 사채업자에게 본등기를 하지 않겠다'. 건축업자는 목욕탕 주인이 공사대금을 사채로 빌려 갚겠다고 하였으므로 가등기 명의변경을 해 주었다.

목욕탕 주인은 사채로 빌린 돈 14억 원 중에서 건축업자에게는 1억 원만 주고 사채업자에게 본등기까지 해 주었다. 사채업자의 본등기로 인해 건축업자의 후순위 저당권 등기까지 자동 소멸되는 상황이 되었다. 이에 건축업자는 목욕탕 주인을 고소했고 지검은 심증은 있으나 혐의 사실을 밝혀내지 못해 무려 3차례나 무혐의 결정이 반복되었다. 그러나 건축업자가 항고를 한 결과 고검은 끝내 목욕탕 주인의 사기범행을 밝혀 결국 목욕탕 주인은 구속되었다.

선순위 가등기가 소유권가등기인지, 담보가등기인지 구별하는 방법은 배당요구에 있다. 가등기권자가 법원에 채권신고 및 배당요구를 했다면 담보가등기이고 배당요구를 하지 않았다면 소유권가등기이다. 가등기권자의 배당요구를 알아보려면 법원기록 중 문건처리내역을 살펴보면 된다. 문건처리내역이란 법원과 이해관계인 등 사이에 오고간 문서(채권계산서, 배당요구서) 접수 내역이다.

일반인은 소유권이전청구가등기가 선순위로 잡힌 경매물건은 기피한다. 그런데 선순위 가등기가 잡힌 물건임에도 불구하고 성공한 사례가 있다. 은행원인 김 과장은 선순위 가등기가 설정된 서울의 단독주택을 감정평가액이 1억 2,800만 원인데 6,600만 원에 낙찰 받았다.

이 물건은 7회나 유찰되었다. 이 물건은 은행에서 선순위 가등기가 있어 '불량담보물'로 분류됐다. 은행에서는 대출금 회수를 사실상 포기하고 마지막 절차로 경매를 신청했다.

　그러던 차에 이 은행 경매 담당자인 김 과장은 법원기록을 보다가 우연히 선순위 가등기권자가 배당을 요구한 사실을 발견하고' 심봤다 '를 외쳤다. 배당을 요구했다는 것은 소유권이 아닌 담보가등기이므로 배당을 받으면 담보가등기의 효력이 없어진다. 주택의 주변 시세는 평당 400만 원인 1억 8,800만 원이었다. 선순위 가등기로 고맙게도 유찰 횟수가 많았으니 김 과장은 반값에 단독주택을 마련하게 되었다.

배당요구서 확인으로 선순위 가등기를 해결하다

　대학에서 개설된 경매과정을 마치고 친구들과 경매 현장을 반년 넘도록 드나들어도 낙찰 받기가 어려웠던 주부 한 씨. 여유자금 3억 원을 투자하기 위해 경매 공부를 시작했지만 막상 실패의 두려움이 커서 과감하게 시도를 못했다. 한 씨는 전문지식이 많이 부족해서 현장을 맴돌 뿐이었다. 낙찰을 받는다 하더라도 명도부터 해결방안이 아득하게 여겨졌다. 그래도 경매 공부를 시작하고 믿을 만한 고수를 알게 된 것이 큰 수확이었다. 한 씨는 어설프게 안 지식으로 '묻지마' 낙찰을 받은 후 낭패를 겪는 것보다 현명하다고 생각했다.

　한 씨는 내게 도움을 청했다. 한 씨는 장기간 묻어도 되는 여유자금이니 이왕이면 고수익이 나는 물건을 부탁했다. 낙찰을 받을 때까지 한 씨는 나를 따라다니며 안목을 키웠다. 나는 경기도에 위치한 대지와 임야를 추천했다.

　감정가 4억 6,000만 원에서 2회 유찰되어 최저경매가가 2억 9,000만 원까지 떨어졌다. 나와 한 씨는 서류검토 후 현장 답사를 나섰다. 임야는 대부분 전으로 개간되었고 대지는 주거용 부지로 이용 중이었다.

이 물건이 투자가치가 있는 것은 도시개발구역에 접해 있고, 토지이용계획확인원 상 아파트 등 집합건축물의 건축이 가능한 제2종 일반주거지역으로 용도가 지정되어 있었기 때문이었다. 지적도와 현황은 2m 도로에 접해 있었고 도시계획 상 왕복 4차선 도로로 확충될 예정이어서 향후 지가 상승이 높은 우량물건이었다. 그런데 우량물건임에도 유찰된 이유가 선순위 가등기 때문이었다.

이 물건을 추천한 이유는 선순위 가등기가 경매 낙찰로 소멸되는 담보가등기였기 때문이다. 선순위 가등기권자가 경매 법원에 배당요구를 한 것을 확인했기에 강력 추천 물건이었다.

한 씨는 응찰을 결심하고 나와 응찰가를 의논했다. 한 씨는 다른 일반인들이 응찰하기 어려운 물건이니 최저가 수준으로 응찰하자고 했으나 나는 다른 응찰자가 있을 거라 생각했다. 최저가에서 5,000만 원 올려 썼고 한 씨는 경매 낙찰자가 되었다. 나의 예상대로 응찰자가 한명 더 있었다. 만약 아무도 응찰하지 않을 거란 생각으로 낮게 썼다면 2등의 고배를 마셔야 했다. 2등의 응찰자는 다름 아닌 가등기권자였다.

한 씨는 소유권이전등기를 마쳤다. 개발호재가 있으니 장기 보유할 생각이다. 낙찰 후 1년이 지나자 도시계획 상 예정되어 있던 왕복 4차선 도로가 해당 토지를 접하면서 개설되었다. 더구나 인근에 택지개발까지 호재가 겹쳤으니 한 씨는 안 먹어도 배부르단다. 나의 도움으로 첫 낙찰이 성공하였으므로 한 씨는 내게 후한 사례를 했다.

토지거래허가구역은 경매로 매입할 때는 문제가 없지만 매각을 할 때는 외

지인의 매입이 제한되므로 제약이 따른다. 그러나 이 지역은 토지거래허가구역에서 풀려 땅값은 개발호재로 오르고 외지인 매입도 쉬워졌다. 낙찰 받은 후 2년만에 두 배 이상 땅값이 올랐다. 한 씨는 경매시장에 뼈를 묻을 생각으로 임하고 있으며 언젠가는 또 한 사람의 고수가 탄생할 것이라 생각된다.

대지권 미등기와 미등기 건축물

　　건축 중인 건물은 등기할 수 없는 토지의 정착물로 원칙적으로는 경매가 불가능하다. 그런데 건축 중인 건물을 독립된 부동산으로 볼 수 있는 경우 채무자 명의로 등기할 수 있어 경매가 가능하다. 건물은 완성되었는데 보존등기를 하지 않고 있으면 건물의 소유자가 채무자일 경우 채권자가 소유자를 대위하여 소유권보존등기를 할 수 있다. 이런 방법으로 보존등기를 경료하면 경매 절차를 진행할 수 있게 된다.

　　미등기 건축물에 입찰할 때는 반드시 구청 건축과를 방문하여 준공검사를 받지 못한 이유를 파악한다. 준공검사를 다시 받을 수 있는지의 여부가 미등기 건축물에 응찰하는 판단 기준이 되기 때문이다.

　　특수물건 중에 대지권 미등기 건물이 있다. 공동주택은 등기부등본에 대지권의 비율이 표시된다. 대지권의 비율이 나타나지 않으면 대지권이 미등기된 것이라고 본다. 대지권 미등기가 발생하는 이유 중에는 아파트를 분양할 때 대지면적이 확정되지 않아 소유권이전등기를 미처 하지 못한 경우가 주로 많다. 또한 건축업자가 소유권이전등기를 마쳤더라도 주택단지의 필지가 대규모이거나 토지구획사업 대상이 돼 있을 때 아파트를 분양받은 사람에게 대지에 관한 소유권 이전을 미처 해 주지 못하는 경우에도 발생한다.

아파트를 신축 혹은 재개발하면 기존 지번을 말소하고 새 아파트의 주소를 부여하면서 환지작업을 하고 각 호수별로 대지권을 구분하게 된다. 그런데 이런 작업이 늦어지게 되면 등기부 상에 대지권의 표시가 나타나지 않게 되는 것이다.

대지권 미등기와 비슷한 것으로 '대지권 없음' 이라는 표시가 있다. 대지권 미등기는 토지와 건물 모두 감정을 하는 반면 '대지권 없음' 은 토지는 감정에서 빠지고 건물만 감정이 되어 있거나 건물만 매각한다는 뜻이다. 대지권 미등기 건물에는 토지 소유권에 대한 권리가 있지만 '대지권 없음' 건물에는 토지에 대한 소유권이 없다.

대지권 미등기의 물건은 집합건물인데 대지권이 등기되지 않았다는 뜻이다. 감정은 되었으나 등기되지 않은 토지는 건물의 전유부분과 대지사용권의 일체성을 확보하도록 규정되어 있다. 그래서 대지권 미등기 건물의 대지권을 찾아올 수 있는 근거가 된다. 그러나 '대지권 없음' 은 원래 시유지, 국유지, 남의 땅 등에 지어서 아예 토지 소유권 자체가 없기 때문에 토지 소유자의 허락이 없다면 건물만 있고 토지는 없는 경우가 되는 것이다.

대지권이 미등기되어 있어도 감정평가서에 대지권에 대한 평가가 이루어져 평가금액이 표기돼 있다면 대지권도 경락으로 취득이 된다. 그러나 대지권 가격이 감정에서 제외된 물건을 낙찰 받게 되면 대지권 소유자가 향후 구분소유권

매도청구권을 행사하면 낭패를 겪는다. 단, 분양받은 사람이 경매 전에 그 대지권의 등기를 마쳤을 때나 분양받은 사람이 건축업자에게 분양 형식으로 전유 및 공유부분을 매수해 분양대금을 다 치른 상태에서 대지권을 등기하지 않았을 때는 낙찰을 받아도 문제없다.

선순위 가압류

재산 분쟁으로 인한 어부지리

부동산을 많이 보유한 준 재벌가의 홀어머니가 돌아가시자 함께 살던 셋째 딸은 재산 상속에 바빴다. 어머니의 보유 부동산 중에서 가장 알짜배기인 건물에 함께 살았던 셋째 딸은 우선 해당 건물에 가압류 7억을 설정하였다. 셋째 딸은 어머니가 생전에 딸에게 돈을 빌렸다며 차용증으로 건물에 가압류를 설정한 것이다.

그런데 어찌된 영문인지 어머니가 돌아가실 때 미국에서 돌아온 장남이 건물에 가압류를 한 셋째 여동생을 사기로 고소하였다. 그야말로 형제들과의 불꽃 튀는 재산전쟁이 시작된 것이다. 장남의 주장은 그 건물이 본인에게 상속되어 본인 소유이고 여동생의 차용증은 가짜라는 것이다.

마침 장남은 내게 돈을 차용했었는데 일부를 상환하고 1억 5,000만 원을 변제하지 못하고 달리 돈을 마련할 방법이 없자 이 건물을 팔려고 했다. 그러나 가압류 때문에 매매까지 안 되자 장남은 1억 5,000만 원 대신 이 건물을 대신 내게 넘겨주기로 했다. 가압류 7억을 말소하는 데 협조하는 조건이었다. 9개월 만에 가압류를 말소시킨 나는 4억에 매도하여 2억 넘게 수익을 보았다.

그 해결과정은 이렇다. 나는 장남에게 실력 있는 변호사를 선임하여 주고 여동생의 차용증이 가짜임을 판명하였다. 실제로 어머니는 유언장에 예금이나 땅은 다른 형제에게 주고 이 건물은 장남에게 상속한다고 유언했다. 그러나 어머니와 함께 살던 셋째 딸은 그 유언장을 장남에게 보여 주지 않았다. 미국에서 살았던 장남은 이 사실을 알지 못했다. 장남은 다른 형제를 통해 건물이 장남에게 상속되었음을 알았다.

당연히 셋째 딸은 유언장을 내주지 않고 시치미를 뗴었다. 그래서 장남은 유언집행을 하기로 했다. 유언집행을 하려면 유언장 원본이 있어야 한다. 유언집행 공증사무소에서는 유언장이 두 번 발행되는 것이 아니기에 원본 서류를 내주지 않았다. 단, 사망자가 유언할 당시에 그 자리에 있었던 유언 집행자가 있으면 내준다. 통상 유언 집행자는 변호사가 하는데 변호사가 없을 시에는 유언자 친지가 한다.

이 경우 회사 직원이 어머니 사망 당시 유언 집행자였음을 장남은 알아내었다. 그런데 설상가상 그 직원이 행방불명이었다. 장남은 포기하지 않고 수소문 끝에 직원을 찾아내었고 몇 차례에 걸쳐 유언 집행을 부탁하였다.

장남은 건물을 상속등기 후 가압류 말소과정에서 셋째 여동생을 사기죄로 고소하였다. 셋째 딸은 처음에는 혐의를 부인하다가 사기 혐의가 명백한 사실이 드러나자 결국 장남과 합의하여 가압류를 스스로 말소하였고 이에 장남은 고소

유언집행자 취임승락 및 재산목록 통지

발신인 : 진　　（　　　　-　　　　）

　　　　경남 김해시　　　　　　　319-188

　　　　연락가능장소 : 대전광역시 유성구　　　　　아파트 602-302

수신인 : 1.　　훈（　　　　-　　　　）

　　　　인천광역시 남구　　　243　　빌딩 502호

　　　　2.　　관

　　　　충남 천안시　　　웅원리 23-1

　　　　3.　　순（　　　-　　　　）

　　　　인천광역시　　　　238　　극장

　　　　4.　　란（　　　-　　　　）

　　　　서울 강남구　　　654 현대2차아파트　　동　　호

1. 귀댁의 평안과 건승을 기원합니다.

2. 저는 수신인들의 모친되시는 故　　　여사께서 유언공증(공증인가 법무법인
덕수 증서 2002년 제130호 유언공정증서)을 할 당시 유언의 증인이 되었고, 또
고인께서 저를 유언집행자로 지정하였습니다.

제가 오늘 이렇게 내용증명으로 여러분께 알리고자 하는 것은
　ⅰ. 유언집행자로서의 직무를 승낙한다는 것과
　ⅱ. 유언집행의 대상이 된 재산과 이의 처리방향을 알리고자 함입니다.

저는 고인의 유언이 생전처분으로 사실상 철회된 것으로 알고 유언의 집행을 소
홀히 했으나 이는 저의 불찰로 죄송스럽게 생각합니다.　　씨의 연락을 받고 아
직 제가 할 일이 있다는 것을 뒤늦게 알게 되었습니다.　　회장님의 주소는 알

를 취하하였다.

　　낙찰자가 주의해야 할 가압류는 전 소유자의 선순위 가압류이다. 전 소유자

증서　2002년　제-　-호

유 언 공 정 증 서

본직은 유언자의 촉탁에 의하여 다음 증인 증인 을
키고 다음과 같은 유언의 취지를 청취하여 이 증서를 작성 하였다.-------

1. 유언자는 다음의 수증자에게 별지 기재와 같이 유증하였다.------

　수증자 1. 성명

　　　　 주소 인천 중구 　번지 --------------------

　　　　 유언자와의 관계　　子 ---------------------

　　　　 주민등록번호 　-1140823 --------------------

　　　2. 성명

　　　　 주소 서울 강남구 511　　 　펜션아파트　동　　호

　　　　 유언자와의 관계　　孫

　　　　 주민등록번호

　　　3. 성명

　　　　 주소 용인시 　신정마을　성우아파트　동　호

　　　　 유언자와의 관계　　子

　　　　 주민등록번호 　-2　　　5 -------------------

　　　4. 성명

　　　　 주소 서울 강남구 　2차아파트 　동 　호

　　　　 유언자와의 관계　　子 ---------------------

　　　　 주민등록번호

에게 설정된 선순위 가압류 채권자는 과거에는 경매사건의 배당과정에 참여할
수 없고 낙찰자가 추가 부담해야 했었다. 하지만 전 소유자의 가압류도 배당에

매매계약서 및 제소전화해

을 갑, 이진환을 을, 〔…〕을 병,이라 칭하고 아래와 같이 매매계
약 및 제소전화해을 체결한다.

--- 아 래 ---

1. 갑은 별지목록기재 상속부동산을 일금일억오천만원에 을에게 매매
하며, 계약금으로 2005. 3. 24. 일금팔천만원을, 중도금은 2005. 4. 4.
일금사천만원을, 잔금 일금삼천만원은 2005. 8. 24.수령한다.

2. 갑은 병이 가압류한 채권에 대하여 을이 소송을 제기하여 승소하면
매매계약은 유효하나, 만약 패소하면 매매계약은 무효로 하고 매매대
금은 1개월이내에 을에게 반환한다.

3. 갑은 오늘이후로 상속부동산에 대한 모든 법적권리를 을에게 양도
한다.

4.을은 상속부동산의 상속등기,유언집행판결,가압류이의소송,채권가압
류,고소비용,변호사선임비용,등을 전부 부담한다.

5. 병의 소송사기에 대한 고소는 갑의 명의로 하는 것을 원칙으로 하
나 협의하여 을 명의로 할 수 있다.

6. 갑은 상속부동산의 상속등기 및 매매이전에 대한 모든 소송 및 권
리를 변호사에게 위임한다.

참여할 수 있다는 대법원 판례가 나온 이후 현재 실무에서는 모두 소멸된다. 다
만 인수되는 경우도 간혹 있는데, 이때는 매각물건명세서에 법원에서 '인수되

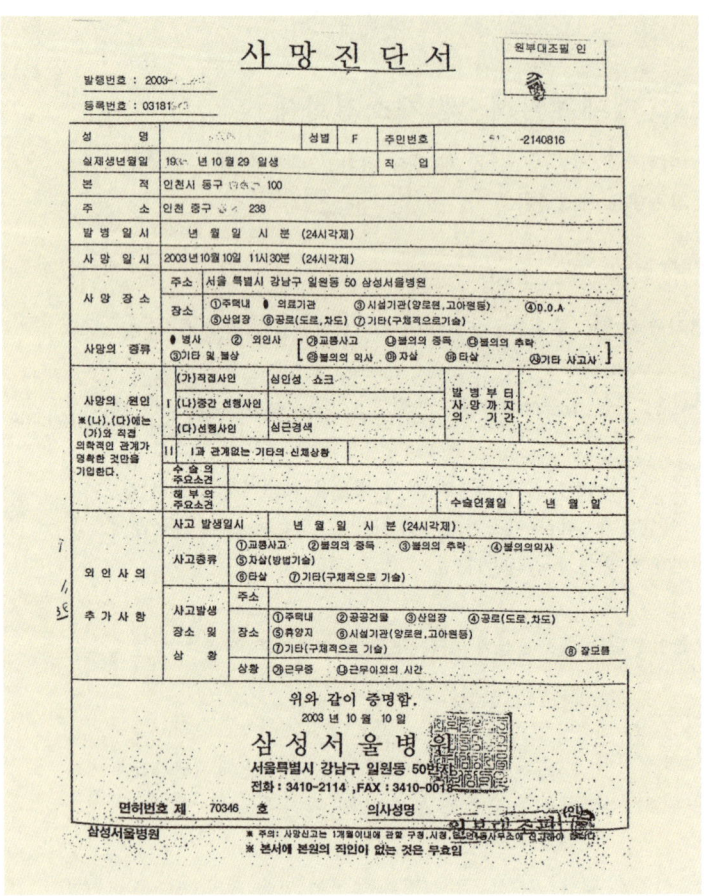

는 '가압류'라고 표기가 돼 있다.

　가압류의 소멸시효는 2002년 7월 1일 이전에는 10년 경과 후 취소가 되고 2005년 7월 28일 이전에는 5년 경과 후 취소, 2005년 7월 28일 이후에는 3년 경과 후 이해관계인까지 취소가 된다.

선순위 임차인

가지가지 임차인의 명도 사례

낙찰 받은 집의 임차인이 이사를 가면서 열쇠도 안 주고 이사를 가지 않은 것으로 위장했던 적이 있다. 쓰레기를 하나도 남기지 않고 집을 청소해 놓아 사람이 사는 것처럼 꾸며 놓았으나 나는 사람이 살고 있지 않다고 판단했다.

주민들에게 확인해보아도 사람이 살지 않는다고 했으므로 강제로 문을 따고 들어갔다. 탁자와 중고 오디오와 장롱으로 살림살이를 위장해 놓아 얼핏 보면 사람이 살고 있는 것 같았다. 그러나 장롱이 비어 있고 찬장을 열어 보니 결정적으로 부엌살림이 하나도 없었기에 거주하지 않는다는 것을 확신했다. 나는 증거물로 비어 있는 장롱과 찬장 안을 디카로 찍어 두었다.

그 뒤 감감무소식이었던 임차인이 어디서 소식을 듣고 한걸음에 집으로 달려왔다. 그리고 노발대발 사람이 사는 집에 무단으로 침입했다며 나를 고소했다. 나는 이미 낙찰을 받은 상태였으므로 조사를 받겠다고 당당하게 말했다. 내가 가장 임차인임을 증거할 수 있는 문제의 사진을 보이자 태도가 바뀌면서 임차인은 고소를 취하하고 조용히 명도를 마쳤다.

낙찰자는 가장 임차인에게는 보증금을 내주지 않아도 된다. 가장 임차인을 찾는 방법은 많다.

첫째, 소유자와 임차인이 친인척 관계에 있는지 호적등본을 통해 진위 여부를 확인한다. 둘째, 건물에 근저당권이 설정되어 있다면 가장 임차인의 임대차 계약은 근저당권보다 먼저 계약되어 있으므로 근저당권자에게 문의 확인한다. 셋째, 명도소송 중이라면 임차인에게 보증금 지급 자료를 제출할 것을 법원에 구한다. 넷째, 임대차계약서 작성자를 명도소송의 증인으로 신청하여 임대차 계약서 작성 당시의 상황과 작성경위, 대금지급 여부를 추궁한다. 이런 경우 의외로 쉽게 가장 임차인을 확인할 수 있다.

낙찰받기 전에는 문도 열려 있었고 집에 물이 차고 쓰레기가 잔뜩 있던 집이 있었다. 분명 사람이 살지 않는 곳이었다. 그러나 잔금을 치르고 나니 문이 잠겨 있고 세입자라는 총각은 거주한다고 주장하면서 강제로 문을 따고 들어왔다고 나를 고소했다. 그러나 물이 차고 쓰레기더미가 난립하고 살림살이가 없어 사람 사는 온기가 없는 집의 사진을 증거물로 내밀었다. 처음에는 절대 합의해 줄 것 같지 않았던 그 총각은 결국 공무원이라는 신분 상 승진에 지장이 있을 것을 우려해 합의금 300만 원으로 명도에 협조했다.

tip 가장 임차인

가장 임차인들은 소액임차인으로서 최우선변제금을 노리거나 명도비를 챙기기 위해 위장 전입한 경우이다. 명도비를 챙기기 위해 전입한 임차인에게는 '위계의 방법에 의한 경매방해죄'를 적용시킬 수 있다. 이 경우 주택의 전입일자나 실제 거주 여부, 채무자와 친인척 관계, 종전 주민등록지의 거주현황 등을 따져 형사고발 등의 압박을 가할 수 있는 증거로 사용한다.

선순위 전세권

전세권은 전세금을 지급하고 타인의 부동산을 점유하여 그 부동산의 용도에 따라 사용, 수익하며 그 부동산 전부에 대하여 후순위 권리자 기타 채권자보다 전세금의 우선변제를 받을 수 있는 권리를 말한다. 전세권 설정기간이 만료되었으나 전세금을 반환받지 못한 경우 전세권 자체에 의해 경매를 신청할 수 있고 다른 사람이 신청한 경매에서도 다른 채권자보다 우선 배당을 받을 수 있는 특수한 용익물권이다.

그런데 건물 일부에 전세권을 설정한 경우에는 일부의 전세권으로 건물 전체를 경매 신청할 수는 없다. 전세권은 설정된 부분에 한해서만 경매가 가능한 것이다.

전세권은 따로 확정일자를 받을 필요가 없다. 전세권 설정계약서가 첨부된 등기필증에 등기관의 접수인이 찍혀 있다면, 원래의 임대차 계약서와 전세권 설정계약서의 계약일자가 다르다고 하여도 원래의 임대차 계약서상에 확정일자를

경 매 구 분	임의(기일)	채 권 자	주택은행	경 매 일 시	종결물건
용 도	근린상가	채무/소유자		다음예정	종결(종결)
감 정 가	595,659,800	청 구 액	195,000,000	경매개시일	00.09.05
최 저 가	291,873,300 (49%)	토지총면적	297.6 ㎡ (90.02평)	배당종기일	
입찰보증금	종결(종결)	건물총면적	931.4 ㎡ (281.75평)	조 회 수	금일ㅣ공고후ㅣ누적0

■ 물건사진 1
■ 지번·위치 0
■ 구 조 도 0

우편번호및주소/감정서	물건번호/면 적 (㎡)	감정가/최저가/과정	임차조사	등기권리

405-240
인천 남동구
868-31

● 감정평가서정리
- 철콘조및벽돌조
  슬래브지붕
- 만수여중교북서측
- 주변만수쇼핑센타,
  재래만수시장,동측
  대단위만수주공
  아파트소재
- 차량접근가능
- 버스(정)인근소재
- 장방형토지
- 북서측4m도로접함
- 준주거지역
- 일부도시가스보일러
  난방

감정평가액
대지:238,080,000원
건물:351,754,800원
제시:5,825,000원

000.09.28 대화감정

표준공시지가 :
750,000
감정지가 : 800,000

물건번호: 단독물건

대 297.6
(90평)
· 1층소매점 205
(62.01평)
(62평)
· 2층주택 205
(62평)
· 3층주택 172.2
(52평)
· 4층주택 131.2
(40평)
· 지하슈퍼마켓 193
(58.38평)
· 부합주택및계단 25
(7.56평)
(91.7.29보존)

감정가 595,659,800
대지 238,080,000
(39.97%)
건물 351,754,800
(59.05%)
제시 5,825,000
(0.98%)

최저가 291,873,300
(49.0%)

● 경매진행과정
595,659,800
유찰 2001-03-07
30%↓ 416,961,860
유찰 2001-04-07
30%↓ 291,873,300
낙찰 2001-05-09
315,000,000
(52.9%)
- 응찰 : 2명
- 낙찰자:

종결 2001-07-23

● 법원임차조사
전입 1999.08.00
(보) 10,000,000
월50만(지층-슈
퍼)
☎471-2251

전입 1999.08.23
확정 2001.03.20
배당 2001.03.20
5층
(보) 30,000,000

전입 1999.08.24
확정 1999.08.24
배당 2000.09.16
401호
(보) 30,000,000
(전세권자)

전입 1999.08.30
확정 1999.08.30
배당 2000.09.16
(보) 25,000,000
(3층-전세권자)
☎472-1564

전입 1999.09.11
(보) 25,000,000
(전세권자)

전입 1999.09.14
확정 1999.10.01
배당 2000.09.15
(보) 30,000,000
(4층-전세권자)
☎467-9804

전입 1999.10.01
확정 1999.10.01
배당 2000.09.18

전세권
1999.10.16
30,000,000
-존속기
간:2001.08.31

전세권
1999.10.16
25,000,000
-존속기
간:2001.08.31

전세권
1999.10.16
25,000,000
-존속기
간:2001.08.31

전세권
1999.10.16
30,000,000
-존속기
간:2001.08.31

전세권
1999.10.16
20,000,000
-존속기
간:2001.08.31

전세권
1999.10.16
30,000,000
-존속기
간:2001.08.31

근저당 주택은행
권 1999.10.19
왕십리
195,000,000

근저당
권 2000.04.06

받은 것으로 본다.

전세권은 등기부등본의 을구에 기재되는데 집주인의 동의가 있어야만 전세

등기부 등본 (말소사항 포함) - 집합건물

【 표 제 부 】 (1동의 건물의 표시)				
표시번호	접 수	소재지번,건물명칭 및 번호	건물 내역	등기원인 및 기타사항
1	2002년11월19일	인천광역시 남구 1580-33	철근콘크리트조 슬래브지붕 5층 상봉주택 1층 10.92㎡(계단실) 2층 130.84㎡(다세대주택) 3층 130.84㎡(다세대주택) 4층 130.84㎡(다세대주택) 5층 124.06㎡(다세대주택)	도면편철장 4책 제745면

(대지권의 목적인 토지의 표시)				
표시번호	소 재 지 번	지 목	면 적	등기원인 및 기타사항
1	1. 인천광역시 남구 1580-33	대	219.7㎡	2002년11월19일

【 표 제 부 】 (전유부분의 건물의 표시)				
표시번호	접 수	건물번호	건 물 내 역	등기원인 및 기타사항
1	2002년11월19일	제5층 제501호	철근콘크리트조 55.57㎡	도면편철장 4책 제745면

* 선선으로 그어진 부분은 말소사항을 표시함.   * 등기부에 기록된 사항이 없는 갑구 또는 을구는 생략함.

발행번호 12020012001203051100020121#00081403#216027011122   1/3   발행일 2003/05/12

권 설정이 가능하다. 전세권은 거주나 전입신고가 성립요건이 아니다. 따라서 경매가 진행되어도 자유롭게 퇴거가 가능하다. 전세권은 건물에만 효력이 미치고 임대인의 동의 없이도 효력이 승계되고 전전세도 가능하다. 그러나 전세권에는 최우선변제 제도가 없다. 또한 경매 배당과정에서 부족분이 발생해도 낙찰자에게 인수시킬 수 없어 일정부분 손실이 발생할 수 있다.

현행 민사집행법에서는 말소기준등기보다 뒤지는 등기는 말소시키고 앞서는 등기는 낙찰자에게 인수시키되 만일 선순위 전세권자가 법원에 배당요구종기일까지 배당요구를 하는 경우에는 전세권 등기를 말소시킬 수 있다. 전세권자가 임차인으로서 대항력을 보유하고 말소기준등기보다 앞선다면 전세권자의 부

최 고 서

      안녕하십니까? 귀하는 2002년 11월 20일 본인이 신축하여 분양한 인천 남구 1580-33호 홈타운 호에 분양대행위임자인 으로부터 금75,000,000만원에 분양받아 계약금 금5,000,000원을 분양업자에게 주었고 잔금은 담보대출금으로 대체하려고 하였으나 은행융자금을 받지 못하였습니다. 귀하는 잔금을 지급하고 계속 거주하던지 지급할수 없으면 해약과 동시 집을 비워줄 것을 서면으로 통고 합니다. 따라서 더 이상 지체 할수 없아오니 2003년 9월 5일까지 집을 비워주시기 바랍니다. 만약 이에 불응하신다면 본인은 혼자서만 손해를 감수 할수 없어 2003년 9월 5일부터 명도시까지 임대를 주지못하여 발생한 월 금1,400,000원씩의 손해금과 기타 명도의 따른 제비용을 귀하가 부담하여야 사안임을 명심하시고 선의로 해결하려는 본인의 뜻을 헤아려 주시기 바랍니다.

2003년 8월 27일

위 통고인 김
인천시 남구 190-5 성영빌딩 호

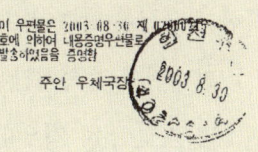

이 우편물은 2003 08 30 제 호에 의하여 내용증명우편물로 발송되었음을 증명함
주안 우체국장
2003. 8. 30

인천지방법원
배 당 표

2000타 경   부동산임의경매

배 당 할 금 액		금	315,613,987	
명	매 각 대 금	금	315,000,000	
	지 연 이 자	금	0	
	전 낙찰인의 경매보증금	금	0	
세	항 고 보 증 금	금	0	
	보 증 금 이 자	금	613,987	
집 행 비 용		금	4,764,900	
실 제 배 당 할 액		금	310,849,087	
매 각 부 동 산		인천 남동구 · · · 868-31 대지, 건물		

채 권 자					
채권금액	원 금	30,000,000	30,000,000	25,000,000
	이 자	0	0	0
	비 용	0	0	0
	계	30,000,000	30,000,000	25,000,000
배 당 순 위		1	1, 3	1, 3
이 유		임차인	전세권자	전세권자
채 권 최 고 액		12,000,000	26,863,571	22,734,801
배 당 액		12,000,000	26,863,571	22,734,801
잔 여 액		298,849,087	271,985,516	249,250,715
배 당 비 율		100.00%	100.00%	100.00%
공 탁 번 호 (공 탁 일)		금제 호 (. .)	금제 호 (. .)	금제 호 (. .)

3 - 1

족한 배당금은 낙찰자가 인수해야 한다.

전세권의 존속기간은 당사자 간의 약정에 따라 정할 수 있다. 존속기간은 1년 미만으로 정한 경우도 1년으로 보고 최단기 1년 미만 최장기 10년을 넘을 수 없다. 기간을 정하지 않은 전세권은 각 당사자가 전세권 소멸 통고를 할 수 있고

통 고 서

봉고인   김 ○ ○ ○

　　　　인천시 남구 ○○○ 1580-33 ○○홈타운 ○○호

피통고인   김 ○ ○ ○

　　　　인천시 남구 ○○○○ 190-5 ○○빌딩 ○○호

통고내용

1. 본인은 귀하가 소유하고있는 인천시 남구 ○○○○ 1580-33 ○○홈타운 402호의 임차인으로써 귀하께서 2003년 8월27일 통고한 최고서에 대하여 다음사항을 통고드립니다.

2. 본인은 귀하의 대리인 ○○○○ 와 2003년1월8일 귀하 소유인 인천시 ○○ ○○○○ 1580-33 ○○홈타운 ○○호에 대하여 전세보증금₩16,000,000원으로 정하여 2003년1월8일 계약금₩1,000,000원은 계약당일 지불하고 잔금₩15,000,000원은 2003년 1월26일 지불키로하고 계약을 체결하였습니다.
그후 계약서대로 2003년1월26일 ○○부동산 ○○○○와 ○○부동산 ○○○ 입회하에 완불하고 402호 현관키를 받고 입주하여 현재까지 살고있습니다.

3. 입주하고 1개월정도 지나서 ○○○이라는 사람이와서 전세인지 분양받은것인지를 확인할 때 분명히 전세라고하여 그리알고 ○○○한테 전세금을 달라고 제촉하여 ○○○가₩5,000,000원만 지불하였다가 나머지₩11,000,000원을 완불하였다는 이야기도 듣고 완불하였다는 온라인계좌번호도 복사하여 가지고 있습니다.
처음에는 ○○호만 전세를 인정한다고 하더니 지금에와서는 인정못한다고하니 이해가 안됩니다.

이 우편물은 2003 09 16 제 04002975
호에 의하여 내용증명우편물로
발송하였음을 증명함

남인천 우체국장

257

부동산임대차계약서

☑ 전 세
☐ 월 세

부동산의 표시

소재지	이천 이구 ... 1580-33 흥타운 ...(익카)동 ... 호)				
토 지	지 목		면 적		m²(평)
건 물	구조·용도	철근 주거	면 적		m²(평)
임대할 부분					

위 부동산에 대하여 임대인과 임차인은 합의에 의하여 다음과 같이 임대차계약을 체결한다.
제1조 [보증금 및 지급시기] ① 부동산의 임대차에 있어 임차인은 임대차 보증금 및 차임을 아래와 같이 약정하고 그 지불시기는 다음과 같다.

보 증 금	金 일천 육백만 얼정	원整(₩ 16,000,000)
계 약 금	金 이백만원	원整은 계약시에 지불하고 영수함.
중 도 금	金	원整은 년 월 일에 지불한.
잔 금	金 일천 사백만원	원整은 입주시 년 월 일에 지불한.
차임(월세)	金	원整은 매월(일)에 지불하기로 한다.

②제1항의 보증금은 공인중개사의 입회하에 지불하기로 한다.
제2조 [존속기간] 임대인은 위 부동산을 임대차 목적대로 사용 수익할 수 있는 상태로 2003년 월 일까지 임차인에게 인도하며, 임대차기간은 인도일로부터 2003년 월 일까지로 한다.
제3조 [용도변경 및 전대 등] 임차인은 임대인의 동의 없이는 위 부동산의 용도나 구조 변경 등을 변경하거나 전대, 임차권 양도 또는 담보제공을 하지 못하며 임대차 목적 이외의 용도에 사용할 수 없다.
제4조 [계약의 해지] 임차인이 계속해서 2회 이상 차임의 지급을 연체하거나 제3조에 위반했을 때는 임대인은 즉시 본 계약을 해지할 수 있다.
제5조 [계약의 종료] ①임대차 계약이 종료된 경우 임차인은 위 부동산을 원상으로 회복하여 임대인에게 반환한다. ②제1항의 경우, 임대인은 보증금을 임차인에게 반환하고 연체임대료 또는 손해배상금액이 있을 때는 이를 제하고 그 잔액을 반환한다.
제6조 [계약의 해제] 임차인이 임대인에게 중도금(중도금이 없을 때는 잔금)을 지불할 때까지는 임대인은 계약금의 배액을 상환하고, 임차인은 계약금을 포기하고 이 계약을 해제할 수 있다.
제7조 [공인중개사의 보수] 공인중개사의 중개보수는 본 계약체결과 동시에 당사자 쌍방이 각각 지불하며, 공인중개사의 고의나 과실없이 거래 당사자 사정으로 본 계약이 해약되어도 중개수수료는 지급한다.

특약사항: 건축주 대리 계약이며 추후 이전과 본계약서도 등기 대리하여 작성함

본 계약에 대하여 임대인과 임차인은 이의없음을 확인하고 각자 서명 또는 날인 후 임대인, 임차인, 공인중개사가 각 1통씩 보관한다.

2003년 1월 일

임대인	주 소	이천 연수구 ... 향촌 10-501			
	주민등록번호		전화	성명	
대리인	주 소			성명	(인)
임차인	주 소	인천 남동구 ... 868-31 201호			
	주민등록번호		전화	성명	
대리인	주 소			성명	(인)
공인중개사	사무소소재지	인천광역시 남동구 ... 1120-6			
	사무소명칭	공인중개사사무소			
	대 표	김			(인)
	등록번호	나 3350-...	전화 438-...39	전화	

※ 본 계약서는 대한공인중개사협회 공제가입 회원인 공인중개사( )의 중개와 물건 확인·설명에 의하여 정당하게 성립된 계약내용에 대하여는 본 협회가 보증한다.

🔷 대한공인중개사협회

통고를 받은 날로부터 6개월이 경과하면 전세권은 소멸한다. 전세기간이 만료되면 갱신할 수 있다.

경매에서 전세권이 소멸되는 경우가 있다. 첫째, 후순위 전세권은 전세금의 배당여부와 상관없이 무조건 소멸한다. 둘째, 전세권자가 임의경매를 신청한 경우 전세권은 낙찰 후 소멸된다. 셋째, 선순위 전세권자가 배당요구 종기까지 배당요구를 한 경우에는 배당을 받고 소멸한다.

후순위 가처분

후순위 가처분은 말소기준등기보다 뒤에 등기되어 말소되는 것이 원칙이지만 말소되지 않는 경우가 드물지만 있다.

첫 번째는 토지 소유자가 그 지상 건물 소유자에 대한 건물철거나 토지인도 청구권 보전을 위하여 건물에 가처분 등기를 한 경우다. 이런 경우의 가처분 등기는 건물에 대한 담보설정등기나 경매기입등기 이후에 이루어졌어도 매각으로 인해 말소되지 않는다. 그래서 집행법원은 이를 물건명세서에 기재하고 피보전 권리를 명백히 하기 위해 직권으로 등기소로부터 가처분신청서 등본을 교부받아 물건명세서에 첨부한다.

두 번째는 가처분 등기의 원인이 소유권을 다투는 경우이다. 가령 갑 명의로 등기되어 있는 부동산에 을이 저당권자로 그리고 병이 가처분권자로 등기되어 있다고 가정하자. 병이 가처분을 한 이유가 자신이 그 부동산의 진정한 소유자이기 때문이다. 갑이 단순한 등기명의자에 불과한 경우는 후순위 가처분등기의 말소여부와 상관없다. 낙찰 받은 매수자는 매각대금을 완납하여도 후순위 가처분은 소멸되지 않는다.

이러한 상황이 발생되는 이유는 우리나라의 부동산등기제도가 공신력이 없기 때문이다. 즉, 우리나라는 등기를 믿고 거래를 한 사람보다 실제 소유자를 보호하는 쪽에 무게를 둔다. 그래서 등기부등본 상의 소유자만 확인할 것이 아니라 소유권에 영향을 미치는 권리도 반드시 확인을 해야 한다.

후순위 가처분이 있는 물건을 낙찰 받아 실패한 사례가 있다. 말소기준등기보다 후순위로 등기된 가처분이었기에 당연히 낙찰 후 소멸될 것이라 권리분석하여 낙찰 받은 강 씨는 그대로 투자금액을 날리게 생겼다.

후순위라도 가처분의 권리가 소멸되지 않아 낙찰자가 인수해야 할 진정한 소유자인 후순위 가처분이었다. 강 씨는 뒤늦게 이 사실을 알고 매각허가 결정에 대한 취소신청을 하려 했다. 그러나 이미 배당까지 완료되었으니 취소한들 의미가 없을 터였다. 낙찰자의 구제방법을 알아보니 채무자이면서 소유자를 상대로 소송을 하는 방법이 있었다.

그러나 재산이 없는 채무자에게 소송을 해 봐야 보상받을 길이 없다. 예정대로 소유권이전을 했다면 6개월 만에 두 배의 수익을 올릴 수 있는 우량물건이었다. 다행히 반쪽은 소유권이전을 할 수 있었다. 경매로 수차례 낙찰 경험이 있는 베테랑 강 씨는 비싼 대가를 치렀다.

part 01 →

part 02 ↗

part 03 ↑

고수익 특수용도 물건의
비밀전략

Chapter 04

특수용도 부동산의 투자전략

　　부동산 경매시장에 모텔, 근린상가, 10억 원 이상 고가 아파트 같은 '수익형 부동산'이 쏟아져 나오고 있다. 불황기 경매시장에는 서민형 부동산인 연립이나 다가구, 저가 아파트에서 생계형 부동산인 상가, 특수용도 수익형 부동산 순으로 매물이 나온다. 특수용도 수익형 부동산은 대부분 자금력이 있는 부유층의 소유지만 경기침체가 장기화되면 경매시장에 등장한다.

　　주유소, 숙박업소, 공장, 아파트형공장, 주차장 등 주로 부동산을 최유효로 활용해 수익성을 이끌어내는 특수 업종의 투자대상물을 특수용도 부동산이라고 한다. 이런 특수용도 부동산을 낙찰 받았을 때 가장 큰 이점은 유찰이 많이 되어 저가에 낙찰 받을 수 있다는 점과 기존 부동산의 조건을 그대로 인수하므로 각종 인, 허가 과정이 생략돼 시간과 비용이 절약된다는 점이다.

　　즉, 경매로 취득하면 신고만으로 기존 사업자의 지위를 승계하는 것이다. 더군다나 부동산 소유주가 직접 운영하는 직영체제의 부동산인 경우는 권리관계도 깔끔하고 임차인이 있어도 인도명령 대상인 경우가 많아 명도 어려움도 없다.

반면 특수용도 부동산은 대형 수익성 부동산일수록 거액의 인테리어 비용이나 시설비, 권리금을 들여 입주한 경우 권리관계가 복잡하고 명도저항이 심하다. 낙찰자는 대처방안을 강구하고 입찰을 해야 한다.

이런 경우는 낙찰 후 소멸되지 않는 선순위 가등기, 선순위 가처분, 예고등기, 유치권 등이 많아서 권리 분석과 대처방안을 확실히 해야 한다. 정확한 시세 파악이 중요하고 지역 여건에 맞는 영업종목과 영업상태, 부동산의 내, 외부상태 등을 살피고 투자가치를 분석해야 한다.

지지옥선에 따르면 수도권에서 경매에 나온 숙박시설, 근린상가, 10억 원 이상 아파트는 2008년 1월 163곳에서 2009년 1월 222곳으로 36% 증가했다. 또한 2009년 최근에 나오는 수익형 부동산은 입지나 여건이 좋은 양질의 물건이 대거 나오고 있다 한다.

경매에 나온 수익형 부동산 물건현황 (단위: 개)
()는 전체 물건 대비 수익형 부동산 비중(%), 수도권 기준.

	2008년 1월	3월	5월	7월	9월	11월	12월	2009년 1월
수익형	163 (2.85)	151 (3.03)	143 (2.77)	167 (3.49)	172 (3.45)	205 (3.53)	235 (3.50)	222 (3.35)
전체 물건(개)	5712	4975	5145	4783	4976	5796	6698	6615

수익형 부동산 = 숙박시설(모텔, 여관)+근린상가(3층 이상, 연면적 300㎡ 이상 규모로 대부분을 상가로 쓰는 건물 전체)+10억 원 이상 아파트.

출처: 지지옥선

경매가 결정되고 실제 입찰까지는 6개월 가량 걸리므로 하반기에는 100억 원 이상의 고가 부동산이 대거 경매시장에 나올 것이다. 불황으로 투자심리도 위축되면서 수익형 부동산은 연이어 유찰되고 있다. 이렇게 양질의 수익형 부동산이 계속 유찰되는 것은 고수에게는 기회이다.

특수용도의 부동산 경매 입찰 정보는 입찰 14일 전에 일간지에 공고되는 '경매부동산의 입찰매각공고물'에서 확인할 수 있다. 입찰물건과 용도 란에 업종별로 기재된다.

특수용도 부동산은 경매정보지나 감정서에 특수용도 부동산의 종별이 기재되어 있고 특별한 종별이 없이 '근린' 또는 '기타'라고 표기된 경우도 많다. 시설의 용도가 정확히 표기되지 않은 경우는 집행 법원에서 '부동산의 현황 및 점유관계 조사서'를 확인해서 부동산의 내부구조와 첨부 사진으로 확인할 수 있다.

우선 특수용도 부동산에 입찰할 때는 경매 진행 중 취하 가능성이 적은 물건을 골라야 한다. 이를테면 경매에 붙인 근저당권자의 채권청구액이 부동산의 가치에 비해 많은 물건을 고르는 것이다.

가치에 비해 저당권이나 가압류금액이 적거나 청구액이 적으면 특수용도 부동산의 소유자는 자금력이 있기 때문에 채무변제를 하여 경매가 취하될 수 있다. 또는 채권자들이 채무자를 위협할 목적으로 경매를 진행시키는 경우도 있다. 투자가치가 높은 특수용도의 부동산일수록 취하가능성이 높다는 것을 유념한다.

숙박업소는 유흥가나 역세권, 업무지역에 소재한 물건이 좋고 건물 상태가 양호하고 건축된 지 너무 오래되지 않아야 한다. 사우나는 유사 경쟁업소가 많은 지역은 피하고 업무지역과 주택 밀집 지역이면 좋고 개, 보수비용이 너무 과다한 물건은 피한다.

아파트형 공장은 주거 밀집지역보다는 중소형 공장 밀집지역이 좋고 엘리베이터, 창고 등 생산에 따른 간접시설을 구비한 공장이 좋다. 교통 여건이 좋고 층고가 높아 기계설치가 용이하고 하중에 잘 견딜 만한 시설이 튼튼한지 확인한다.

주유소는 무엇보다 도로 상태가 중요한데 간선도로나 20~30m 도로변에 위치한 물건이 좋다. 특히나 주유소 거리제한이 철폐되어 주유소가 너무 많은 지역은 지나친 경쟁력으로 수익성이 떨어진다. 예식장이나 업무시설이 밀집되어 있거나 IC로 나가는 길목이거나 양면에 도로에 접한 곳이 위치적으로 유리하다.

모텔

적속에 아군을 포진시켜라

나는 감정가 21억 6,000만 원인 모텔 사우나를 7억 6,000만 원에 낙찰 받았다. 유치권을 주장하는 금액은 7억 5,000만 원이었다. 낙찰 받은 후 모텔의 사우나는 스포츠 마사지로 용도변경을 했다. 모텔을 직영하다가 그 후 모텔 운영전문가에 임대를 맡겼다.

유치권을 주장하는 유치권자는 모텔을 점유하지 않고 실상은 모텔 임차인이 점유하고 있었다. 유치장소인 사우나는 문이 열려 있어 나는 유치권 점유 상실을 증거로 유치권을 소멸시켰다. 의외로 유치권을 점유하고 있던 임차인이 뒷문을 열어 주어 쉽게 유치권 문제를 해결한 사례이다.

나는 임차인에게 이사비용으로 2,500만 원을 지급하였다. 임차인은 보증금이 5억이나 되었지만 어차피 보증금을 받지 못하리라는 상황을 직시하고 낙찰

자를 도와 이사비용을 많이 받고 스스로 비워 주었다.

　나는 낙찰을 받은 물건을 8개월 후 16억 5,000만 원에 매도하였다. 내게 이 물건을 새롭게 매수한 소유자는 신용불량자였기에 매수를 하고도 자신의 명의로 등기할 수 없다며 1년 후에 소유권이전을 해 갔다. 나는 모텔 사우나에서 남은 수익금으로 지분 토지를 매입하였다. 그리고 얼마 후 나머지 지분도 매입하여 분할하여 땅을 매도하였다.

　명도 방법에는 인도명령과 명도소송이 있다. 낙찰자에게는 명도소송보다는 인도명령으로 해결된다면 더 바랄 것이 없다.

　법원은 낙찰자가 대금을 낸 후 6개월 내에 신청하면 채무자, 소유자, 부동산 점유자에 대하여 부동산을 낙찰자에게 인도하도록 명할 수 있다. 민사소송법에

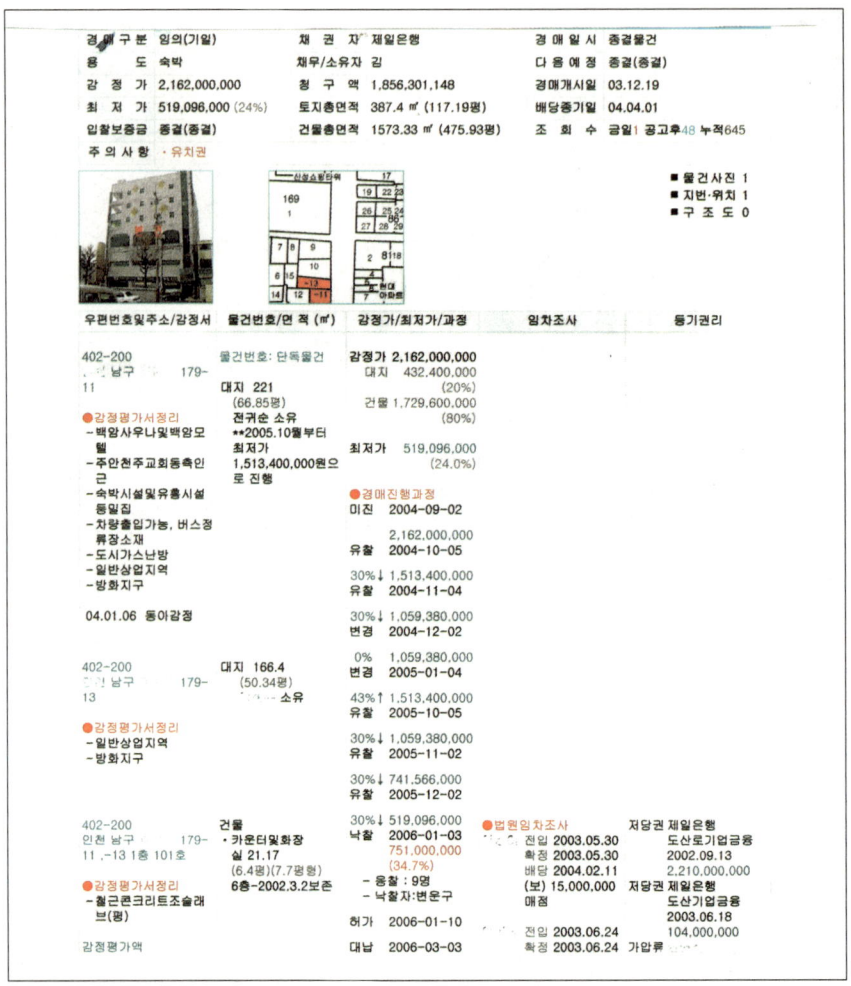

서는 채무자, 소유자, 압류의 효력이 발생한 이후의 점유를 시작한 자로 한정하였으나 민사집행법에서는 압류 효력 발생 전, 후의 점유를 따지지 않고 낙찰자에게 대항할 수 있는 권한을 가지지 못한 점유자는 모두 인도명령 대상이다.

낙찰자는 매각대금 완납 시부터 인도명령 신청이 가능하고 공동낙찰자는

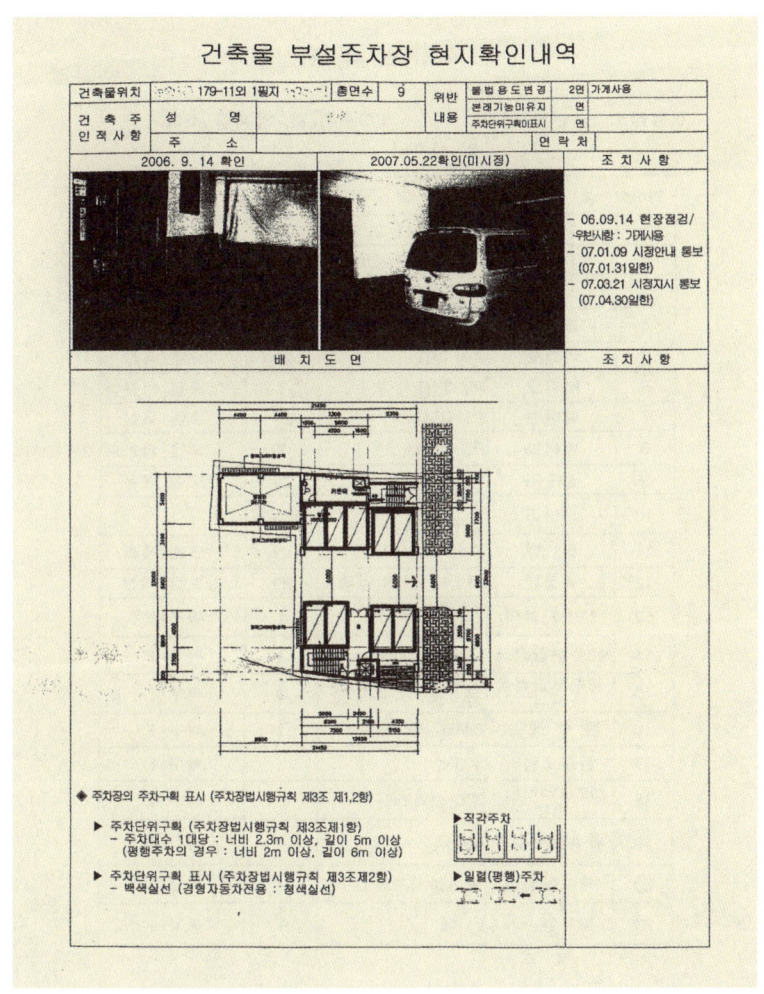

전원이 또는 각자가 단독으로 인도명령을 신청할 수 있다.

하지만 인도명령이 허용되지 않는 경우가 있다. 이 경우는 인도명령 대상이
아니기 때문에 명도소송을 거쳐야 한다.

첫째, 낙찰자가 인도명령의 대상이 되는 소유자, 채무자에게 소유권을 양도

집행장소 : 인천 남구   179-11, 13, 양지상 소재
           및 싸우나

연번	품 명	형식 및 규격	수량	선처장소
1	T V	PTA-29M1, 20인치	15	ㅇㅇ모텔 객실
2	T V	PTQ-25M1, 25인치	14	ㅇㅇ모텔 객실
3	T V	PTQ-25M1, 29인치	1	ㅇㅇ모텔 카운터
4	냉동고	FRA-0590, 50ℓ	29	ㅇㅇ모텔 객실
5	비디오	PV-T1B	29	ㅇㅇ모텔 객신
6	비디오	PV-T1B	1	ㅇㅇ모텔 카운터
7	에어콘	PS-064M	29	ㅇㅇ모텔 객신
8	에어콘	PS-064M	1	ㅇㅇ모텔 카운터
9	정수기	YLR2-5	29	ㅇㅇ모텔 객실
10	보일러	귀무라미 보일러및 온수탱크(10만㎉)	1식일체	
11	침 대	원형 및 사각	29	ㅇㅇ모텔 객실
12	화장대	화장대 셑트 일체	29	ㅇㅇ모텔 객실
13	온수보일러	2호로식 50만 ㎉/㎐	1	ㅇㅇ싸우나
14	온수순환펌프	LG3Ø 100/14	1	ㅇㅇ싸우나
15	온수보일러용 버너	이태리 FBR. 50만 가스용	1	ㅇㅇ싸우나
16	온 수 탱 크	85/6T 80D/M	1	ㅇㅇ싸우나
17	한증보일러	300kg	1	ㅇㅇ싸우나
18	한증보일러 버너	300kg(가스용)	1	ㅇㅇ싸우나
19	폐수열희수기	400Ø	1	ㅇㅇ싸우나
20	샌드여과기	헤어캇차포함	1	ㅇㅇ싸우나
21	방 염 기	대	7	ㅇㅇ싸우나

한 경우이다. 둘째, 재침입한 임차인으로 낙찰자가 부동산의 점유를 인도받은 후에는 제3자가 불법으로 점유하여도 인도명령 신청이 안 된다. 셋째, 법정지상권이 성립하는 건물의 임차인이나 채무자이고 대항력이 있는 임차인이다. 넷째, 낙찰자로부터 새로 임차한 자이거나 낙찰자로부터 부동산을 매수한 자이다. 다

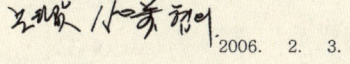

명도및 채권양도합의서

　　　를 갑,　　　및　　　를 을,　　　를 병, 이라 칭하고 아래
와 같이 합의 한다.

--- 아　　래 ---

1. 갑은 을에게 일금 이천만원을 명도및 채권양도합의금으로 지불하며,
명도는 2006. 2.6.한다.

2. 을은 병으로부터 반환받을 임대차보증금 일금오억원 밀린 월세를
공제한 일금약4억원중 50%를 갑에게 명도및 채권양도합의금액 이천만
원에 포함하여 무상 양도한다.

3. 갑은 반환받을 채권중 50%를 을의 명의로 판결을 받아주며, 1심판
결까지 인지대및 송달료는 갑이 지불한다.

4. 을은 　　모텔에 대하여 권리및 영업권 인수인계를 갑에게 조건없
이 하여 준다.

　　　　　　　　　　　　　　　　　　2006. 2. 3.

갑
성　　명 :　　　　　　
주민번호 :　　　　　　
주　　소 : 인천 서구　　　　　　아파트 비동　　호

을
성　　명 :　　　　　　
주민번호 :　　　　　　
주　　소 :　　　　　　

섯째, 압류의 효력발생 전후에 상관없이 유치권자는 인도명령 대상이 아니라 명
도소송 대상이다. 여섯째, 대항력과 우선변제권을 겸용한 임차인이 배당요구를
하여 전액 배당을 받을 경우 그 배당금을 지급받을 수 있는 때까지 주택 명도를
거절할 수 있다.

미지급 공사대금 지불각서

채무자 ○○○ 는 인천광역시 남구 ○○○ ○○○ 11,13호 소재 ○모텔
의 내부시설물의 유체동산 (TV,비디오,에어콘,냉동고,침대,보일러,화장
대,온수순환펌프,온수탱크,한증보일러,헬스기구,이발대,방열기,쑥찜통,
등)의 인수금액 전부와 모텔내부,외부의 건물보수및 건물전체 리모델링
비용 총6억3천만원중 미지급한 금5억원을 2006. 7. 30.까지 지불하며,
만약 위반시 손해배상금으로 일금1억원을 추가로 지불 할 것을 각서
합니다.

2006. 5. 10.

각서인 성   명:

주민번호:

주   소: 인천 ○○ ○○○○ A○○○○

채권자 ○○○ (○○○○○-○○○○○○○)
인천시 남구 ○○○ ○○○ ○○아트빌 A동 ○○○호 귀하

명도소송의 상대방은 목적물을 점유하고 있는 사람으로 임차인이나 실제로
거주하고 있는 피고로 한다. 명도소송 전에 반드시 점유이전금지가처분부터 해
야 한다.

이는 명도소송을 제기하여 명도판결을 받더라도 도중에 점유자가 바뀌면

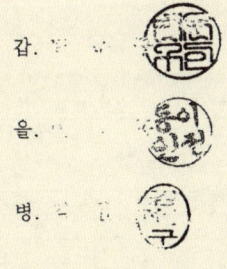

합 의 서

⋯⋯를 갑, ⋯⋯을 을, ⋯⋯를 병으로 칭하고 아래와 같이 합의
한다.

--- 아 래 ---

1.갑과 을은 합의후 즉시 소취하를 한다.

2.갑은 합의금으로 일금팔백오십만원을 을에게 지불 한다.

3.을과 병은 오늘 이후로 별지에 기재된 재산(영업시설및동산포함)에
대한 모든권리를 갑에게 조건없이 양도한다.

4.갑,을,병은 3부를 작성하여 각각 보관한다.

기업 381-022615-04-019 이정동

2007. 4. 18.

갑. ⋯⋯

을. ⋯⋯

병. ⋯⋯

명도집행이 불가능하기 때문이다. 그러니 새로운 점유자를 상대로 다시 소송을
해야 하고 시간을 끌면서 명도는 그만큼 멀어지게 되는 것이다.

무엇보다도 소장에는 명도할 목적물의 정확한 위치와 면적 등을 정확하게
기재해야 집행할 때 문제가 없다. 명도소송은 통상 3~5개월 걸리고 항소 시에는

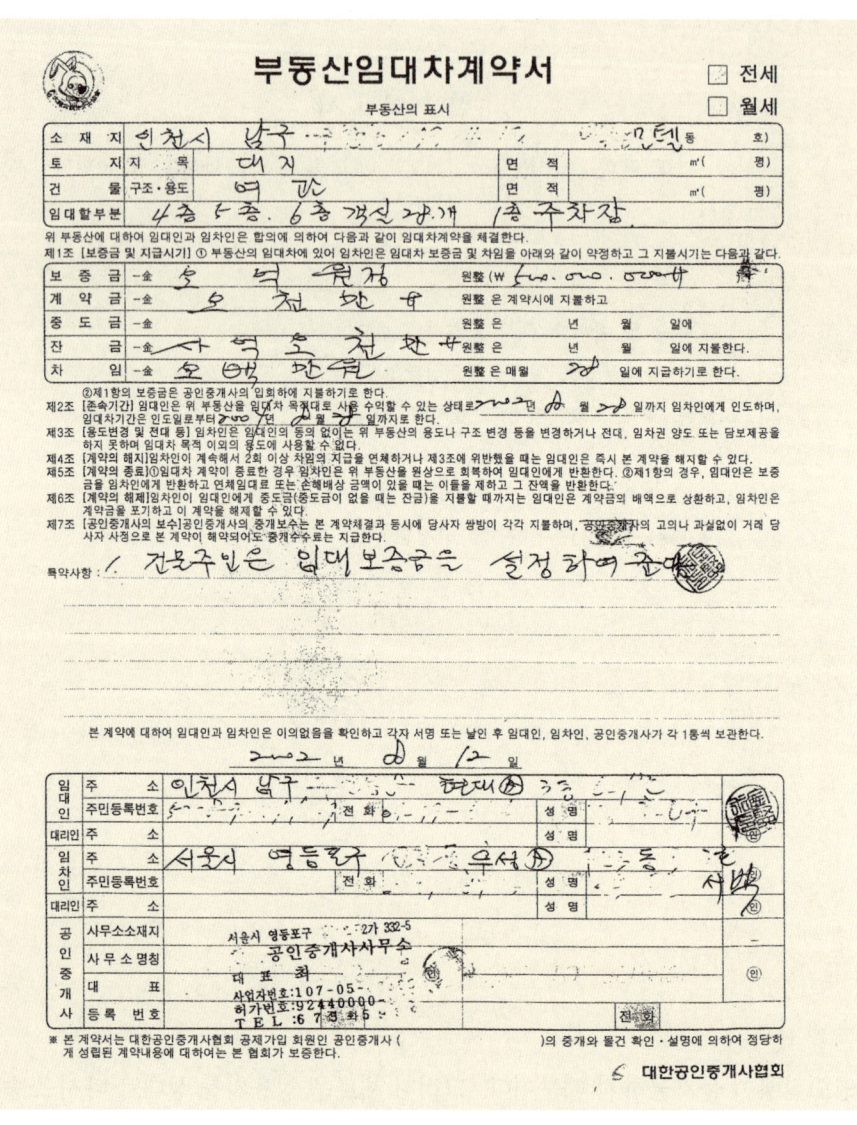

더 걸릴 수 있다. 1심 법원에서 가집행 선고판결을 해 주기 때문에 1심 판결 후에 명도집행을 할 수 있다.

주유소

경매시장에서 말하는 특수용도 부동산은 주거, 상업용 건물과는 달리 특정한 사업 목적을 갖고 업종을 선택해 건축한 수익성 부동산을 말한다. 주로 주유소, 숙박업소, 예식장 등을 말하며 입지여건에 맞게 수익성을 이끌어 내는 투자대상물이다. 서울 수도권에서 특수용도의 부동산들이 1개월에 300~400건씩 경매에 쏟아져 나오고 있다. 아울러 이런 특수용도의 물건을 노리는 투자자들도 늘고 있다. 불황에서 특수용도물건을 잡으면 그대로 인수하여 손쉽게 영업할 수 있는 이점이 있다.

그러나 일반인들에게는 특수 업종의 경매 물건 낙찰이 쉽지 않다. 경매 입찰공고에서 용도를 확인하기가 쉽지 않고 투자대상 물건을 찾아 분석하는 것도 쉽지 않기 때문이다. 응찰자도 적고 낙찰가율도 60~70% 선으로 경락이 이루어지는 것이 일반적이다. 고수가 이런 물건에 투자를 하는 이유는 당연히 시세보다 싸게 구입할 수 있다는 장점도 있지만 고가의 시설물과 영업권을 동시에 확보할 수 있다는 큰 이점이 있어서다.

주유소는 영업허가를 내 시설물을 갖추려면 기간이 오래 걸릴 뿐만 아니라 민원에 시달리고 비용도 만만치 않다. 경매로 낙찰 받으면 신규 개점할 때의 각종 인허가 과정이 생략되니 시간과 비용이 절약된다. 또한 경매로 취득하면 기존 사업자의 지위가 승계되어 신고만으로도 영업할 수 있다. 상업용 건물이기에 주택임대차보호법에 의한 대항력을 인정하지 않아 임차인 대부분이 인도대상이다. 그러니 낙찰자가 떠안아야 할 추가비용도 별로 없다.

명예퇴직을 한 후 퇴직금으로 새로운 일을 찾던 김 씨에게 내가 주유소를 낙찰 받아준 경우이다. 서울 소재에 있는 이 주유소는 95년도에 지은 것으로 대지는 150평이 되고 건물은 200평 정도 된다. 지상 3층 규모의 주유소로 2회 유찰된 후 낙찰 받았다.

감정가 13억 3,000만 원에 64%인 8억 5,000만 원에 낙찰 받았다. 이 주유소의 감정가는 외환위기 직후에 책정된 가격으로 시세보다 훨씬 못미처 감정가 차액으로 먼저 수익을 얻게 된다. 최소 5억 원 이상 낮은 가격으로 주유소를 구입한 데다 역세권에 위치하여 교통량도 많고 영업이 잘된다. 주유소 투자가치 상승으로 인한 고수익을 얻고 월 2,000만 원의 수입은 오히려 보너스다.

상가건물

속 빈 강정이 많으므로 최대한 싸게 낙찰 받아야

　　고령화시대로 접어들면서 노후 대책이 큰 걱정거리가 되고 있다. 은행에서 매달 노후자금으로 적은 이자라도 나오도록 준비해 두어야 하겠으나 당장 먹고 살기도 빠듯하다 보니 자꾸 미루는 사람들이 대부분이다.

　　어느 정도의 목돈이 있다고 해도 저금리시대에 은행에 넣어 두고 이자를 바라는 것은 그리 추천할 일은 아니다. 은행 금리보다 높은 고정 수익을 누구나 바라지만 방법을 몰라 불안할 것이다. 따라서 막연하나마 임대 가능한 부동산에 투자하기를 원하는 사람들이 많다.

　　경기가 나쁠 때 가장 타격을 입는 부동산 중 하나가 상가이다. 이럴 때는 상가를 내놓아도 팔리지 않을 뿐더러 생활이 어려운 임차인들은 월세지급을 미루기 다반사다. 급기야는 공실률도 급증한다.

그러나 상가는 목이 좋은 곳만 고르면 고정된 임대소득이 보장되는 데다 수익률도 다른 부동산보다 높다. 특히나 경매시장에서 시세보다 훨씬 싼 상가를 잡으면 수익률은 배가될 수 있다. 이처럼 좋은 조건의 상가는 많지 않기에 발품을 열심히 팔아야 찾아낼 수 있다.

　　2002년 11월부터 상가건물임대차보호법이 제정되면서 상가 경매투자는 안전한 투자대상이 되었다. 왜냐하면 법이 제정되기 전에는 상가 세입자를 보호하는 법 규정이 없어 상가를 비워 주지 않고 버티는 과정에서 불협화음이 많았다.

　　특히나 세입자가 인테리어 비용이 많이 들었다면 명도저항이 거세 낙찰 후 애를 먹을 수밖에 없었다. 세입자를 강제집행으로 내보내기 힘든 경우에는 종전 계약보다 좋은 조건으로 재계약하는 '울며 겨자 먹기 식'도 많았다.

　　하지만 상가건물임대차보호법 제정 후에는 영세임차인에게 대항력과 우선변제권이 인정되면서 낙찰자가 편해졌다. 세입자에게 5년 임대 기간 보장과 경매 처분 시 우선변제권이 생기면서 낙찰자 입장에서는 임대료를 많이 받을 수 있게 된 것이다.

　　경매투자는 우량상가를 싸게 낙찰 받아 직접 창업하거나 임대용으로 활용할 수 있는 좋은 방법이다. 불황일 때는 임대보증금만으로도 상가를 경매로 취득할 수 있다. 특히 상권이 좋은 상가는 유동인구가 많아 일반 매매로 상가를 매입할 때는 프리미엄이 형성되지만 경매로 낙찰 받으면 프리미엄 없이 취득할 수 있다. 특히 공실의 상가는 감정가 대비 절반 값에 경매에 붙여진 경우가 많다. 대출받아 상가를 분양받거나 빚이 많은 상가매물은 임차인이 입주를 하지 않은 상태에서 경매에 나오는 경우도 있다.

　　상가 경매 권리분석 요령은 우선 등기부등본 상 말소기준권리를 기준으로 낙찰 후 말소되지 않고 낙찰자가 인수하는 등기부상 권리가 있는지 확인한다. 법원의 점유관계조사보고서, 임차인관계조사서, 매각물건 명세서를 통하여 대항력 있는 임차인이 있는지 확인하고, 있으면 인수보증금의 액수를 확인한다. 사업자등록 신고일자가 등기부 상 최선순위 근저당권인 말소기준권리보다 후순위로 되어 있으면 대항력 없는 임차인이 된다.

기존의 임대가로 예상 수익을 잡고 낙찰 받으면 낭패를 볼 수 있다. 또 상가가 밀집되어 있는 곳 중에는 공급과잉과 불황으로 장사가 오랫동안 되지 않는 상가들이 많을 수 있으므로 신중한 접근 없이 덜컥 낙찰을 받으면 애물단지가 될 수도 있다. 상가는 특히나 감정가 대비 입찰 시점의 상가 시세와 임대수익성, 임대수요 등을 꼼꼼히 따져 봐야 한다.

상가는 겉으로는 번듯해 보여도 속빈 강정이 많으니 수회 유찰돼 최대한으로 값싸게 낙찰 받는 것이 투자성을 높이는 길이다. 주택은 재개발, 재건축, 구조 변경 등으로 지역 호재와 맞물려 건축이 오래된 경우에도 투자성이 높을 수 있지만 상가 건물은 오래될수록 대부분 가치가 떨어진다. 입찰 물건 지역의 공실률이 적고 관공서나 상업시설, 교육시설 등이 밀집해 있는 곳은 수요가 많아 투자성이 높다.

불황에는 특히 경매시장에 나오는 상가가 계속 증가하는 추세이니 부지런히 발품을 팔아 상가를 비교 분석한다면 분명히 헐값에 우량 상가 물건을 잡을 수 있다.

공장운영이 어려워지자 상가 낙찰로 활로 찾아

제조공장을 운영하고 있던 한정현 씨는 불황으로 사업이 신통치 않게 되었다. 한 두 차례 경매로 낙찰 받은 경험이 있었던 그는 경매시장에서 상가를 구하기로 했다. 공장의 상황이 점점 나빠지고 있으므로 다른 방도를 모색해보아야 할 형편에 놓인 것이다.

한정현 씨는 경매정보지를 사서 꼼꼼히 살펴보고 서울과 수도권 일대에 나온 경매 상가물건을 찾아 현장을 둘러봤다. 가격이 싸면 상권이 좋지 않았고 마음에 드는 물건이 쉽게 나타나지 않았다. 한정현 씨는 여유를 갖고 답사를 계속해 나갔다. 그런데 상가를 저가로 구입하려면 특수물건 중에서 찾는 것이 확률이 높다. 특수물건에 대한 경험이 없는 한 씨는 소개를 받고 나를 찾아왔다.

한 씨가 답사를 계속하던 중 마음에 드는 물건이 생겼고 나에게 도움을 청했다. 신도시 내에 있는 5층 상가 중 1층 17평(실 면적 8.5평)짜리가 한 씨의 마음에 들었다. 부동산 중개업소가 세 들어 있는 상가로 주변에 아파트와 오피스텔, 사무실 등이 자리 잡고 있어 상권도 괜찮았다. 최초 감정가가 1억 7,000만 원이었으나 세 번 유찰돼 최저가가 8,700만 원으로 떨어져 가격도 만족할 만한 수준이었다. 1월에 4명과 경합 끝에 한정현 씨는 9,200만 원에 낙찰 받을 수 있었다. 그런데 낙찰 받은 상가에 세 들어 있는 중개업소가 손해를 최소화하기 위해 항고를 하는 바람에 항고가 끝난 7월이 돼서야 잔금을 치르고 소유권이전등기를 할 수 있었다.

그러나 항고기간 동안 월세를 내지 않아도 돼 손해가 어느 정도 만회된 중개업소가 재계약을 원했고 한정현 씨도 사업이 순조롭게 풀리기 시작해 상가를 직접 운영할 필요가 없어졌다. 한정현 씨는 보증금 3,000만 원에 월 임대료 100만 원에 세를 놓았다. 낙찰금에다 등록세와 취득세 등의 비용 800만 원을 합쳐 1억 원이 들었지만 보증금 3,000만 원을 제하면 실제투자액은 7,000만 원이 든 셈이었다. 임차인으로부터 받는 월세가 100만 원이므로 한정현 씨의 투자금 대비 수익률은 연간 17.1%이다.

상가는 원래 매매차익보다는 안정적인 임대수입을 바라고 투자하는 것이니 1차원적인 것은 성공하였다. 여기에다 현재 이 상가의 시세가 2억 원을 약간 웃돌고 있어 1억 원에 이르는 시세차익까지 얻을 수 있으니 성공한 투자라고 할 수 있다.

노후대비로 상가건물을 낙찰 받다

정년을 앞두고 있는 정태훈 씨는 노후대책용으로 경매시장에서 상가건물을 값싸게 마련하였다. 상가건물에서 연 13.3%의 안정된 임대 수익을 올리고 있다. 그는 평생 모은 5억 원으로 편안한 노후 생활을 위해 경매로 낙찰 받기 1년 전부터 준비하였던 것이다. 정태훈 씨는 1년 전에 매월 안정적인 고정수익을 올릴 수 있는 상가건물을 사기로 결정하고 물건을 보러 다녔다. 하지만 거래되고 있는 좋은 상권의 급매물을 찾기는 생각처럼 쉽지는 않았다.

그러던 중 경매에 나온 상가건물은 권리분석이 복잡하고 세입자 수가 많아 사람들이 꺼리지만 일반 매물보다 훨씬 싼값에 매입할 수 있다는 정보를 들었다. 정태훈 씨는 지인의 소개로 나에게 의뢰를 했고 부동산 경매과정 수업을 들

으며 틈틈이 경매 공부를 했다. 그리고 그는 주말마다 경매 물건들을 권리분석
하면서 현장을 답사했다.

나와 함께 투자 물건을 찾다가 2차선 도로변에 접한 3층 상가건물이 눈에
띄었다. 지하층은 커피숍, 1층은 식당, 2층은 학원, 3층은 사무실로 사용 중이었
다. 대지 100평에 건물 230평으로 감정가가 6억 6,000만 원이었으나 한 번 유찰
돼 최저가가 5억 2,800만 원으로 떨어져 있었다. 시세 조사를 해보니 현재 거래
되는 가격보다는 25% 정도 저평가돼 있었다. 8차선 대로와 2차선 도로가 만나
는 코너에 자리 잡은 건물(대지 80평)의 바로 옆에 위치해 상권이 잘 형성돼 있는
편이었다. 또 나중에 재건축할 때 코너 건물 땅과 합쳐 대형 건물을 지을 수 있어
장래 가치가 뛰어났다.

입찰에 참가해 3명의 경쟁자를 물리치고 5억 6,780만 원을 써내 낙찰자로
결정됐다. 3개월 후 소유권이전등기를 마치고 기존 세입자들과 다시 협의를 해
보증금 2억 3,000만 원에 월세 410만 원을 받게 됐다. 취득세와 등록세 등을 포
함한 총 투자금액 6억 원에서 보증금을 빼고 실제로 들어간 돈이 3억 7,000만 원
임을 감안하면 월세를 받아 연 13.3%의 수익을 올리는 셈이다.

게다가 현재 주변 2차선 도로에 접한 건물의 땅값이 평당 800만~1,000만 원
대로 건물 값을 계산에 넣지 않더라도 평당 600만 원에 구입한 셈이어서 시세 차
익만도 최소 2억 원 정도 된다.

공장

공장 경매에 투자하는 방법

　공장은 경기에 큰 영향을 받기 때문에 불황일 때는 경매에 회부되는 매물이 대폭 증가한다. 불황일 때는 감정가 2~3억짜리 소규모 공장에서부터 10억 원 이상의 대형 물건까지 지속적으로 경매에 나온다.

　수도권은 공장총량제에 묶여 있어 새로운 공장의 신축이 사실상 힘들다. 설사 신축이 가능하다 해도 각종 인, 허가를 받는데 통상 1~2년 이상의 기간이 소요된다. 이런 이유 등으로 입지여건이 좋은 공장 매물은 임대수요가 많은 관계로 안정적인 임대수익을 얻을 수 있다.

　수도권 공장을 매입할 경우 소재지에 따라 등록 제한업종이 있을 수 있으니 입찰 전에 해당 지방자치단체를 방문해 해당 업종이 합당한지 여부를 파악한다. 산업단지 외에 위치한 공장은 각종 개발사업 등의 여파로 지속적인 지가상승이 이루어질 수 있는 곳이다. 그러다 보니 낙찰 후 매각 시 상당한 시세차익의 기대효과로 고수만이 아니라 일반인도 관심을 갖는 종목이다.

공장물건은 사업용으로 분류되기 때문에 규모가 크더라도 종합부동산세 과세대상에서 제외된다. 취득할 때 낙찰가 중 기계설비에 대해서는 등록세, 취득세 등이 비과세되니 잘 받은 공장은 재테크뿐 아니라 세테크까지 할 수 있어 일석이조다. 경락대금에서 취득세, 등록세 등 세금을 면제받으려면 지방세 납부시 경락대금완납증명원과 해당사건의 감정평가서 사본을 첨부해 제출하면 된다. 낙찰가에서 전체 감정평가금액 중 기계기구류가 차지하는 비율에 해당하는 금액을 공제한 금액을 과표로 본다.

공장경매의 장점은 낙찰 후 까다로운 인, 허가 과정을 생략하고 기존공장을 그대로 활용할 수 있다는 점이다. 다른 경매물건은 해당 물건의 부속물에 대해 낙찰자가 '인수부담' 하는 경우가 발생할 수도 있지만 공장경매는 대법원 판례에 의해 낙찰자의 추가부담이 없다는 점이 매우 유리하다.

하지만 기존공장을 낙찰 받아 용도를 변경하고자 하는 응찰자라면 확인해야 할 사항이 있다. 지역특성과 공업배치법 등 관계법령에 따라 업종에 규제를 받는 곳이 있어 미리 해당 시, 군청을 방문하여 용도변경허가 가능여부를 확인해야 낭패를 겪지 않는다.

공장은 공장 저당법에 따라 토지와 건물, 기계기구류를 합쳐 평가한 뒤 일괄입찰로 진행된다. 기계기구류는 제조업체에 따라 유용하게 쓸 수 있지만 고장이 난 경우는 고철 값만 받고 처리해야 하는 경우가 발생할 수도 있으니 입찰 전에 평가목록을 자세히 확인한다.

공장을 낙찰 받을 때 특별히 신경 써야 할 사항 중 공장 내에 산업폐기물이 있으면 처리비용을 낙찰자가 추가 부담해야 한다는 점이다. 보통 경매에 나올 정도의 공장은 산업폐기물이 골칫덩어리일 수 있다.

　공장은 주택임대차보호법의 보호대상이 아니므로 거주 임차인은 보호대상이 아니다. 이는 낙찰자에게는 유리한 사항이지만 임금이나 퇴직금을 받지 못한 노동자들이 공장을 점거할 경우 명도문제가 만만치 않을 수 있다. 또한 오염물이나 사업폐기물을 공장 부지 내에 무단으로 폐기했거나 매립했다면 낙찰자가 책임져야 하니 큰 복병이 된다.

　공장 현장답사를 할 때 시세를 알아보는 것은 기본이고 공과금이나 세금체납 여부와 기계와 기구, 장비가 은행에 잡혀 있는지 리스 회사로부터 빌려 쓴 곳이 있는지 등도 확인한다. 기계나 장비가 은행에 잡혀 있고 빌려 쓴 것이라면 낙찰 후에 항고 등으로 제3채권자로부터 법적 대응을 받을 수 있기 때문이다.

공장 경매의 성공적 낙찰을 위한 노하우

　첫째, 공장수요가 많은 곳을 노려야 한다. 수도권 지역은 신규공장 인, 허가에 통상 1~2년 정도의 기간이 소요되어 상대적으로 수요가 풍부한 편이다.

　둘째, 도로망을 살펴보아야 한다. 공장을 실제 운영하든 투자용으로 매입하든지 접근성이 매우 중요하다. 교통의 편리성이 확보되지 않으면 물류비용이 증가되기 때문이다.

　셋째, 용도변경이 가능한 공장이라면 가치 상승여력이 크다. 공장을 물류센터나 근린시설로 용도변경을 할 수 있다면 가치를 상승시킬 수 있다. 사전에 관할 시, 군청을 방문하면 용도변경 가능여부를 확인할 수 있다.

넷째, 체불임금은 법적으로 낙찰자의 부담이 아니다. 그러나 체불임금이 있으면 명도가 지연되는 것은 뻔하다. 더구나 명도에 저항하다가 공장기계나 건물이 파손될 위험이 있으니 빠른 시간 내에 협상을 하는 것이 중요하다.

다섯째, 아파트형공장은 투자성이 낮다. 아파트형공장을 낙찰 받으려면 아파트형공장 밀집지역을 택해라.

여섯째, 기숙사 거주 직원은 주택임대차보호법이 적용 될 수 있다는 것을 명심하라. 공장 내의 기숙사에 거주하는 공장직원이 주민등록 전입신고까지 마쳤다면 주택임대차보호법 상의 임차인이 될 수도 있다. 이 경우, 최초의 물권설정일보다 임차인의 전입신고가 앞서고 배당요구를 하지 않았다면 이른바 '대항력 있는 임차인'으로 간주되어 대법원 판례에 따라 낙찰자가 임차보증금을 떠안을 수도 있다.

설사 대항력이 없다 하더라도 임차인(직원)이 경매절차에서 배당을 받지 못할 경우에 자진퇴거를 하지 않으면 일반주거용 물건과 마찬가지로 법적조치(인도명령 등)에 의해 명도를 할 수밖에 없음을 유념해야 한다.

법을 유리한 고지에서 활용하기

다음 사례는 공매로 공장을 낙찰 받아 단기간에 수익을 많이 낸 경우이다. 감정가 14억인 물건인데 토지와 건물이 10억, 기계감정 4억이다. 공장 대지는 300평에 건평은 420평이다. 나는 3억 6,300만 원에 낙찰 받았다. 잔금은 100%

대출을 받아 납부했기에 실제 투자액은 낙찰금의 10%인 3,600만 원이었다. 거기에 소유권 이전비가 1,500만 원이 들어 총 5,000만 원을 투자하여 8개월 만에 6억 8,000만 원에 매도하였다.

6억 8,000만 원 − 3억 6,300만 원 − 5,000만 원 = 2억 6,700만 원

5,000만 원을 투자하여 8개월 만에 2억 6,700만 원의 수익을 낸 경매 포인트를 알아보자.

우선 이 공장은 포천 양문산업단지 내에 있으므로 응찰자들의 조사 결과 대항력이 없었다. 서류상으로는 아무런 하자가 없는데도 하자 있게 보이는 물건이어서 몇 차례 유찰이 되었다. 응찰자들의 정보에 의하면 포천 양문산업단지 측에서 그 공장은 매매도 안 되고 임대도 할 수 없다고 하였다. 팔리지도 않고 임대도 안 된다는 관계자들의 말을 듣고 아무도 응찰을 하지 않았다.

나는 법을 내 편으로 활용할 수 있겠다고 판단했으므로 단독입찰을 했다. 만약 공단에서 응찰자들 사이의 정보대로 그렇게 말했다면 행정소송을 할 생각이었다. 즉, 낙찰을 받은 공장이 사유재산임에도 불구하고 매매도 안 되고 임대도 안 된다는 것이 사실이라면 그것을 역이용해서 행정소송을 하려고 한 것이다.

나는 유유히 단독낙찰 후 다시 진상을 파악하기 위해 포천 양문산업단지를 방문했다. 왜 사유재산인데 매매도 안 되고 임대도 안 되는지 이유를 설명해 달라고 요청했다. 그러자 공단 측 담당자는 여러 사람들에게 문의가 왔을 때는 사항을 잘못 알고 있었다고, 그래서 자신이 잘못 말한 것이라고 시인했다.

KAMCO 관리번호 : 2006-___-001

담당부서	조세정리1부	개 찰 일	낙찰	공 고 일	2007년 08월 16일
물건용도	공장	위임기관	시청	소 유 자	
감정기관	(주)__감정평가법인 (2006.07.12)	감 정 가	2,635,404,440 원	명도책임	매수자

물건 사진

주소, 용도, 면적㎡ 감정평가요약	공고정보	임대차정보	등기부등본내역
경기 포천시 _____ 1014-4 ▶공장 　공장용지 2,420.9 　건물 5,091.79 [1540.3평] 　미등기건물 312 　기계기구 4점 ☒감정평가요약 •【위치 및 부근현황】 　경기도 포천시 _____ 소재하 며 인근은 염색화학공장이 있으며 주 변에 임야, 농경지 등이 소재하는 지 역임. •【이용현황】 　공장부지로 이용중임. •【기타사항】 　해당사항 없음. •【부대조건】 　본건 기계일부는 소재불명및 일부 훼 거된 상태이며, 기계기구 현상태대로 인도하는 조건임. 유치권(10억)신고있 음.	개 찰 일　2007.01.04 11:00 최 저 가　1,317,703,000원 결 　 과　유찰 개 찰 일　2007.03.08 11:00 최 저 가　1,317,703,000원 결 　 과　입찰준비중 개 찰 일　2007.04.19 11:00 최 저 가　1,317,703,000원 결 　 과　유찰 개 찰 일　2007.04.26 11:00 최 저 가　1,185,933,000원 결 　 과　유찰 개 찰 일　2007.05.03 11:00 최 저 가　1,054,163,000원 결 　 과　유찰 개 찰 일　2007.05.10 11:00 최 저 가　922,393,000원 결 　 과　유찰 개 찰 일　2007.05.17 11:00 최 저 가　790,622,000원 결 　 과　유찰		저당권 이__ 　　2003.07.15 　　450,000,000 가압류 신일철구조 　　2003.07.28 　　434,000,000 저당권 전설 　　2003.07.31 　　900,000,000 이 전 (주)가교 　　2005.05.27 가압류 　　트레드 　　2003.08.22 　　259,690,000 가압류 　　화학 　　2003.09.05 　　452,800,000 저당권 중소기업진흥 　　경기북부지부 　　2003.09.16 　　680,000,000 저당권 중소기업진흥 　　경기북부지부 　　2003.09.16 　　1,800,000,000 가압류 현대화공약품 　　2003.09.24 　　253,470,000 가압류 유정석유 　　2003.10.21 　　154,780,000 가압류 　　 　　2003.10.23 　　37,000,000

계속

실상은 공단의 공장을 분양받을 때 최초 분양받은 소유자가 정부 자금을 지원받았는데 조건이 있었다. 본인이 직영을 해야지 임대를 할 수 없다는 단서가 붙었던 것이다. 따라서 매매가 안 되는 것이 아니고 임대가 안 되는 것이었다.

그런데 임대가 안 되는 조건은 최초 분양받은 자에게만 해당되는 조건이었다. 그것을 공단 사무실에서 매매도 안 되고 임대도 안 된다고 잘못 안내해 준 것이었다.

이 공단은 중소기업진흥공단이 영세한 중소기업을 지원하기 위해 5만 평을 매입하여 분양한 것이었다. 현재는 열 병합 추진 중이므로 입지조건이 더욱 좋아지고 있다. 행정소송 할 필요도 없이 명도비도 전혀 안 들고 하자 없는 권리에 그야말로 거저 얻은 공장이었다. 유치권이 없이 공장 문도 열려 있었고 기계까지 그대로 있어서 명도는 그야말로 손 안 대고 코 푼 격이 되었다. 기계는 공장에 포함되는 포괄담보물이었기에 그대로 방치할 수밖에 없었다. 응찰자들이 공단에 문의할 때 좀 더 상세히 정확히 조사했더라면 하자 없는 깨끗한 물건이었음을 알았을 것이다.

경매는 법을 잘 알아 역으로 이용하거나 처세술에 능하여 정확한 정보를 입수하는 자가 이기는 게임이다. 경매는 법을 잘 알아야 한다. 그러나 만약 법에 좀 미흡하다면 처세술이라도 능해 남들보다 한 차원 깊이 들어가는 정보를 입수해야 경매에서 살아남을 수 있다.

이 물건은 기계를 빼고도 10억의 감정가가 나오는 공장이었고 은행에서 잔금 100%를 대출받았다. 나는 낙찰금의 10%인 3,600만 원으로 공장을 인수하게 되었다. 그 후 임차인이 공장을 썩 마음에 들어 하자 아예 공장을 매입하도록 권유했다. 그러나 임차하러 온 세입자는 보증금 1억 밖에 없었다.

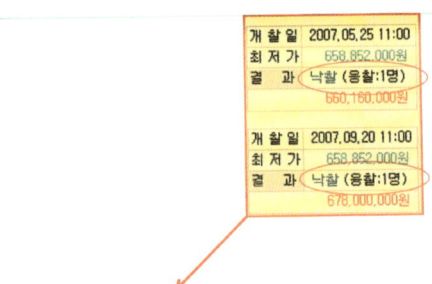

개 찰 일	2007.05.25 11:00
최 저 가	658,852,000원
결 과	낙찰 (응찰:1명) 660,160,000원

개 찰 일	2007.09.20 11:00
최 저 가	658,852,000원
결 과	낙찰 (응찰:1명) 678,000,000원

가압류	농협중앙 포천시지부 2003.11.03 10,110,000
가압류	교역 2003.11.05 26,220,000
가압류	이 2003.11.08 19,500,000
압 류	포천시 2003.11.17
압 류	국민건강보험 2003.12.11
가압류	현대 의정부채권센 2003.12.26 11,330,000
압 류	의정부세무서 2006.01.13
압 류	근로복지공단 2006.04.25
가압류	근로복지공단 2006.05.10 382,250,000

첫 번째 낙찰자가 낙찰 선정 후,
숨어있던 유치권 발견으로 낙찰 포기한 물건을
다시 낙찰 받아 유치권 해결 후, 매각한 사례

구 분	공매 (경기도 포천시 ●●● ●●● 1014-4)		
감 정 가	2,635,404,440	매 입 금 액	678,000,000
투 입 자 금	현금		261,900,000
	융자		450,000,000
낙 찰 일	2007년 9월 20일	재 매 각 일	2008년 10월
매 도 금 액	1,600,000,000	수 익 금	761,000,000
수 익 률	121%	투자금 대비 수익률	291%
비 고	- 투자금 대비 수익률은 취·등록세 및 기타 부대 비용을 제외한 것입니다		

물건 쟁점 사항	물건 해결 내용
- 법원 신고 유치권 금액 일금 10억 원 - 실제 주장 유치권 19억 원	- 소송을 통해 유치권 주장자 해결 (사기미수 판결 및 처벌 - 만원에 약식 기소) - 유치권과 관련해 지불한 금액 없음 - 감정가 대비 낙찰가 23% - 1년 후, 재 감정 시 일금 2,802,914,600원

등기부 등본 (현재 유효사항) - 건물

[건물] 경기도 포천시 영중면 1014-4

고유번호 1154-2003-003739

【 표 제 부 】 (건물의 표시)

표시번호	접 수	소재지번 및 건물번호	건 물 내 역	등기원인 및 기타사항
2		경기도 포천시 영중면 1014-4	철골조 철근콘크리트조 펭스라브지붕 4층공장 지하 1층 378.00㎡ 보일러실(철골조, 철근콘크리트조) 1층 1,888.00㎡ 공장(철골조) 2층 609.00㎡ 공장(철골조) 3층 1,888.00㎡ 공장(철골조) 4층 328.79㎡ 샘플실,계단실,물탱크실 (철골조)	2003년10월19일 행정구역변경으로 인하여 2004년11월3일 등기

【 갑 구 】 (소유권에 관한 사항)

순위번호	등 기 목 적	접 수	등 기 원 인	권 리 자 및 기 타 사 항
21	소유권이전	2007년11월12일 제44342호	2007년11월1일 매매	소유자 주식회사 -0396136 인천광역시 연수구 3-2 드림시티 407호 매매목록 제2007-923호
21-1	21번등기명의인표시경정			주식회사강남석유의 성명(명칭) 확오발견 2007년11월29일 부기
22	소유권이전청구권가등기	2007년12월7일 제48298호	2007년11월27일 매매예약	가등기권자 1661316 인천광역시 동구 154 솔빛마을주공아파트

열람일시 : 2008년09월10일 오전 10시46분47초

1/2

경매가 아니라면 공장을 싸게 매입할 수도 없는 일이겠지만 싸게 낙찰 받은 그 가격조차도 세입자에게는 무리였다. 나는 이왕이면 실수요자가 공장을 매입하는 것이 바람직하다고 생각했다. 경매의 경자도 모르는 세입자는 임차보다는 내 덕분에 싸게 공장을 매입할 수 있는 방법이 있다면 시도해보겠다고 했다.

세입자에게 대출금 3억 3,000만 원을 승계하게 하고 월세보증금으로 1억을 받으니 합이 4억 3,000만 원이 됐다. 세입자에게 매도하기로 한 6억 8,000만 원에서 나머지 잔금 1억 7,000만 원은 1년 후 공장을 재감정해서 추가대출을 받기로 계약했다. 감정가 4억의 기계는 세입자가 그대로 쓰고 8,000만 원에 인수했다.

이렇게 해서 나는 싸게 낙찰 받은 공장의 10% 보증금과 소유권이전비를 포

(토지,건물)감정평가표

본 감정평가서는 「부동산가격공시 및 감정평가에 관한 법률」 등 관련 법규에 따라 성실·
공정하게 작성하였기에 이에 서명 날인합니다.

감 정 평 가 사

감정평가액	金 이십팔억이백구십일만사천육백원整(₩2,802,914,600.-)				
평가의뢰인	이 진 환		평 가 목 적	일반거래(시가참고용)	
채무자명	-		제 출 처	-	
소유자또는 대상업체명	주식회사		평 가 조 건	-	
물건목록 표 시 근 거	등기부등본, 토지대장등본, 일반건축물대장등본		가 격 시 점 2008. 10. 06	조 사 기 간 2008. 10. 06	작 성 일 자 2008. 10. 06

평 가 내 용	공 부 (의 뢰)		사 정		감 정 가 액	
	종 별	면적 또는 수량(㎡)	종 별	면적 또는 수량(㎡)	단 가	금 액
	공장용지	2,420.9	공장용지	2,420.9	330,000	798,897,000
	건 물	5,091.79	건 물	5,091.79	-	1,933,457,600
	제시외 건 물	(312)	제시외 건 물	312		70,560,000
			이 하 여 백			
	합 계					₩2,802,914,600.-

심 사 의 견	본인은 심사준칙에 따라 성실·공정하게 심사한 결과 본 감정서의 내용이 타당하다고 사료되므로 이에 서명 날인합니다. 심 사 자 감 정 평 가 사

294

명 도 각 서

비엠텍스 대표   경기도 포천시 영중면   1014-4 소재에
우원섬유 공장을 물류창고로 사용하면서 점유하였으나, 2007. 11. 1?
까지 등기부상 현소유주 이진환에게 명도하여 줄것을 각서 합니다.
그리고 보안장치(캡스)의 출입문카드를 2007. 11. 7.먼저 이진환에게
넘겨주며, 만약 위반시 손해배상금으로 일억원을 2007. 11. 15.까지
지급합니다.

청부서류 : 인감증명   1통

2007. 11.   8.

각서인 : B.M TEX 대표
주 소 : 경기 포천 영중   1003-3

이 진 환 귀하

함해서 5,000만 원의 투자로 1년이 안 되어 공장 실수요자에게 6억 8,000만 원에
매도했다. 고수는 처세술에 능하지는 못해도 법을 내 편으로 활용할 줄 알기에
경매에서 이길 수 있는 게임을 한다.

물품 임시 보관증

금일 콘테이너 입고된 물품이 당사(B.M TEX) 장소가 협소하여 보관 장소가 필요하던중

아래 관리인과 상호 협의하여 下記와 같은 물품을 임시보관하고자 하며 관리인은 성심성의껏

보관하여 주기로 약조함.

== 下 記 ==

1. 21W SP   104 B/L   92824.7 YDS
2. 16W SP   237 B/L   18,537.7 YDS

〈추가〉 21W T 23 B/L 16560˚

서라 원간 가마리 멱 샘기 보관 (없 없00000)

2006년 07월 13일

보관자   보관인
B.M TEX   관리인

127-14-36979
B.M TEX
경기 포천 영중 1003-3
제 조   직물임가공

231-1608

양해 각서

상호 협의하 (B.M TEX, 섬유) 에 입서 보관중인

물품을 2007년 11월 12일 (월요일) 까지 차무기를

약건 합니다.

2007년 11월 1일.

B.M TEX.

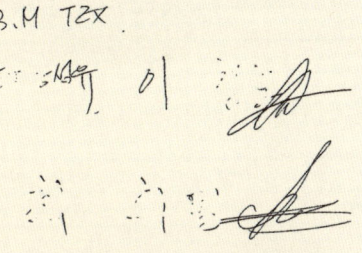

· 상기 기한내에 물품을 이동시키지
못할 경우 법적 사항의 계체를
받아들이겠습니다.

127-14-36979
B.M TEX 박
경기 포천 영중 양문 100?
제 조 직 물
직물임가공

297

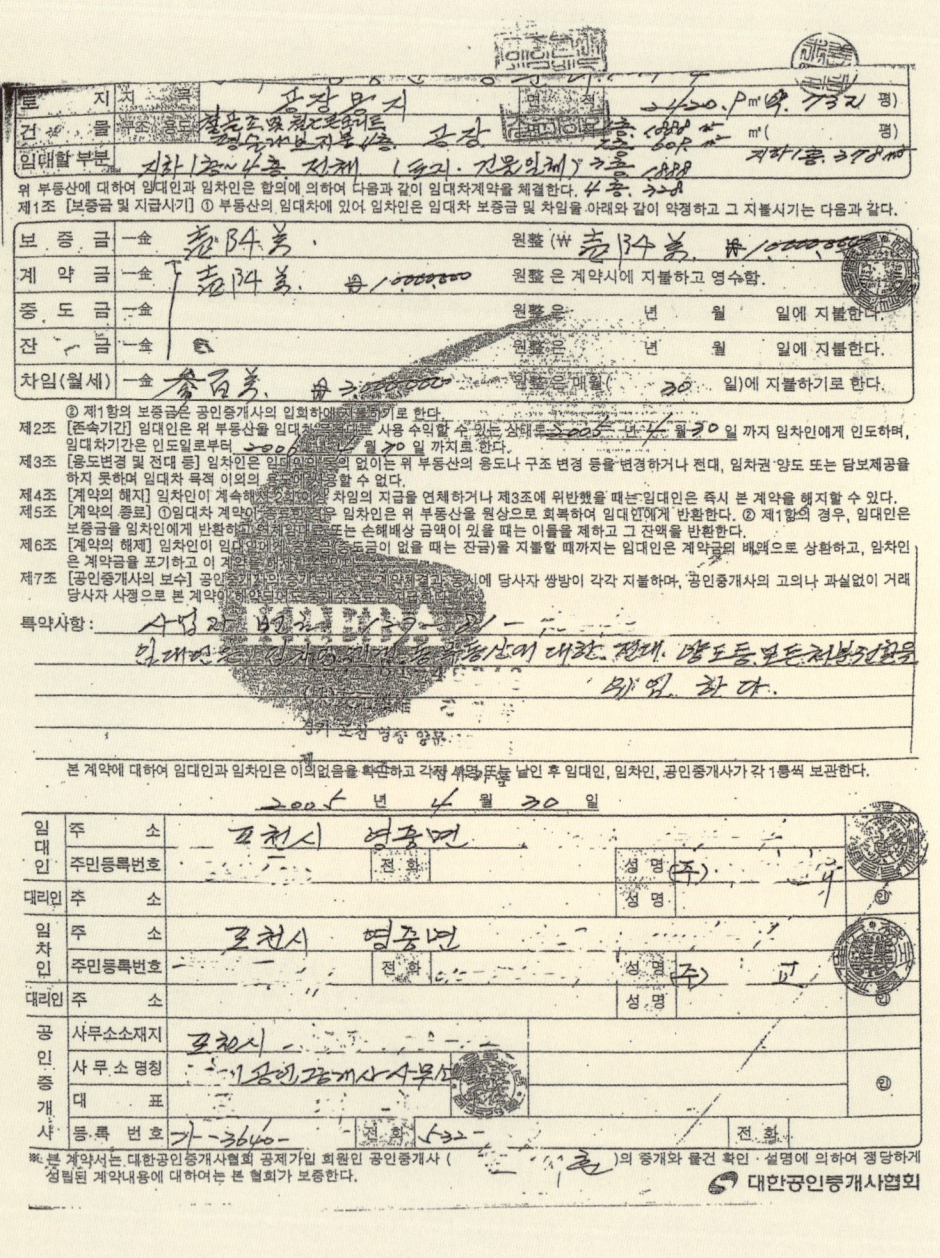

소액으로 공장 낙찰 받기

경기도에 소재한 3,305㎡(1,000평)짜리 공장을 낙찰 받았다. 이 공장은 건축된 지 2년이 채 안 되어 비교적 관리상태가 양호했다. 감정가 6억 5,000만 원에서 2회 유찰되어 최저입찰가는 4억 2,000만 원까지 떨어져 있었다.

현장답사 결과, 공장 진입로가 없어 인근공장을 통해 출입하는 문제 외에는 특별한 하자가 없었다.

우선 관련 공부서류를 발급받아 확인했다. 이 공장에는 지적도상 3m 도로에 접해 있었지만 현황 상에는 도로가 없었다. 도로를 낸다면 공장의 가치가 크게 높아질 것으로 판단하였다. 도로를 복구하기 위해서는 3m 도로를 넓혀야 하는 문제가 생겼다. 최소한 4m 정도는 되어야 차량이 원활하게 진출입할 수가 있기 때문이었다. 도로 폭을 넓히는 복구 작업을 위해 인접 토지 소유주들과 협의를 해보니 모두가 찬성이었다. 공장의 문제점을 해결할 방안을 찾자 나는 응찰을 결심했다. 나는 감정가의 78%인 5억 700만 원을 써내 최고가매수신고인으로 선정되었다. 무사히 잔금납부와 소유권이전등기를 마쳤다. 명도를 할 때 공장 직원들과 체불임금 문제로 다소 분쟁이 있어 시간이 걸렸다. 그러나 큰 추가 비용 부담 없이 대금완납 후 2개월 만에 명도를 마쳤다. 명도 후 인근에 있는 공장 전문 중개업소의 소개로 임대차 계약을 체결하였다.

나는 은행에서 1억 원을 대출 받아 잔금을 치렀는데 매월 받는 임대료로 이자를 납부하고도 월 300만 원 정도의 수익이 발생되었다. 낙찰 받은 지 1년 후 8억 5,000만 원에 공장을 매각하였다. 그렇게 1년 만에 양도세 및 부대비용을 공제하고도 투입한 자기자본 대비 약 40% 정도의 투자수익을 얻었다.

사우나

유치권이 있는 사우나

일반 상가와는 다르게 인테리어 시설과 감정가 자체가 큰 물건인 유치권이 있는 사우나의 경우는 해결이 쉽지만은 않다. 20억 감정가의 사우나가 5억 정도까지 떨어진 것을 낙찰 받았다. 당연히 유치권이 있었기에 저가로 낙찰 받을 수 있었는데 점유한 유치권자는 사우나의 매표와 매점을 하는 세입자였다.

매점 세입자는 내가 낙찰을 받은 후에도 사우나의 명도를 거부하며 매점을 운영하였다. 더욱이 매점 세입자가 직접 사우나 표까지 받아서 장사를 계속하며 부당이득금까지 취하고 있었다.

나는 실타래를 풀 해결점을 하나씩 찾았다. 유치권자는 사우나의 수리와 인테리어 비용으로 유치권을 10억을 걸어 놓았다. 나는 첫 번째 유치권이 진짜인지 아닌지 진위여부를 파악하는 것이 급선무였다. 유치권이 있으면 대출이 어렵기 때문이다.

첫 번째인 유치권의 진위여부 파악은 사우나 전문 인테리어 업자에게 의뢰했다. 사우나 전문 인테리어 업자를 통하면 수리범위에 대한 진실 여부 확인을 하고 수리비가 부풀려진 사항을 확인할 수 있다. 유치권이 가짜이거나 부풀려진 금액이 많아서 유치권자에게 허위 사실을 통보하고 합의를 보는 것부터가 유치권 해결의 본론이다.

낙찰자는 웬만하면 소송으로 들어가는 것보다는 짧은 시간 내에 소액의 합의금을 지급하여 끝내는 것이 유리하다. 유치권 물건 투자의 실패는 합의금을 내주지 않으려다가 결국은 소송이 길어지고 대출이자와 더불어 영업까지 못하여 손해가 합의금보다 더 큰 상황이 될 때이다. 엎친 데 덮친 격으로 가짜 유치권으로 확신한 물건이 진짜로 판결이 나면서 낭패를 겪은 경우도 있다.

따라서 협상이 잘되면 10억으로 신고된 유치권이 단돈 천만 원으로도 합의해서 끝낼 수가 있다. 유치권 물건의 사태에 따라 해결방안을 융통성 있게 유동적으로 푼다면 말이다. 법으로는 유치권이 허위이지만 낙찰자도 법대로만 처리한다고 독불장군으로 나가는 것이 현명한 방법은 아니다. 빠른 명도가 급선무이니 소송보다는 가짜 유치권을 인정해 주듯 하며 적은 비용으로 단시일 내에 합의하여 더 큰 손해를 줄이는 것이 이보다 더 좋을 순 없다.

유치권이 있으면 은행 대출이 어려워 잔금을 치르는데 낭패를 겪을 수 있다는 문제점을 해결해야 했다. 그런데 나는 전 사우나의 주인을 찾아가 현재 매점과 매표를 하는 세입자가 주장하는 유치권이 가짜라는 취지의 확인서를 받아서 대출을 받았다. 또한 명도를 하지 않고 유치권을 주장하면서 표를 직접 받아서 부당이득을 취한 세입자를 상대로 부당이득금반환청구의 소를 진행하였다. 나는 판결을 받아 세입자에게 부당이득금까지 돌려받고 사우나를 명도받을 수 있었다.

　유치권이 있는 물건은 유치권이 허위임이 드러나 쉽게 명도하고 풀리는 경우도 있지만 어려운 경우가 부지기수다. 그러므로 어느 정도 경매를 다룬 경험이 축적된 사람일지라도 유치권을 많이 다룬 고수에게 도움을 청하거나 많은 사례를 간접 경험하여 계획을 세워 도전하는 것이 중요하다.

고수가 말하는
특수물건 성공의 노하우

Chapter 05

고수는 틈새시장을 공략한다

고수라고 해서 언제나 유찰이 많이 된 물건에만 투자하는 것은 아니다. 오히려 첫 회 입찰을 노리는 경우도 많다. 첫 회에 입찰하면 경쟁률이 비교적 낮다. 새로 입찰하는 부동산은 일반인들에게는 생소하여 필요한 정보를 충분히 얻을 수 없기 때문이다.

경매정보지의 취약점은 초보자가 필요한 정보가 첫 회에는 실릴 시간적인 여유가 없다는 것이다. 보통 2회 때부터 완성된 정보가 기재되기에 일반인들은 2회에 참여를 하고 자연스레 경쟁률이 높아지게 된다. 고수는 경매정보지에서 정보를 입수하기보다는 스스로 물건을 파악하기에 최대한 빨리 좋은 물건을 선점한다.

고수는 일반인들이 물건 파악하기도 전에 첫 회에 낙찰받기 위해 빠르게 정보를 수집하고 낙찰을 받는 노하우가 있다. 먼저 입찰 14일 전에 신문 공고를 통해 물건의 기본정보를 확인한다. 그리고 경매 법원을 찾아 매각물건명세서를 검토한다. 현장을 방문하여 물건의 하자를 체크하고 시세를 파악한다. 동사무소를 찾아가 세입자의 상황을 파악하고 등기소에서는 담보설정 여부를 체크한다. 권리분석을 최대한 빠르게 한다. 상승여력이 충분한 투자성이 높은 물건은 시세를 파악하여 감정가보다 높더라도 낙찰을 받는다.

하자 있는 물건일수록 수익률이 높은 법이다. 역으로 하자 있는 물건은 고수익의 장점과 고위험의 단점이 상존하니 하자를 해결할 수 있는 고수에게는 사냥감이라고 볼 수 있다. 초보자와 고수의 차이점은 간단하다. 초보자는 안전하고 경쟁률이 치열한 물건에 입찰하여 시세와 별 차이가 없는 낙찰을 한다.

그러나 고수는 첫 회에 입찰을 하거나 유찰이 많이 된 하자 있는 물건에 단독입찰을 한다. 초보자인 경우 특히 아파트는 경매시장에서 감정가나 시세보다 비싸게 낙찰 받는 경우도 있다. 경쟁률이 과열되다 보면 아파트는 특히나 분위기에 휩쓸려 가격을 높게 써낼 경우가 생긴다. 오히려 급매로 매입하는 아파트가 더 쌀 경우도 있다.

즉, 경매로 부동산을 낙찰을 받는다고 항상 싸게 사는 것만은 아니다. 경매는 일반 매매보다 추가비용이 많이 드는 것도 감안해야 한다. 세금이나 명도비용, 체납 관리비, 관리가 되지 않아 추가로 드는 수리비 등의 비용을 추가한다면 오히려 일반 매매보다 비싸게 매입하는 결과가 될 수 있다.

경매의 매력은 미래 가치를 따져 감정가보다 높게 낙찰을 받는 특별한 경우를 제외하고는 일반적으로 저가 취득이 우선시되어야 한다. 또한 경매에 나온 물건은 부동산 자체에 하자가 있는 것보다는 법률적인 하자로 권리관계만 해결된다면 돈이 되는 고수익 투자대상이다. 고수는 경쟁률이 낮고 비인기종목에서 고수익을 창출한다. 고수는 남들과 다른 틈새시장이 공략대상이고 오히려 법적

하자를 해결했을 때 희열을 느낀다.

고수는 특별매각조건을 붙인 재경매물건에 많이 투자한다. 일반매각조건은 입찰보증금이 10%이나 특별매각의 입찰보증금은 20%를 납부한다. 인천과 수원지원처럼 30%인 경우도 있다. 재경매 물건은 전 낙찰자가 입찰보증금 10%를 포기하면서까지 잔금을 납부하지 않아 재경매하는 만큼 하자 원인을 파악해야 한다. 일반인에게 기피 대상의 재경매 물건이 하자 처리 고수에게는 고수익의 기회가 된다.

보통 낙찰 받은 부동산을 양도하려면 낙찰자 명의로 소유권 이전등기를 한 후 제3자에게 양도한다. 그러나 고수는 잔금을 내지 않고 10%인 입찰보증금만 투자하여 제3자에게 매각하는 경락물 전매를 한다. 경매물의 전매는 낙찰일로부터 잔금까지 50여 일 동안에 제3자에게 되파는 것이라 신중해야 한다. 전매할 수 있는 몇 가지 조건들이 있다.

첫째 낙찰금액이 크면 매수자를 찾기 어려울 뿐만 아니라 투기행위로 간주되어 오히려 양도세의 부담을 크게 받을 수 있다. 즉, 낙찰 금액이 크지 않는 물건이어야 한다.

둘째, 권리관계가 복잡하지 않는 물건이 전매하기에 좋다. 왜냐하면 경매물의 전매는 법적인 보호 장치가 없다. 그래서 낙찰자와 인수자는 이면계약과 공증을 통해 잔금과 동시에 소유권 이전을 해야 한다.

셋째, 단시일 내에 수익을 낼 수 있는 물건이 전매하기에 좋다.

역발상 투자법이 고수의 성공 노하우다

고수의 투자법은 남다르다. 적은 돈으로 수익성 높은 부동산을 낙찰 받고 부동산의 가치를 높여 부동산을 활용하거나 높은 가격으로 재매각하는 것이 고수의 노하우다. 고수들의 성공노하우인 역발상 투자법을 알아본다.

입찰시기

고수는 시장상황에 남다른 노하우가 있다. 부동산 경기가 좋아지면 오히려 경매시장은 수익률이 악화되는데 초보자의 묻지마 투자로 낙찰가격을 천정부지로 올려놓는다. 부동산 시장이 침체되기 시작하면 초보자들은 경매시장에서 떠난다. 그러나 고수는 부동산 시장이 침체일 때 법원경매 시장이 호기임을 잘 안다.

우량물건이 저가로 쏟아지게 되는 부동산 시장의 불황이 경매 시장에서는 최적기다.

권리분석

　고수들은 고수익, 고위험의 특수물건에 집중적으로 투자한다. 고수는 숨어 있는 위험을 찾아 해결하고 미등기 부동산의 가치를 높인다. 고수들의 권리분석은 차원이 다르다. 예고등기가 있는 매물은 관련 소송 결과까지 예측하거나 토지만, 건물만 경매에 나와도 수익을 내는 방법을 안다. 법률지식이 풍부하여 법률적으로 해결하는 것을 두려워하지 않는다.

　권리분석이 복잡한 물건은 헐값에 취득할 수 있는 좋은 기회이기에 고수에게는 낙찰 대상이 된다. 일반적으로 알려져 있는 특수물건의 잘못된 경매 상식을 고수는 역이용한다. 고수는 권리 분석 상 하자 있는 물건이라도 치유할 수 있는 틈새시장의 가치 있는 물건이라면 과감하게 낙찰한다.

경쟁률

　첫 회 입찰을 노리는 등 고수는 경매법정 경쟁률에 편승하여 입찰하지 않는다. 고수는 단독이든 첫 회든 유찰 횟수 등의 여부보다는 물건의 투자가치를 판단해 소신껏 응찰한다. 흔히 일반인은 단독응찰이면 오히려 잘못된 물건을 낙찰받은 것이 아닌가, 겁을 내고는 경쟁률이 높은 물건에 응찰한다. 그러나 고수는 분석능력과 해결능력을 갖추었기에 경쟁력 없고 고수익의 블루 오션 물건을 찾는다.

종목

　고수는 명도와 대금부담이 자유로운 공매를 이용한다. 알짜배기 물건이 숨어 있는 파산재단 공매, 특별매각조건이 붙은 물건, 경매파생상품 등 폭넓은 투자종목과 방법을 안다. 또 본인만의 특수용도, 특수물건의 집중적인 투자로 노하우가 있다. 해당 종목 물건에 도움을 줄 만한 전문분야의 인맥도 형성되어 있다. 이를테면 공장이나 사우나만을 취급하는 고수라면 단시일 내에 물건 분석과 하자처리를 할 수 있는 인맥과 노하우가 있다.

tip **파산재단 공매**

파산재단 공매는 예금보험공사에서 실시하는 공매로 금융기관이 파산하는 경우 파산법에 따라 예금보험공사나 공사 임직원이 파산관재인으로 선임되어 파산한 금융재단 소유의 부동산을 매각하기 위해 거치는 공개입찰방식이다. 파산재단 부동산의 40% 정도는 파산한 금융기관이 사용한 업무용 건물이다.

가격

초보는 권리분석이 간단하고 하자 없는 물건을 찾다보니 경쟁률이 높고 낙찰가도 높을 수밖에 없는데 대표적으로 아파트에 많이 응찰한다. 그러나 고수는 경쟁률이 높은 아파트보다는 경쟁력이 낮고 고소득의 물건을 찾으며 감정가의 허를 역으로 이용하여 저가 취득을 우선한다.

채권액이 적은 매물은 취하가능성이 높아 관심을 갖지 않고 최저경매가의 함정을 간파한다. 적은 돈으로 큰돈을 버는 국유재산 임대 입찰을 노리거나 하자 해결 능력이 있으니 공동 입찰을 통해 자금 부담을 최소화하기도 한다.

자금동원

초보는 자기자본으로만 투자하려는 경향이 있다. 리스크를 감당할 능력을 갖추지 못했으니 대출도 감당할 수 있는 선에서 자금을 동원하는 것이 좋다. 부동산 투자는 국세청 전산망을 항상 염두에 두어야 한다. 그래서 고수는 자금이 있어도 잔금을 납부할 때는 가능한 최대한 은행융자를 활용한다.

낙찰금액의 최소 50% 가량은 융자로 해결할 수 있다. 그러나 물건에 따라 융자가 불가능할 수 있으니 응찰 전에 대출 여부를 확인해야 한다.

명도

경매의 꽃이고 난관이고 진수라 불리는 명도는 상대가 있는 게임이므로 전략과 기술이 필요하다. 초보가 가장 힘들어하는 명도는 비용과 소요 시간에 따라 성공과 실패를 좌우한다. 협상이 안 되면 소송 등을 통해 집행관을 동원하면 강제집행을 통해 부동산을 인수받을 수 있다고 생각하는 것이 초보자의 관점이다. 초보는 잔금을 납부하고 점유자와 부딪치면서 복병을 만나고 해결하면서 비용이 발생된다. 그러나 고수는 응찰 전에 점유자를 파악하고 물건을 검색할 때부터 이미 명도작업을 시작한다. 응찰 전에 명도가 절대적으로 불가능한 물건은 과감히 응찰하지 않는다.

실패경험

초보는 입찰보증금을 날리고 낙찰 실패의 데미지가 커서 경매계를 떠나거나 다시 응찰하기를 꺼린다. 그러나 고수가 되기까지 실패 경험이 없는 사람은 절대 없다. 실패로 낸 수험료에 집착하기보다는 실패 원인을 꼼꼼히 파악해서 도전해야 오히려 그 실패한 종목의 고수가 될 수 있다.

승자의 저주, 경매의 허와 실

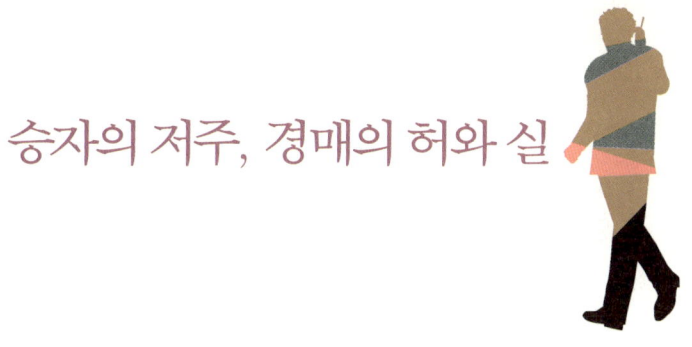

　김 씨는 2009년 2월, 경매 법정에서 8,000만 원 차이로 경매물건을 아깝게 놓쳐 속상하던 차에 요즘은 가슴을 쓸어내리고 있다. 59명이 몰리면서 김 씨가 2등으로 놓쳤던 8억 5,138만 원에 낙찰된 강남구 청담동에 있는 아파트가 급매물로 9억 5,000만 원에 나왔는데 9억 원까지도 가능하다고 한다. 낙찰 받아 추가 비용까지 생각하면 오히려 급매물보다 비싸게 사는 것이 된다.

　2009년 3월 현재, 부동산시장이 침체된 와중에도 경매시장만 호황을 누리면서 아파트의 경우는 특히 일부 시세보다 높은 가격에 낙찰되고 있다. 경매 물건과 급매물 간 가격이 역전되면서 낙찰을 받고도 손해를 보는 이런 경우를 경매계에서는 '승자의 저주'라고 말한다.

　경매의 최우선 목표는 시세보다 훨씬 싼 가격에 물건을 잡는 것이다. 시세보다 낮은 감정가액에서 시작해 유찰될 때마다 최저가는 20%씩 떨어진다. 그런데 경매시장이 과열되면 최저가와 상관없이 유찰이 되어도 응찰자가 몰리면서 감정가에 가까운 가격에 낙찰되고 시세보다 비싸게 주는 상황도 간혹 발생한다. 특히 최근 강남권으로 갈아타기를 시도하는 상황에서 강남권 대어급 매물이 등장하니 경매 시장이 달아오르면서 시세 이상의 낙찰가도 종종 나온다.

최근 감정가의 92%인 17억 원에 낙찰 받은 강남의 한 아파트는 실제 거래되는 가격이 아닌 호가만 15억 5,000만~16억 5,000만 원에 형성되어 있다. 호가가 6억 5,500만 원까지 내려간 개포동 매물을 2009년 1월, 7억 3,800만 원에 낙찰 받은 사례도 있다.

반면, 응찰자가 적은 물건이라고 싼값에 낙찰 받는 것도 아니다. 초보자는 법정에 들어선 순간 북적이는 인파에 겁을 먹고 입찰가를 높게 써 단독으로 낙찰 받는 경우도 있다.

경매법정에 사람이 몰릴 때는 분위기에 휩쓸려 입찰가를 높게 쓰는 실수를 범하지 않도록 냉정을 잃지 말아야 한다. 그래서 경매 고수들은 경매의 특성 상 경매 물건은 실제로 취득할 때까지 일반 매매보다는 시간이 오래 걸리고 명도, 추가 비용, 노력이 필요하기 때문에 시세보다 아주 싼 가격이어야만 낙찰 받는다. 그리고 분석을 마친 고수들은 분위기에 휩쓸리지 않도록 입찰가의 마지노선을 염두에 두고 경매장에 들어간다.

경매를 통해 낙찰을 받고 명도를 하다 보면 세입자들에게 모진 소리도 듣고 험한 꼴도 당한다.

"젊은 놈이 할 짓이 없어서 힘 없는 사람을 쫓아내고 돈을 버느냐. 그렇게 돈을 벌어서 부귀영화를 누릴 것 같으냐."

이런 모진 소리를 듣거나 물건이나 흉기를 던지는 경우가 발생하기도 하고 세입자가 난동을 부리기도 한다.

그런데 고수의 경험으로는 오히려 피해자인 임차인들보다는 채무자인 소유자들의 명도 대항이 더 거세다는 것이다. 소유자인 채무자 때문에 보증금을 받지 못하고 나가는 세입자들은 눈물을 머금고 안타깝지만 합의에 응하여 명도가 순조로울 경우가 더 많다. 오히려 채무자인 소유자는 은행 등의 채권자들에게도 피의자이며 세입자들에게도 피의자임에도 낙찰자에게 더 악랄하게 대응하는 경우도 많다.

고스란히 피해자가 되어 버린 세입자들도 낙찰자에게 좋은 감정을 가질 수는 없다. 삶의 터전을 하루아침에 비워 주어야 하는 세입자가 낙찰자를 적대시하는 것은 당연하다. 그래서 우리 같은 고수들은 낙찰을 받고 명도에 임할 때 점유자가 채무자인 소유자인지, 임차인인 세입자인지를 먼저 파악한다. 채권자들과 임차인에게 손실을 주고 아픔을 준 사람은 채무자인 소유자이고 낙찰자는 임차인인 세입자에게는 최대한 배려를 해서 합의를 이끌어낸다.

나는 대부분 명도소송으로 가기 전에 합의한다. 세입자를 먼저 배려하는 면을 보여 주면 극한상황까지 가는 경우는 많지 않다. 인간적인 배려를 할 줄 아는 경매 고수들은 오히려 싸게 물건을 낙찰 받을 수 있는 기회를 얻을 수 있다. 또한 낙찰자들로 인해 채무자에게는 빚을 탕감할 수 있는 기회를, 채권자들에게는 채무액을 받을 수 있는 기회를, 세입자들에게는 보호를 받을 수 있는 기회를 제공을 한다는 점에서는 경매는 바람직한 투자 방법이다.

그런데 경매로 돈을 벌고 수익만 창출하는 경우만 있는 것이 아니다. 경매로 수천만 원, 수억 원을 날리고 경매를 포기한 사람들도 적지 않다. 준비가 부족한 상태에서 무턱대고 남들을 따라 하거나 부화뇌동한 초보자들에게 일어나는 쓴 경험들이다.

서울중앙지방법원 경매 법정에서 2009년 3월 10일 하루 사이에 7건의 재매각 물건이 등장했는데 이 7건의 포기했던 낙찰자들의 보증금이 2억 6,900만 원이었다. 재매각이 된 이유는 낙찰자가 잔금을 납부하지 못했거나 매각허가를 받지 못한 경우였는데 그 중 강남 아파트를 낙찰 받고 포기했던 보증금이 6,000만 원인 사람도 있었다.

보증금 10%를 내고 잔금 90%를 납부하지 못해 보증금을 날리는 경우는 계획한 경락잔금을 대출받지 못했거나 너무 고가로 낙찰을 받았을 때이다. 통계에 의하면 어느 한 달 동안 낙찰자들이 포기한 보증금이 서울에서만 약 12억이 넘은 경우도 있다. 이렇게 보증금을 포기해야 하는 실수만 발생되지 않는다면 경매는 분명 저가 매수를 할 수 있는 기회이다. 경매 고수들은 10건 가운데 1건만 건지면 성공적인 경매 투자라고 말한다. 경쟁에 휩쓸려 비싼 가격으로라도 낙찰을 받으려고만 하는 자세는 절대 금물이다.

2008년에 진행된 경매 물건이 31만 5,000건이었고 2009년 경매물건 예상이 33만~35만 건에 이른다고 한다. 우량물건이 상당히 늘어날 것이고 경쟁이 치열하다 보니 경쟁이 덜 치열하고 고수익을 창출할 수 있는 특수물건에도 점점 참여하는 사람들이 늘어나는 추세이다.

농지, 산지 제대로 경매 낙찰받기

　　28가지 지목 중에서 경매에 주로 많이 나오는 토지는 대지, 농지, 산지, 주차장용지 등이다. 농지는 농지법의 적용을 받는 논, 밭, 과수원을 말하고 경매로 농지를 낙찰 받으면 토지거래허가구역에서는 허가를 받지 않아도 되는 이점이 있다. 농지 취득을 위해서는 반드시 농지취득자격증명을 받아야 한다.

　　산지는 산림법에 적용을 받는 임야를 말하고 농지에 비해 형질변경이 수월하고 농지보다는 땅값이 저렴하다. 농지나 산지를 낙찰을 받을 때는 개발이 가능한 관리지역을 취득해야 한다.

　　경매에 나오는 토지는 보통 시세보다는 공시지가 수준을 약간 상회하는 수준의 감정가이기 때문에 개발호재가 있는 지역은 특히나 시세차익으로 투자가치가 높은 토지가 많다.

　　농지는 값싸게 낙찰 받을 수 있지만 반면 토지 용도상 제한을 받는 것을 고려해야 한다. 농지는 싼값에 낙찰 받아 농지상태에서 농지전용을 받으면 집을 짓거나 공장 등으로 개발할 수 있다. 주변에 도시화가 진행되는 택지지구 인근의 농지는 상가나 주택을 지어 활용가치가 좋아 투자메리트가 높다.

토지를 입찰하기 전에 소액 투자인 경우는 지분 매물인지 확인한다. 지분 토지인 경우는 다른 지분권자가 공유자 우선매수청구권을 행사할 여지가 있기 때문이다. 지분 토지는 온전한 나만의 소유가 아니므로 다른 지분권자에게 지분을 매도하거나, 함께 전체 지분을 매도하거나, 다른 사람의 지분을 매입하거나 하는 방법으로 최고의 수익을 낼 수 있는 지 계산 후에 낙찰을 받아야 한다. 지분 토지에 대한 지식이 없고 싼 맛에 토지를 매입 하게 되면 자칫 돈만 대 주는 상황이 될 수 있다.

토지를 입찰하기 전에 현장 답사를 통해 감정평가서에 나타난 경계 외에 지적도 상 인접 토지 경계를 확인한다. 지적도에는 맹지이지만 현황은 도로가 접한 경우도 있고 서류상의 지목과 현황에서 사용하고 있는 지목이 다를 수 있다. 토지는 현장 답사를 하지 않고 입찰하는 것은 금물이다. 토지는 그린벨트 해제, 대형개발 등의 호재가 헛소문이라도 땅값 상승에 분위기를 탈 수 있다.

거래를 할 경우에는 매수자가 나타나지 않는 상황에서 호가만 오를 수 있으니 토지는 특히 공시지가, 감정가, 실제 거래가격을 정확하게 조사해야 한다.

산지는 숲이 울창하거나, 임상이 좋으면 나무 종류에 따라 개발 허가 사항이 까다롭다. 오히려 형질변경이 불가능할 수 있으니 일일이 확인해야 한다. 희귀 나무가 있지는 않은지, 무연고 묘지나 분묘기지권 성립한 묘지는 있지 않은지, 경사도가 너무 높지는 않은지(경사 15도 이하 임야 정도는 돼야 개발하기 좋다), 맹지인지 등을 확인하려면 직접 발품을 팔고 산을 올라가 봐야 한다는 뜻이다. 입목등기가 된 경우는 법정지상권이 성립될 수 있다는 것도 염두에 두어야 한다. 면적 단위가 큰 임야는 일정 절차를 거쳐 지적공사에 가분할 신청 접수를 하고 측량을 한 후 분할해 나눌 수 있다.

투자가치가 높은 농지를 발견했지만 땅의 용도가 서류와 다른 경우가 많아 낭패를 당할 수 있다. 예를 들어 서류 상 농지인데 현장으로 나가 보면 불법으로 농지가 훼손된 상태여서 관청에서 농지취득자격증명을 발급해 주지 않아 입찰을 포기해야 하는 경우가 발생하는 것이다.

실제로 무늬만 농지일 뿐 경작하지 않고 타 용도로 사용되는 농지가 의외로 많다. 하지만 방법이 없는 것은 아니다. 낙찰을 받아 농지취득자격증명을 신청할 때 불법으로 훼손된 농지를 소유권 취득 후 즉시 농지상태로 원상 복구한다는 이행계획서를 제출하면 된다. 그런데 이 방법은 원상 복구할 때 주민들의 저항이나 문제점, 복구비용 등을 사전에 면밀히 계산한 후 선택해야 한다.

경매파생상품(NPL)이란 무엇인가

　　부실채권 거래 NPL(non perfroming loan)는 경매로 물건이 나오기 전에 미리 싸게 사서 직접 낙찰을 받을 수 있는 방식이다. 경매로 나오기 전에 부동산에 설정되어 있는 1~2순위 저당권을 싼값에 매입한 후 경매과정에서 배당을 받거나 직접 낙찰 받는 방법이다. 이런 경우 선순위 저당권을 할인한 값에 낙찰 받을 수 있기 때문에 경매에서 직접 낙찰 받는 것보다 수익성이 5~20% 정도 높다.

　　부실채권 매물을 매입하려면 부실채권 매물을 중개하는 중개업체나 경매 사이트의 부실채권 매물리스트를 등록해 놓은 업체를 이용하면 된다. 부실채권 투자사는 컨설팅업체나 지역 중개업소와 약정을 맺고 거래를 한다. 미리 부실채권 물건리스트를 확보해서 투자하려는 물건을 염두에 두었다가 경매 진행 중일 때 서둘러 1순위 저당권을 매입하면 된다. 경매 신청자가 은행이거나 유동화회사, 외국계 투자회사 명의로 경매에 붙여진 경우에도 경매 진행 중에 부동산의 부실채권을 중간에 매입할 수 있다.

　대출자에게서 대출 원금과 이자가 회수되지 않는 부실채권은 금융권에서는 저당 잡은 1순위 저당권을 무수익 여신으로 남긴다. 이 1순위 저당권을 금융기관이 유통시켜 현금화하는 과정에서 부실채권 매물로 내놓는 것이다. 부실채권 투자기관은 별도의 자산관리회사를 만들어 사건번호별로 정리해서 부동산중개법인이나 중개사무소나 개인에게 일대일 방식으로 판매한다.

　부실채권 거래방식은 경매가 진행되기 직전에 미리 일반인이 부실채권을 매입하기 때문에 일단 1순위 저당권을 할인한 값에 매입할 수 있다. 그 1순위 저당권을 매입한 사람은 경매 과정에 1순위 저당권을 다른 사람에게 유통하거나 1순위 저당권자로서 경매에 직접 참여해 낙찰 받을 수 있다. 1순위 저당권은 등기부등본상에는 채권최고액으로 보통 130%의 가격이니 실제 1순위 저당권을 할인한 가격으로 매입한 사람은 우선 채권자 입장에서 낙찰받기 때문에 다른 사람보다 높은 가격을 써내도 실제 저당권의 할인한 값과 채권최고액 차액으로 수익을 얻을 수 있다.

　예를 들어 부실채권 투자기관으로부터 다가구에 설정되어 있는 5,000만 원짜리 1순위 저당권을 3,500만 원에 매입하고 경매 입찰가를 5,000만 원으로 써내는 것이다. 부실채권을 3,500만 원에 사들이고 실제 받아야 하는 채권최고액이 5,000만 원이기 때문에 상관없다. 실제 할인해서 매입한 가격보다 채권최고액이 많아 경매부동산을 되팔 때도 양도소득세 절세할 수 있는 이득도 발생한다.

　최근 은행들이 NPL 매각에 적극 나서고 있는 것은 NPL규모를 줄여 유동성을 확보하고 국제결제은행(BIS) 기준 자기자본비율을 높이기 위해서다. 또 은행들이 NPL매각을 서두르는 이유는 불황으로 은행 연체율이 가파르게 증가하고 있기 때문이다. 기업 구조조정이 속도를 내고 있고 기업 및 가계대출 연체율도 증가하면서 2009년 NPL 시장규모는 6조 원을 넘을 것으로 금융업계는 예상할 정도이다. 경매 투자자들에게는 NPL을 통해 우량물건으로 고수익을 낼 수 있는 또 하나의 기회가 찾아온 것이다.

그러나 경매에서 계속 유찰되거나 낙찰금액이 낮아지면 오히려 부실채권 매입 후 원금 손실을 볼 수도 있다. 이렇게 NPL이 항상 고수익을 내기만 하는 것은 아니기 때문에 부실채권 전문가나 채권 매각기관의 담당자와 협의하고 시세 파악을 정확히 해야 성공할 수 있다.

그밖에 부동산을 값싸게 사들이는 방법으로 대물변제가 있다. 건설사가 하도급 업체에 공사를 맡겼는데 자금난으로 공사대금을 주지 못했을 경우, 공사대금 명목으로 부동산을 대물로 주는 것이 대물변제이다. 그렇게 공사대금 대신 부동산으로 받은 물건을 현금 확보하기 위해 시중에 매물이 나오는 것이고 그것이 대물변제물건이다. 주로 해약분이나 잔여물량, 미분양 물건들인데 대부분 대물변제는 20~30% 정도 가격이 싸다.

대물변제는 물건이 개별로 나오는 것이 아니라 묶음판매 형태이며 가격 조정이 가능하다. 대물용 매물은 미분양 공사현장 인근 중개업소나 사업지 공사담당 책임자나 부동산 교육장을 통해 소개받을 수 있다. 대물부동산은 공개적으로 매물을 내놓지 않기 때문에 매물이 나오는 상황을 꾸준히 파악해야 한다. 매물이 나오는 라인을 통해 매수의향을 밝히고 정보를 입수해 기다려야만 값싼 매물을 구할 수 있다.

 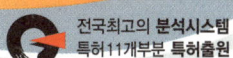

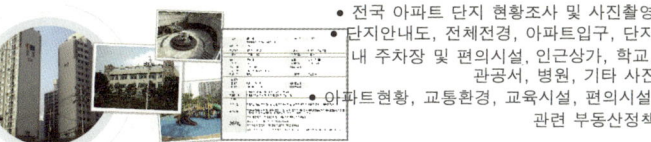

 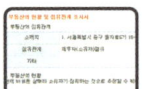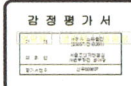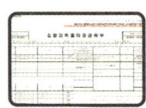

반값 경매 정석

초　판 1쇄 2009년 7월 10일

지은이 김혜경, 이여정, 이진환
펴낸이 김석규　**담당PD** 유철진　**펴낸곳** 매경출판(주)
등 록 2003년 4월 24일(No. 2-3759)
주 소 우)100-728 서울 중구 필동1가 30번지 매경미디어센터 9층
전 화 02)2000-2610(출판팀) 02)2000-2636(영업팀)
팩 스 02)2000-2609　**이메일** publish@mk.co.kr
인쇄·제본 (주)M-print　031)8071-0961

ISBN 978-89-7442-584-5
값 18,000원